2013
中国农业发展报告

中华人民共和国农业部

中国农业出版社
北　京

《2013中国农业发展报告》
编 辑 委 员 会

前 言

2012年是实施“十二五”规划非常重要的一年。面对日趋严峻的国际经济形势和国内改革发展稳定的繁重任务，各地区各部门深入贯彻党中央、国务院的战略部署，解放思想、改革创新，求真务实、扎实工作，全力推进现代农业和社会主义新农村建设，农业农村经济发展圆满实现了“两个千方百计、两个努力确保”的目标任务，在高基数上再夺丰收，在高起点上再创佳绩，实现了“稳中有进、好上加好”。粮食生产再创历史新高，总产达到58 958万吨，实现半个世纪以来首次连续9年增产，首次连续6年超过1万亿斤；农民人均纯收入达到7 917元，实际增长10.7%，实现连续9年较快增长，增幅连续3年超过城镇居民收入增幅；棉油糖、果菜茶、肉蛋奶、水产品继续全面增产，市场供应充足；农产品质量安全水平在高起点上继续保持了“稳中有升”，重大动物疫情持续保持平稳，现代农业建设取得新进展，农业发展方式加快转变。粮食生产实现“九连增”，农民增收实现“九连快”，农业农村经济实现“稳中有进”，为“稳增长、控物价、调结构”提供了强有力支撑，为经济社会发展全局作出了重大贡献。

2013年是全面贯彻落实党的十八大精神的开局之年，也是为全面建成小康社会奠定坚实基础的重要一年。做好农业农村经济工作，巩固和发展农业农村好形势，对于经济社会发展全局具有极其重要的意义。今年中央将坚持把解决好农业农村农民问题作为全党工作重中之重，把城乡发展一体化作为解决“三农”问题的根本途径，进一步加大农村改革力度、政策扶持力度、科技驱动力度，农业农村经济发展的政策环境继续改善。但也要清醒地看到，今年经济社会发展要实现“稳中求进”的目标，对农业农村经济发展提出了新的更高要求。农业面临高基数、高成本、高风险，以及资源环境约束增强等诸多挑战，在高起点上保持稳步发展的难度进一步加大，农业农村改革发展的任务更加艰巨。我们要以十八大精神为指导，认真贯彻党中央、国务院的决策部署，按照“四化同步”和“城乡发展一体化”的总体要求，牢牢把握加快发展现代农业的重大任务，以确保国家粮食安全和重要农产品有效供给、促进农民持续较快增收为核心目标，以推进农业经营体制机制创新为动力，坚持“巩固基础、突破难点、管控风险、推进改革”，千方百计使粮食产量稳定在10 500亿斤以上、农民收入增幅保持在7.5%以上，努力确保不发生重大农产品质量安全事件和区域性重大动物疫情，持续提高农业科技进步贡献率和农业资源利用率，巩固和发展农业农村经济好形势，为经济社会发展提供有力支撑。

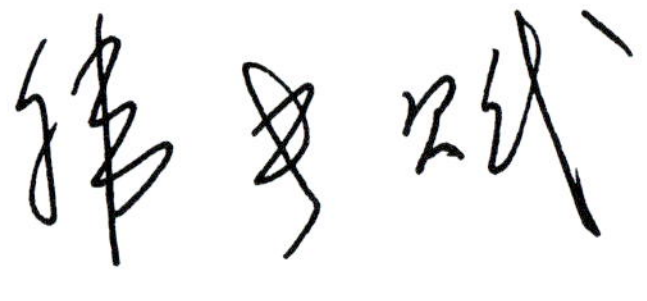

2013年7月

摘 要

2012年农业发展状况

1. 农业生产。2012年，粮食全面均衡增产，夏粮、早稻、秋粮季季丰收，面积、总产、单产全面提高，水稻、小麦、玉米全部增产。全年粮食产量58 958万吨，比上年增加1 835万吨，再创历史新高，首次连续6年超过1万亿斤[①]，实现半个世纪以来首次连续9年增产。粮食单产达到353.5千克，比上年提高9.1千克。

棉花产量684万吨，增产25万吨。油料产量3 437万吨，增130万吨，保持连续5年增产。糖料生产继续恢复发展，产量1.35亿吨，增969万吨。蔬菜保持面积、单产、总产同步增长，产量7.09亿吨，增2 953万吨。

全年肉类、禽蛋、奶类总产量分别为8 387.2万吨、2 861.2万吨和3 868.6万吨，同比分别增长5.3%、1.8%和1.5%，再创历史新高。

水产品总产量5 907.68万吨，增长5.4%；渔民人均纯收入11 256元，增长12.4%。按当年价格计算，全社会渔业经济总产值17 322亿元，实现增加值7 915亿元。

2. 乡镇企业。2012年，全国乡镇企业总产值607 154亿元，同比增长9.3%。完成乡镇企业营业收入586 673亿元，增长9.5%；实现利润总额35 703亿元，增长9.1%；上交税金15 073亿元，增长11.4%。乡镇企业投资增长较快，出口形势趋稳。区域协调发展改善，中部增速居前。产业结构进一步优化，农产品加工业和休闲农业快速发展。

2012年，乡镇企业支农补农资金进一步增加，社会贡献继续加大。全国乡镇企

① 斤为非法定计量单位，1斤＝500克。——编者注

业吸纳就业人数达到1.64亿，比上年增加221万人。其中，吸纳城镇下岗失业人员743万人。支农及补助农村社会性支出达到464亿元，比上年增加63亿元。全年乡镇企业支付劳动者报酬达29 282亿元，增长10.5%，农村居民人均从乡镇企业获得工资性收入达到2 798元，比上年增加327元。

3. 农垦经济。2012年，农垦实现生产总值5 074.31亿元，比上年增长13.8%，增速连续10年保持12%以上。其中，第一产业增长6.4%，第二产业增长17.1%，第三产业增长18.0%；三次产业增加值分别占农垦生产总值的比重为30.9%、42.7%和26.4%，第二产业份额明显上升，成为农垦经济增长的重要动力。全年实现企业利税总额485.94亿元。农垦人均纯收入首次突破万元大关，达到10 919元，比上年增加16.9%，实现连续9年较快增长。

粮食生产实现“九连增”，总产量达到3 371.36万吨，比上年增产172.71万吨，增长5.4%；可供商品粮3 025.20万吨，增长7.2%，商品率89.7%。粮食亩产476千克，增长3.0%。

4. 农业机械化。全国农机总动力10.2亿千瓦，同比增长4.9%。农机装备结构持续优化，先进适用农机具保有量增加较快。大中型拖拉机达485.24万台，增长10.1%；水稻插秧机51.3万台，增长20.1%；稻麦联合收割机104.55万台，增长10.8%；玉米联合收获机23.3万台，增长37.1%。全国农作物耕种收综合机械化水平57.2%，同比提高2.35个百分点，连续7年保持2个百分点以上的增幅。粮食作物生产机械化稳步推进，薄弱环节机械化增幅加快。农机社会化服务加快发展，服务能力持续增强。全国乡村农机化作业服务组织达16.7万个，农机从业人员达5 334.74万人，同比增加129.16万人，增长2.5%。全年农机化经营总收入达4 779.04亿元，同比增长56.0%。

5. 农产品价格与市场。2012年，全国农产品生产者价格平稳高位运行，生产者价格总水平比上年上涨2.7%，其中，1～4季度同比分别上涨9.2%、3%、0.1%和0.3%。种植业、林业、渔业产品生产价格分别比上年上涨4.8%、1.2%、6.2%，畜牧业生产者价格下跌0.3%。其中，粮食上涨4.8%，生猪下跌4.1%。

农村居民消费价格比上年增长2.5%，比全国平均低0.1个百分点。农村商品零售价格比上年上涨2.2%，比全国平均高0.2个百分点。

实现乡村消费品零售额27 849.1亿元，比上年增长14.5%。乡村零售额增速比城镇零售额增速高0.2个百分点。

6. 农产品进出口。2012年，我国农产品进出口贸易总额为1 757.7亿美元，同比增长12.9%。其中，出口额632.9亿美元，增长4.2%；进口额1 124.8亿美元，增长18.6%。农产品贸易逆差491.9亿美元，增长44.2%。

谷物出口101.6万吨，同比下降16.4%；进口1 398.3万吨，增长1.6倍；净进口1 296.7万吨，增长2.1倍。食用油籽、植物油进口量分别增长13.6%和23.1%，棉花、食糖进口量同比分别增长51.8%和23.4%，蔬菜和水果进口增长。畜产品贸易逆差增长14.3%，水产品贸易顺差增长12.4%。

7. 农民收入与消费。农民收入实现连续9年较快增长。2012年，全国农村居民人均纯收入7 917元，比上年增加939元，增长13.5%，剔除价格因素影响，实际增长10.7%，增速比上年下降0.7个百分点。其中，家庭经营纯收入3 533元，增长9.7%，对农民增收的贡献率为33.2%，拉动纯收入增长4.5个百分点；工资性收入3 448元，增长16.3%，对农民增收的贡献率为51.5%，拉动人均纯收入增长6.9个百分点；财产性收入249元，增长9.0%；转移性收入687元，增长21.9%。

农村居民消费支出人均5 908元，增长13.2%。剔除价格因素影响，实际增长10.4%，增速比上年下降2.2个百分点。农村恩格尔系数39.3%，比上年下降1.1个百分点，首次降至40%以下。

8. 财政支农投入。2012年，国家继续加大强农惠农富农政策扶持力度，农业部门会同发改和财政部门安排支农资金2 984.38亿元，比上年增加128.1%，其中基本建设投资360.38亿元，财政专项资金2 624亿元。重点支持标准农田建设、新一轮“菜篮子”工程、草原建设与农业生物资源保护、全国农村废弃物资源利用、现代农业公共服务能力条件建设和生产救灾等方面。

9. 农业综合开发。2012年，中央财政预算安排农业综合开发资金290亿元，比上年增加60亿元，增长26.1%，带动地方财政资金投入139亿元，引导农民筹资投劳及吸引银行贷款、企业自筹资金99.2亿元，共计投入项目资金达528.2亿元。中央财政农业综合开发资金中，194.72亿元用于粮食主产区，占中央财政投入的67.1%。改造中低产田1 105.8千公顷，建设高标准农田896.52千公顷，预计新增粮食生产能力41.89亿千克、棉花生产能力0.53亿千克、油料生产能力1.67亿千克、糖料生产能力3.46亿千克。项目区当年新改造粮田亩均可增产粮食100～150千克，直接带动农民亩均增加收入250元左右，3 000万农民从中受益。

10. 扶贫开发。2012年，国家扶贫开发工作重点县农民人均纯收入4 602元，比上年增长16.8%。集中连片特困地区农民人均纯收入4 839元，增长15.1%。农村扶贫对象减少2 339万人，总规模下降到9 899万人，占农村户籍人口的比例降到10.2%，下降2.5个百分点。中央财政综合扶贫投入2 996亿元，比上年增长31.9%。其中，财政专项扶贫资金投入332亿元，增长22.1%。集中连片特困地区扶贫攻坚全面启动，各地扶贫标准和重点县调整工作顺利完成。

11. 饲料工业。2012年，全国商品饲料总产量1.94亿吨，增长7.7%。其中，配合饲料1.63亿吨，增长9.7%；浓缩饲料2 467万吨，下降3.0%；添加剂预混合饲料619万吨，增长2.3%。猪饲料7 722万吨，增长13.1%；蛋禽饲料3 229万吨，增长1.8%；肉禽饲料5 514万吨，增长4.4%；水产饲料1 892万吨，增长12.4%；反刍动物饲料775万吨，同比持平；其他饲料317万吨，增长0.3%。

12. 草原保护与建设。2012年，全国完成种草改良10 000千公顷，建设草原围栏5 133.33千公顷，累计落实草原承包273 333千公顷，草原禁牧面积93 333千公顷，草畜平衡面积173 333千公顷。2012年全国草原综合植被盖度达53.8%，比上年提高2.8个百分点。全国天然草原鲜草总产量约10.5亿吨，增加4.7%；折合干草约32 387万吨，载畜能力约为25 457万羊单位，均较上年增加3.4%。

13. 农业产业化经营。2012年，我国农业产业化组织数量稳定增加，经济实力稳定增强，利益联结机制日趋完善，辐射带动能力稳步提升，集群效应日益显著。到2012年底，各类产业化经营组织超过30万个，辐射带动全国40%的农户从事农业生产经营；龙头企业11.8万家，所提供的农产品及加工制品占农产品市场供应量的1/3，占主要城市“菜篮子”产品供给的2/3以上。各类产业化经营组织带动农户达1.18亿个农户加入产业化经营，年户均增收2 800多元。

14. 农产品加工。2012年，全国共有规模以上农产品加工企业7.01万家，从业人员1 540.98万人；完成总产值152 147亿元，比上年增长19.4%；实现主营业务收入149 323亿元，增长17.2%；利润总额10 415亿元，增长22.7%；出口交货值

10 077亿元，增长9.2%。食品工业继续快速增长，完成总产值87 841亿元，增长22.0%，比农产品加工业平均增速快2.6个百分点。中西部地区发展速度继续快于东部地区，区域协调发展趋势明显，产业加速集聚。

15. 农产品市场体系建设。截至2012年底，全国农产品批发市场4 300多家。其中，产地市场占60%左右，年交易额占全国农产品批发市场年交易总额的50%以上，带动农户占全国的40%以上。规模化市场继续快速发展，2011年底，全国亿元以上农产品专业批发市场发展到1 120家，比2004年增长1.8倍；摊位数56.36万个，增长2.1倍；营业面积达到4 158.7万平方米，增长2.95倍；年成交额12 595.3亿元，增长4.8倍。从市场结构看，亿元以上专业农产品批发市场中，粮食市场占9.9%，肉粮禽蛋市场占10.2%，水产品市场占14.0%，蔬菜市场占27.9%，干鲜果品市场占13.1%，棉麻土畜烟叶产品市场及其他农产品市场占13%。

16. 农业信息体系建设。全国已基本形成“县有信息化工作机构、乡有信息站、村有信息点”的农业农村信息化组织体系。截至2012年6月末，全国31个省（自治区、直辖市）均设有农业农村信息化主管部门及信息化专职行政管理人员，55.3%的县设有专门的农业农村信息化行政管理机构，48%的县实现乡乡有农业信息服务站。全国建成村级农业信息服务点15.6万个，47%的村级农业信息服务点配有计算机并具备上网条件，全国共有村级信息员181 650人。2012年，“乡乡能上网”全部实现，全国接入宽带的行政村达到87.9%，农村网民总规模达到1.56亿，占全国网民总数的27.6%。全国20户以上自然村通电话比例从94.7%提高到95.2%，移动电话达到180部/百户。农村广播电视覆盖由“村村通”向“户户通”迈进。截至2012年11月15日，全国共开通直播卫星户户通用户394万户，农村广播节目综合人口覆盖率达到96.1%。

17. 农产品质量安全管理。2012年，农产品质量安全基层监管体系建设取得突破性进展，监管能力不断提升。农产品质量安全专项整治成效明显，农产品质量安全总体保持稳中有升持续向好的发展态势，全年没有发生重大农产品质量安全事件。农产品质量安全水平稳中有升，蔬菜、畜禽产品和水产品例行监测合格率分别为97.9%、99.7%和96.9%，同比分别提高0.5、0.1和0.1个百分点。农业标准化稳步推进，新制定农业国家标准和行业标准730项。完成农药残留限量标准的清理整合，发布322种农药的2 293个最大残留限量，基本实现对常用农药和大宗农产品全覆盖。支持创建“三园两场”和热作标准园2 676个、农业标准化整体推进示范县46个，新认证“三品一标”1.8万个。

18. 农业科研、推广与教育。转基因生物新品种培育重大专项实施取得重要进展。截至2012年6月底，培育抗虫转基因棉花新品种102个，累计推广14 067千公顷，使国产抗虫棉市场份额达到95%，实现经济效益210亿元。第二代转基因棉花纤维品质改良取得突破进展，转基因抗虫水稻、转植酸酶基因玉米新组合产量比对照显著增产，具备了产业化条件。

农业部重点实验室建设迈上新台阶。完成了重点实验室体系所有学科群启动和所有重点实验室、实验站的挂牌工作，农业部重点实验室体系全面进入建设运行阶段。

农业科技推广服务取得新成效。分农产品、分区域推介发布了2012年160个主导品种和100项主推技术，组织70万名科技人员下乡进村，启动实施东北地区玉米“双增二百”科技行动，继续实施超级稻“双增一百”科技行动。

农民教育和培训工作取得新进展。中央财政安排阳光工程资金11亿元，全年培训农民330万人。启动新型职业农民培育试点，开展“全国冬春农业科技大培训行动”，培训农民6 175万人次。

19. 农业农村人才队伍建设。2012年，出台了《农业部农业农村人才工作领导小组职责、工作规则和任务分工》。落实现代农业人才支撑计划项目资金，支持农业科研杰出人才开展自主选题研究等工作。继续开展农村实用人才带头人示范培训，全年共举办31期农村实用人才带头人示范培训班，示范培养各类农村实用人才带头人3 100名。扩大培训规模，提高补助标准，培训种植业生产服务、畜牧和渔业生产服务、兽医服务、农机服务、农业经营管理和农村社会管理、涉农企业服务、农业创业七大类从业人员3 330万人，培训鉴定技能型人才45.68万人次。组织实施农村实用人才培养“百万中专生计划”，全年招生培养10万人。启动实施“百名农业科教兴村杰出带头人资助项目”“全国杰出农村实用人才项目”和“贵州大学生村官创业资助项目”，支持一批群众公认、示范带动能力强的杰出农村实用人才创业兴业。

20. 农业行政能力建设。2012年，农业公共服务能力继续提升。截至2012年底，中央关于普遍健全乡镇或区域性农业技术推广、动植物疫病防控机构的任务基本完成，农产品质量安全监管机构建设扎实有效加快推进。全国所有的省、63%的地市、48%的区县、94%的乡镇已建立农产品质量安全监管机构；农产品质量安全检验检测体系逐步完善，中央、省、地、县四级已投资建设质检机构2 273个，检测人员达2.72万人名。全国259个市（地、州）、2 295个县（市、区）开展了农业综合执法，县级覆盖率达到应建比例的99%。机构性质属于行政机关、参公管理单位或全额拨款事业单位的比例为96.7%。全国各级农业综合执法机构在岗执法人员为27 617人，其中公务员编制和参照公务员管理的比例为27.3%。

21. 农业灾害与病虫害防治。2012年，全国农作物受灾面积24 962千公顷，比上年减少23%；其中，成灾面积11 474千公顷，绝收面积1 826.3千公顷。全年因灾损失粮食249.25亿千克，同比减少99.25亿千克。

全国农作物病虫草鼠害发生面积507 523.65千公顷次，比上年增加33 812.83千公顷次。造成粮食损失2 251.12万吨，比上年增加389.67万吨，损失棉花47.02万吨，损失油料91.89万吨。全年累计防治面积605 038.07千公顷次。通过防治挽回粮食损失11 052.51万吨，挽回棉花损失183.19万吨，挽回油料损失355.42万吨。

2012年，全国共发生草原火灾110起，其中一般草原火灾88起，较大草原火灾3起，特别重大草原火灾2起。受害草原面积为127 133公顷，死亡2人，受伤8人。草原鼠害危害面积3 691.5万公顷，约占全国草原面积的9.2%，比上年减少4.7%。

全国疫情形势总体保持平稳，未发生区域性重大动物疫情。

各类自然灾害共造成1 335.8千公顷养殖面积受灾，水产品损失170万吨，死亡（失踪）205人，重伤37人，直接经济损失251.8亿元。

22. 农业可持续发展。2012年，农业面源污染防治监测进一步加强。确定全国农业面源污染国控监测点共计160余个，监测小区1 200余个，初步搭建了覆盖全国的监测网络框架。新建由300余个定位监测试验点组成的农田地膜残留污染国控监测网络，建成了一批农业面源污染防治示范区。在8个省71个县实施地膜回收利用、生猪清洁养殖和蔬菜清洁生产示范项目，推动农业生产废弃物清洁化处理、资源化利用。全面启动农产品产地重金属污染防治工作，建立产地安全预警机制。支持24个省份建设137个农村清洁工程示范村。截至2012年，全国已建成1 500多个农村清洁工程示范村，示范村的生活垃圾、污水、农作物秸秆、人畜粪便处理利用率达到90%以上，化肥、农药减施20%以上。

农业生物资源保护步伐不断加快。组织开展25个省、自治区、直辖市重要野生植物资源调查，范围覆盖209个县以及重点山区、平原和河流，调查物种包括41类植物的100多个物种。抢救性收集农业野生植物资源1 257份，新建农业野生植物原生境保护点15个。

2012年，中央安排沼气建设投资30亿元，建设户用沼气80多万户、小型沼气工程近5 400处、乡村服务网点8 600多个、大中型沼气工程610多处。到2012年底，全国农村沼气用户已达4 200多万户，农村沼气受益人口达1.5亿多人。

23. 农业国际合作与交流。积极参加世界贸易组织农业谈判和中澳、中瑞、中国—冰岛、中韩、中日韩自贸区启动准备工作，争取优势农产品出口的优惠市场准入条件。务实推动实施农业“走出去”战略，开展优势农产品营销促销。积极开展境外农业技术试验示范和跨境动物疫病防控合作，促进科技合作和技术引进。强化“南南合作”项目管理，新启动了利比里亚、塞内加尔、乌干达等三个国家的南南合作项目，共派出专家和技术员102人。

2012年农业和农村政策

24. 增加农业补贴。2012年，中央财政安排用于“三农”支出12 387.6亿元，比上年增长18%。其中，安排农业“四补贴”1 668亿元，增长18.6%。安排农业防灾减灾稳产增产关键技术补助资金63亿元，草原生态奖补资金150.6亿元，畜禽良种补贴12亿元，重大动物疫病防疫经费42.9亿元，能繁母猪饲养补贴28.5亿元，渔用柴油补贴240亿元。有效促进了农民生产积极性，拓宽了农民增收渠道。

中央财政安排农作物良种补贴资金224亿元，比上年增加4亿元。水稻、小麦、玉米和棉花等大宗粮棉作物实行全国覆盖，大豆、青稞实行主产区全覆盖；油菜在长江流域冬油菜主产区实行全覆盖；花生以黄淮海花生集中产区为主，适当兼顾其他主产区；马铃薯原种生产补贴继续在17个主产省（自治区、直辖市）实施。

中央财政安排农机具购置补贴215亿元，比上年增加40亿元，进一步扩大了补贴机具的种类，在11个省份启动了更新报废补贴试点。在17个省份开展全价购机、县级结算及重点机具敞开补贴等试点。

中央财政安排种粮直接补贴151亿元，与上年持平。农资综合补贴1 078亿元，增加243亿元。

25. 农村土地承包管理。2012年，农业部门稳步开展农村土地承包经营权登记试点工作，全国50个试点县（市、区）已有230个乡镇、1 642个村、18 170个村民小组基本完成土地承包档案清理、承包地块面积和空间位置确认等工作，初步健全了登记簿和土地承包管理信息系统，涉及承包农户65.3万户、耕地面积529千公顷。土地流转平稳有序，到2012年底，家庭承包耕地流转面积达到18 533千公顷，比上年底增长22.1%；占家庭承包经营耕地（合同）总面积的21.2%，提高3.5个百分点。农村土地承包经营纠纷调解仲裁工作取得明显成效。截至2012年底，全国共设立农村土地承包仲裁委员会2 259个，聘任仲裁员20 776人。各地共化解农村土地承包经营纠纷54.51万件。

26. 农村集体资产与财务管理。农村集体资产管理体系进一步强化。2012年，农业部确定了155个农村集体“三资”管理示范县，推进全国农村集体“三资”管理的制度化、规范化、信息化建设。全国已有51个地（市）、1 060个县(市)建立农村集体“三资”信息化监管平台。农村集体产权制度改革稳步推进。全国有27个省份开展了农村集体产权制度改革试点，3.2万个村实施了产权制度改革。其中，有2.4万个村完成了改革，量化资产总额3 618.6亿元，设立集体股东9.4万个、社员个人股东3 403.9万个，累计股金分红达812.8亿元。财务会计管理迈上新台阶。全国村集体财务公开的比例达到98%，超过80%的村实行会计委托代理。

27. 减轻农民负担。2012年，国务院办公厅印发了《关于进一步做好减轻农民负担工作的意见》，要求严格管理涉农收费和价格，规范实施村民一事一议筹资筹劳，深入治理加重村级组织和农民专业合作社负担问题，建立和完善农民负担监管制度，确保农民负担继续控制在较低水平，促进农村社会和谐稳定。各级各部门按照国务院部署，在全国50.6万个村开展了农民负担专项治理，取消向农民的收费项目594个，降低收费标准711个，减轻农民负担6.74亿元；查处向村级组织违规收费的案件5 879

件，清退违规资金0.57亿元，撤销违规文件70件，追究责任人192人；纠正不按规定履行开展一事一议筹资筹劳审核程序的县（市、区）33个，查处超范围筹资筹劳项目174个，查处超标准筹资筹劳项目76个，查处违规向农民筹集资金978.45万元。

2012年，全国农民直接承担的费用人均45.63元，比上年增加1.48元，增长3.35%。

28. 推进农村综合改革。2012年，乡镇机构改革已全面完成，初步建立了精干高效的乡镇行政体制，改革了事业站所管理体制，创新了基层政府管理，切实加强和巩固了农村基层政权；农村义务教育改革进一步深化。2012年，中央财政安排农村义务教育经费保障机制资金864亿元，全国约有1.2亿名农村义务教育阶段学生免除了学杂费和教科书费，中西部地区有1 333多万名农村家庭经济困难寄宿生获得资助；县乡财政管理体制改革稳步推进。中央财政2012年预算安排奖补资金1 075亿元，加大了对基层财政的财力倾斜和支持力度，逐步提高县级财政基本财力保障水平，增强基层政府提供公共服务的能力；集体林权制度改革全面深化。全国确权集体林地180 000千公顷，占集体林地总面积97.7%，发证面积171 867千公顷，占确权林地的95.5%；“一事一议”财政奖补工作扎实推进。全国有3 007个县（含兵团、垦区）、275 539个行政村开展了“一事一议”财政奖补工作，覆盖全国45%的行政村，各类财政奖补建设项目共37.42万个。

29. 推进农民专业合作社发展。2012年，中央和地方各级对农民专业合作社的扶持力度进一步加大，各级财政扶持资金总额达54.8亿元，共扶持合作社3.2万个。全国约30%的农机购置补贴资金用于支持合作社购置农机装备。农业部深入推进示范社创建，加快培养农民专业合作社带头人，组织专业合作社参加产销对接。截至2012年底，全国在工商部门依法登记的农民专业合作社达68.9万家，比上年增长32.1%；出资总额11 018亿元，增长52.1%；实有成员5 300万户，占农户总数的20.3%。2012年，专业合作社为成员提供购销服务产品总值达7 228亿元，当年可分配盈余625亿元，社均9.07万元。

30. 深化农村金融改革。新型农村金融机构快速发展。2012年末，全国已组建新型农村金融机构939家，其中，村镇银行876家，贷款公司14家，农村资金互助社49家。农村信用体系不断完善。截至2012年底，共为1.48亿多农户建立了信用档案，并对其中9 784万农户进行了信用评定。农村信用社改革继续深化。2012年，农村信用社和农村合作银行改制组建农村商业银行125家。

截至2012年末，全部金融机构涉农贷款余额17.6万亿元，占各项贷款余额的26.2%，同比增长20.7%，高于本外币各项贷款平均增速5.1个百分点。其中，农户贷款余额为3.6万亿元，同比增长15.9%，占各项贷款余额的5.4%；农林牧渔业贷款余额为2.7万亿元，同比增长11.6%，占各项贷款余额的4.1%。

31. 农产品市场调控。2012年，国家继续强化和完善宏观调控政策，完善粮棉油糖等重要农产品的价格支持和临时收储等政策。坚持对稻谷和小麦实行最低收购价政策，并连续5年提高最低收购价水平；对玉米实行临时收储政策，并连续4年提高临时收储价格水平；继续对棉花、油料等重要农产品实行临时收储政策，并首次对食糖实行临时收储政策；完善生猪市场调控预案，形成了《缓解生猪市场价格周期性波动调控预案》；继续深化流通体制改革，进一步完善“绿色通道”政策。这些政策的实施为调动农民种植积极性、推动农业生产持续稳定发展、增加农民收入和促进农产品市场总体平稳运行发挥了重要作用。

32. 基层农业技术推广体系改革与建设。2012年，国家安排乡镇农技推广机构条件建设项目中央投资38亿元，加强乡镇农技推广机构条件建设，基本实现西部地区乡镇农技推广机构条件建设“全覆盖”、中东部地区乡镇农技推广机构仪器设备“全覆盖”。中央财政安排基层农业技术推广体系改革与建设专项补助26亿元，支持基层农技推广机构开展技术推广服务，支持范围基本覆盖农业县。到2012年底，中央要求的普遍健全乡镇或区域性农业技术推广、动植物疫病防控等公共服务机构的任务基本完成，农产品质量监管机构建设扎实有效加快推进。

33.农村劳动力转移。2012年，国家继续加大工作力度，强化服务举措，多渠道、全方位促进农村劳动力转移。2012年，全国农民工总量达到26 261万人，比上年增长3.9%。其中，外出农民工16 336万人，增长3.0%。“春风行动”提供免费咨询等就业服务2 000多万人次，实现跨地区有组织劳务输出730万人，实现本地企业吸纳农村劳动者就业742万人，组织参加职业技能培训160万人。2012年，全国有25个省份调整最低工资标准，平均增幅20.2%。2012年元旦、春节期间共为129万名农民工清回被拖欠的工资及赔偿金59.24亿元。农民工社保参保率有所提高，公共服务不断改善。2012年底，全国农民工参加基本养老、基本医疗、失业、工伤保险人数分别为4 543万人、4 996万人、2 702万人、7 173万人，分别比上年底增加403万人、355万人、311万人、345万人。1 167万名农民工随迁子女在城市接受义务教育。

34. 农业法制建设。2012年，全国人大常委会审议通过了《农业技术推广法修正案》，国务院常务会议通过并公布了《农业保险条例》，农业部出台了《农业植物品种命名规定》等9个部门规章。农业综合执法进一步巩固。截至2012年底，全国已有259个市（地、州）、2 295个县（市、区）开展了农业综合执法，县级覆盖率达到应建比例的99%，10个省（自治区）已实现市、县两级综合执法全覆盖。

2012年农业发展与国民经济

35. 农业对国民经济的贡献。2012年，我国实现农业增加值52 377亿元，增长4.5%，增速比上年提高0.2个百分点。农业增加值占国内生产总值的比重为10.1%，与上年持平，农业增长对国民经济增长的贡献份额为10.6%，比上年上升0.4个百分点。农产品进出口贸易总额占全国进出口贸易总额的4.6%，比上年上升0.3个百分点。其中，出口占3.1%，下降0.1个百分点；进口占6.2%，上升0.8个百分点。

36. 农业与国民收入分配。2012年，全国农民纯收入总量为50 842.0亿元，占当年国内生产总值的比重为9.8%，比上年下降0.1个百分点。全国城镇居民可支配收入总量达到174 858.6亿元，占国内生产总值的比重是33.7%，比上年提高1.8个百分点。全社会固定资产投资中用于农村的投资增长8.3%，用于城镇的投资增长20.8%，城乡固定资产投资严重不平衡且差距继续明显拉大。

37. 工农业发展比例关系。2012年，全国工业增加值199 859.6亿元，比上年实际增长7.9%，增速下降2.5个百分点；农业增加值实际增长4.5%，增速上升0.2个百分点。工业增加值与农业增加值增长速度之比为1.8:1。

38. 农村非农产业发展与国民经济增长。2012年，乡镇企业从业人员占全国就业人员比例为21.4%，比上年提高0.2个百分点。农村居民工资性收入以及来自家庭经营非农产业的纯收入占农民人均纯收入的53.8%，比上年上升了1.3个百分点。

39. 城乡居民收入差异。2012年，全国农村居民人均纯收入比上年实际增长10.7%，增速比上年降低0.7个百分点；城镇居民人均可支配收入比上年实际增长9.6%，增速比上年提高1.2个百分点；农村居民收入增速比城镇居民高1.1个百分点。城镇居民人均可支配收入与农村居民人均纯收入之比由上年的3.13∶1继续缩小到3.10∶1；农村居民人均现金收入相当于城镇居民人均可支配收入的39.8%，比上年提高0.2个百分点。但城乡居民收入不平衡的问题依然突出，主要表现在城乡居民收入的绝对差距继续扩大，由上年的14 833元继续扩大到16 648元。

40. 城乡居民消费差异。2012年，城镇居民人均生活消费支出16 674元，名义增长10.0%，增速比上年降低2.5个百分点；农村居民人均消费支出5 908元，名义增长13.2%，增速比上年降低6.0个百分点。城乡居民消费水平的相对差距略有缩小，城乡居民人均生活消费支出比由上年的2.90:1下降到2.82∶1。但城乡居民消费的绝对差距继续扩大，2012年城镇居民人均生活消费支出比农村居民多10 766元，与上年相比扩大826元。

41. 区域经济发展差异。2012年，东、中、西部和东北地区占全国国内生产总值的比重分别为51.3%、20.2%、19.8%和8.7%，与上年相比，东部地区下降了0.7个百分点，中部地区上升了0.1个百分点，西部地区上升了0.6个百分点，东北地区与上年持平。东部、中部、西部和东北地区国内生产总值之比为5.86∶2.31∶2.59∶1，与上年相比，西部地区与其他三个地区的差距明显缩小。农民收入的区域差异则有所扩大。

2013年农业发展趋势

42. 发展目标和任务。中央农村工作会议提出，2013年要确保农民收入增长势头不减弱，继续改善农民生产生活条件，进一步消除制约农业发展的体制障碍，激发农村发展活力。按照中央部署，农业部提出2013年要牢牢把握加快发展现代农业的重大任务，以确保国家粮食安全和重要农产品有效供给、促进农民持续较快增收为核心目标，以推进农业经营体制机制创新为动力，着力强化政策、科技、设施、装备、人才和体制支撑，千方百计使粮食产量稳定在10 500亿斤以上、农民收入增幅保持在7.5%以上，努力确保不发生重大农产品质量安全事件和区域性重大动物疫情，持续提高农业科技进步贡献率和农业资源利用率，促进农业农村经济又好又快发展，为经济社会发展提供有力支撑。重点做好十方面工作：一是抓好强农惠农富农政策落实和完善；二是稳定发展粮食等重要农产品生产；三是创新农业生产经营体制；四是强化农业生产风险防控；五是扎实推进农业科技进步；六是提升农业物质装备水平；七是强化农产品市场体系建设；八是做好农业资源利用和生态保护工作；九是保持农民收入持续稳定增长；十是加强农业系统自身建设。

43. 农业发展面临的条件。2013年，中央财政用于“三农”的支出拟安排13 799亿元，比上年增长11.4%，强农惠农富农力度将进一步加大。国家将继续增加农业补贴资金规模，新增补贴向主产区和优势产区集中，向专业大户、家庭农场、农民合作社等新型生产经营主体倾斜。完善农资综合补贴动态调整机制，逐步扩大种粮大户补贴试点范围。增加产粮（油）大县奖励资金，继续实施生猪调出大县奖励政策，研究制定粮食作物制种大县奖励政策。完善农业保险保费补贴政策，适当提高部分险种的保费补贴比例。继续开展粮食稳定增产行动，着力加强800个产粮大县基础设施建设，加大新一轮“菜篮子”工程实施力度，稳定发展农业生产。落实和完善最严格的耕地保护制度，加大力度推进高标准农田建设。着力培育新型经营主体，采取奖励补助等多种办法，扶持联户经营、专业大户、家庭农场，支持发展多种形式的新型农民合作组织，大力培育发展多元服务主体，构建集约化、专业化、组织化、社会化相结合的新型农业经营体系。健全农村土地承包经营权登记制度，深化集体林权制度改革，启动牧区草原承包经营权确权登记颁证试点。加快推进征地制度改革，提高农民在土地增值收益中的分配比例。加快推进金融改革，确保持续加大涉农信贷投放。

但农业农村发展仍将面临许多困难与挑战。粮食继续稳定发展的难度进一步加大，农产品需求刚性增长，保障国家粮食安全，主要农产品有效供给和食品质量安全的任务繁重。农业劳动力数量和质量双下降，培养新型职业农民面临新的挑战。农业生产进入高投入、高成本阶段，提高农业比较效益难度越来越大。农业生产经营方式发生深刻变化，原有的土地经营方式、农业生产管理方式以及生产与金融服务，已不能完全适应生产力发展要求。工农城乡发展不平衡的矛盾依然突出，制约城乡发展一体化的深层次障碍仍然存在。这些都使得农业农村保持稳定发展的任务十分艰巨。

44. 农业发展趋势判断。据国家统计局对全国9万农户的种植意向调查显示，2013年全国稻谷意向种植面积增长1.0%，其中，早稻和双季晚稻基本持平，中稻和一季晚稻增长1.6%；玉米意向种植面积增长4.1%；大豆意向种植面积下降8.5%。棉花面积减少，油料小幅增长，糖料生产稳定增长，蔬菜小幅增产。畜牧业、渔业平稳发展。国内农产品价格将总体基本平稳，不同品种涨跌互现。农产品贸易逆差将持续扩大，对外依存度将进一步提高。农民收入有望继续保持较快增长，增速可能略有回落。

目 录

正文附图

正文专栏

附表

2012年

农业发展状况

2012年农业发展状况

总体状况

2012年，国内外环境错综复杂，形势严峻。国内“稳增长、控物价、调结构、惠民生、抓改革、促和谐”任务艰巨，国际金融危机深层次影响不断显现，全球经济下行风险加大。党中央、国务院坚持把“三农”工作放在全党工作的重中之重，进一步加大强农惠农富农政策力度，大幅度增加“三农”投入。各级农业部门深入贯彻落实党的十八大精神，解放思想、改革创新，求真务实、扎实工作，全力推进现代农业和社会主义新农村建设，农业农村经济发展圆满实现了“两个千方百计、两个努力确保”的目标任务，在高基数上再夺丰收，在高起点上再创佳绩，实现了“稳中有进”，为经济社会发展全局作出了重大贡献。

（一）粮食生产实现“九连增” 2012年，粮食实现全面均衡增产，夏粮、早稻、秋粮季季丰收，面积、总产、单产全面提高，水稻、小麦、玉米全部增产。全年粮食产量达到58 958万吨，比上年增加1 835万吨，实现半个世纪以来首次连续9年增产。9年累计粮食增产15 890万吨，年均增产1 765万吨，是新中国成立以来增产幅度最大的时期。粮食亩产再创历史新高，达到353.5千克，比上年提高9.1千克，9年提高64.7千克，年均提高7.2千克，是新中国成立以来单产提高最快的时期之一。

（二）主要农产品全面增产 2012年，棉花产量684万吨，增长25万吨；油料产量3 437万吨，增长130万吨，连续5年增产；糖料生产继续恢复发展，产量1.35亿吨，增长969万吨；蔬菜保持面积、单产、总产同步增长，产量7.09亿吨，增长2 953万吨（图1）。

全年肉类、禽蛋、奶类总产量分别为8 387.2万吨、2 861.2万吨和3 868.6万吨，同比分别增长5.3%、1.8%和1.5%，再创历史新高。

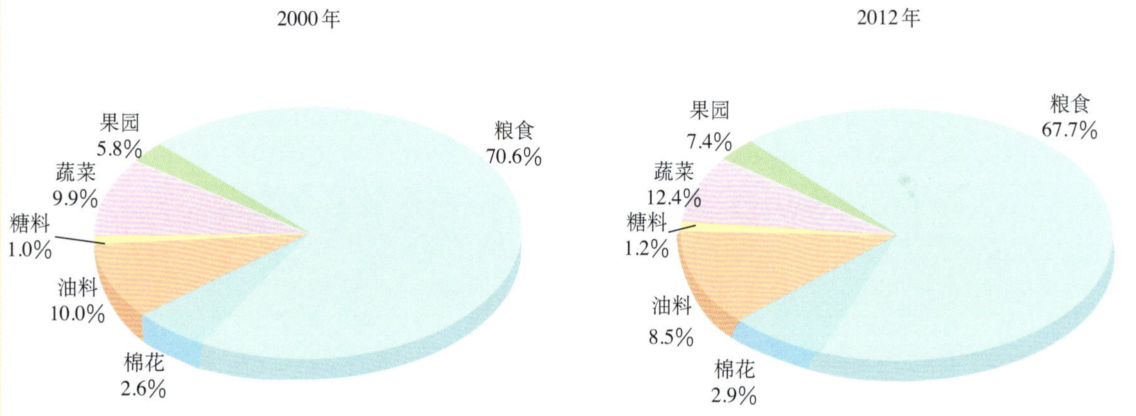

图1　2000、2012年农作物播种面积结构变动情况

水产品总产量5 907.68万吨，增长5.4%；渔民人均纯收入11 256元，增长12.4%。按当年价格计算，全社会渔业经济总产值17 322亿元，实现增加值7 915亿元。

（三）农村经济保持平稳发展　2012年，全国乡镇企业实现总产值607 154亿元，同比增长9.3%，增速较上年回落1.8个百分点。完成乡镇企业营业收入586 673亿元，增长9.5%；实现乡镇企业利润总额35 703亿元，增长9.1%；上交税金15 073亿元，增长11.4%。2012年，东、中、西、东北地区乡镇企业总产值分别增长8.2%、11.5%、10.8%和10.6%，中西部地区乡镇企业发展速度明显高于东部地区，区域布局进一步协调。全年农垦实现生产总值5 074.31亿元，增长13.8%，连续10年保持12%以上增速；人均纯收入首次突破万元大关，达到10 919元，增长16.9%，实现连续9年较快增长。

（四）农业生产条件进一步改善　2012年，全国农机总动力10.2亿千瓦，同比增长4.9%。农机装备结构持续优化，先进适用农机具保有量增加较快。全国农作物耕种收综合机械化水平达57.2%，同比提高2.35个百分点。粮食作物生产机械化稳步推进，薄弱环节机械化增幅加快。农机社会化服务加快发展，服务能力持续增强。全国天然草原鲜草总产量约10.5亿吨，比上年增加4.7%；综合植被盖度达53.8%，提高2.8个百分点。鲜草产量和植被盖度均创近年来最好水平。完成种草改良10 000千公顷，建设草原围栏5 133.33千公顷，累计落实草原承包273 333千公顷，草原禁牧面积93 333千公顷，草畜平衡面积173 333千公顷。

中央安排支农资金2 984.38亿元，比上年增加128.1%，其中基本建设投资360.38亿元，财政专项资金2 624亿元，重点支持标准农田建设、新一轮“菜篮子”工程、草原建设与农业生物资源保护、全国农村废弃物资源利用、现代农业公共服务能力条件建设和生产救灾等。

（五）农产品市场繁荣稳定 截至2012年底，全国农产品批发市场4 300多家。2012年，我国农产品进出口贸易总额为1 757.7亿美元，同比增长12.9％。其中，出口额632.9亿美元，增长4.2％；进口额1 124.8亿美元，增长18.6％。农产品贸易逆差491.9亿美元，增长44.2％。农产品价格平稳运行。2012年全国农产品生产者价格总水平比上年上涨2.7％。其中，1～4季度同比分别上涨9.2％、3％、0.1％和0.3％。农村居民消费价格比上年增长2.5％，比全国平均低0.1个百分点。

（六）农业产业化经营稳步发展 农业产业化组织数量稳定增加，经济实力稳定增强，利益联结机制日趋完善，辐射带动能力稳步提升，集群效应日益显著。到2012年底，各类产业化经营组织超过30万个，辐射带动全国40％的农户从事农业生产经营；龙头企业11.8万家，所提供的农产品及加工制品占农产品市场供应量的1/3，占主要城市“菜篮子”产品供给的2/3以上。各类产业化经营组织带动1.18亿个农户加入产业化经营，年户均增收2 800多元。

（七）农产品质量安全水平进一步提升 2012年，农产品质量安全监管体系建设进一步加强，基层监管能力快速提升，专项整治成效明显，全年没有发生重大农产品质量安全事件。农产品质量安全水平稳中有升，蔬菜、畜禽产品和水产品例行监测合格率分别为97.9％、99.7％和96.9％，同比分别提高0.5、0.1和0.1个百分点。

（八）农民收入较快增长，生活水平继续提高 2012年，农村居民人均纯收入7 917元，增长13.5％，剔除价格因素影响，实际增长10.7％。其中，工资性收入3 448元，增长16.3％，对全年农民增收的贡献率为51.5％；家庭经营纯收入3 533元，增长9.7％；财产性收入249元，增长9.0％；转移性收入687元，增长21.9％。农村居民人均纯收入与城镇居民人均可支配收入之比为1∶3.10，比上年缩小。

2012年，农村居民人均消费支出5 908元，增长13.2％。剔除价格因素影响，实际增长10.4％。农村居民恩格尔系数为39.3％，比上年下降1.1个百分点，首次降至40％以下。

国家扶贫开发工作重点县农民人均纯收入4 602元，比上年增长16.8％。农村扶贫对象9 899万人，比上年减少2 339万人。

专栏1

全国现代农业发展规划（2011—2015年）

2012年2月14日，国务院印发了《全国现代农业发展规划（2011—2015年）》（国发[2012]4号）（以下简称《规划》）。《规划》发布标志着现代农业发展在国家政策的顶层设计上有了总体部署安排，“十二五”将成为推进现代农业发展的重要时期。

（一）指导思想和原则 《规划》明确了现代农业发展“一二三四五”的指导思想。“一”是“一条主线”，就是以转变农业发展方式为主线；“二”是“两个目标”，就是以保障粮食等主要农产品有效供给和促进农民持续较快增收为主要目标；“三”是“三个能力”，就是以提高农业综合生产能力、抗风险能力和市场竞争能力为主攻方向；“四”是“四个化”，就是着力促进农业生产经营专业化、标准化、规模化、集约化；“五”是“五个支撑”，就是着力强化政策、科技、设施装备、人才和体制支撑。确立了现代农业发展“五个坚持”的基本原则，即，坚持确保国家粮食安全，坚持和完善农村基本经营制度，坚持科教兴农和人才强农，坚持政府支持、农民主体、社会参与，坚持分类指导、重点突破、梯次推进。

（二）发展目标 《规划》提出了现代农业建设“5年取得明显进展、10年取得突破性进展”的阶段目标。到2015年，现代农业建设要取得明显进展。粮食等主要农产品供给得到有效保障，农业结构更加合理，物质装备水平明显提高，科技支撑能力显著增强，生产经营方式不断优化，农业产业体系更趋完善，土地产出率、劳动生产率、资源利用率显著提高，东部沿海、大城市郊区和大型垦区等条件较好区域率先基本实现农业现代化。粮食综合生产能力达到5.4亿吨以上、耕种收综合机械化水平达到60%、农业科技进步贡献率超过55%。到2020年，现代农业建设要取得突破性进展，基本形成技术装备先进、组织方式优化、产业体系完善、供给保障有力、综合效益明显的新格局，主要农产品优势区基本实现农业现代化。

（三）重点任务 《规划》从加快转变农业发展方式的关键环节入手，明确提出了事关现代农业发展全局的八项重点任务：一是完善现代农业产业体系，包括稳定发展粮食和棉油糖生产，积极发展“菜篮子”产品生产，大力发展农产品加工和流通业；二是强化农业科技和人才支撑，包括增强农业科技自主创新能力，大力发展现代农作物种业，加快农业新品种新技术转化应用，壮大农业农村人才队伍；三是改善农业基础设施和装备条件，包括大规模开展高标准农田建设，改善养殖业生产条件，加快农业机械化，加强农业防灾减灾能力建设；四是增强农产品质量安全保障能力，包括大力推进农业标准化，加强农产品质量安全监管；五是提高农业产业化和规模化经营水平，包括推进农业产业化经营跨越式发展，强化农民专业合作社组织带动能力，发展多种形式的适度规模经营；六是大力发展农业社会化服务，包括增强农业公益性服务能力，大力发展农业经营性服务；七是加强农业资源和生态环境保护，包括加强农业资源保护，加强农业生态环境治理，大力推进农业节能减排；八是创建国家现代农业示范区，包括加大示范区建设力度，发挥示范区引领作用。

（四）重点区域、重大工程和保障措施 围绕上述目标和任务，《规划》按照分类指导、突出重点、梯次推进的思路，将我国现代农业发展划分为重点推进、率先实现和稳步发展3类区域，分别就每个区域的范围、特点、功能定位及发展方向进行了概述。以最急需、最关键、最薄弱的环节和领域为重点，提出了在“十二五”时期实施的旱涝保收高标准农田建设、新增千亿斤粮食生产能力建设等14项重大工程。为确保现代农业发展取得实质性进展，《规划》从我国国情和农业发展实际出发，提出了建立农业投入稳定增长机制、加大农业支持保护力度、提高农业对外开放水平、深化农业农村改革、强化农业法制保障、加强组织领导6个方面的保障措施。

种植业

2012年，粮食和种植业生产经受住了干旱、洪涝等自然灾害频繁发生的重大挑战，取得超出预期的好成绩，成为农业农村经济发展的突出亮点。

（一）粮食实现连续第九年增产 2012年，粮食呈现全面均衡增产的特点，夏粮、早稻、秋粮季季丰收，面积、总产、单产全面提高，水稻、小麦、玉米全部增产。全年粮食面积111 200千公顷，增长616千公顷，连续9年稳定增加。粮食产量再创历史新高，达到58 958万吨，比上年增加1 835万吨，实现半个世纪以来首次连续9年增产（图2）。9年累计粮食增产15 890万吨，年均增产1 765万吨，是新中国成立以来增产幅度最大的时期。粮食产量首次连续6年超过1万亿斤，表明我国粮食综合生产能力稳定登上1万亿斤的台阶。粮食亩产再创历史新高，达到353.5千克，比上年提高9.1千克，9年提高64.7千克，年均提高7.2千克，是新中国成立以来单产提高最快的时期之一。分季节看，夏粮产量12 995万吨，增长355万吨；早稻产量3 330万吨，增长55万吨；秋粮产量42 635万吨，增长1 425万吨。分品种看，水稻产量20 425万吨，增长325万吨；小麦产量12 105万吨，增长365万吨；玉米产量20 560万吨，增长1 285万吨。

（二）经济作物全面增产 棉花产量684万吨，增长25万吨；亩产97.2千克，增长10千

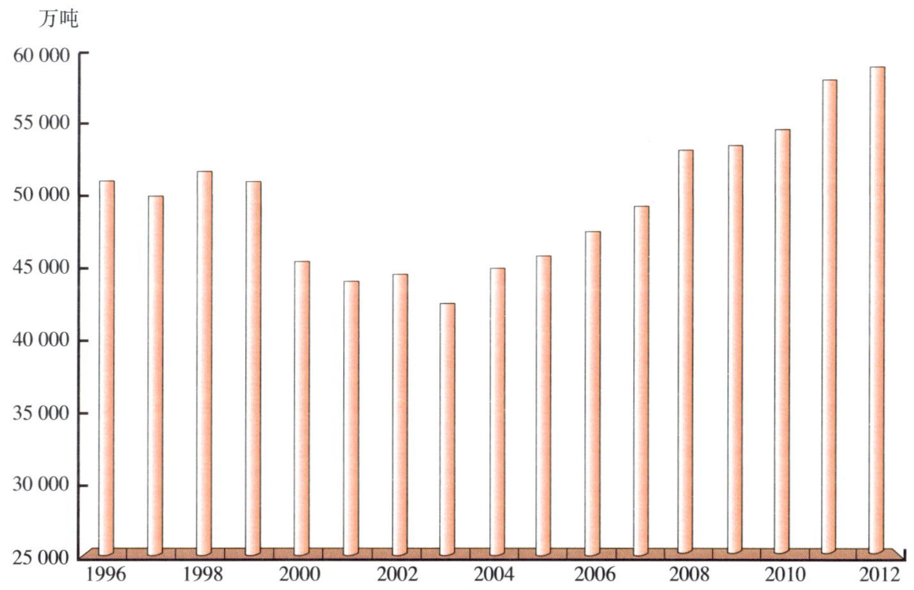

图2 1996—2012年粮食总产量变动情况

克；面积4 688千公顷，减少350千公顷（图3）。油料产量3 437万吨，增长130万吨，保持连续5年增产；亩产164.5千克，增长5.4千克；面积13 933.33千公顷，增长74.67千公顷（图4）。糖料生产继续恢复发展，产量1.35亿吨，增长969万吨；亩产4 427.8千克，增长143.8千克；面积2 030.44千公顷，增长82.44千公顷（图5）。蔬菜保持面积、单产、总产同步增长，产量7.09亿吨，增长2 953万吨；亩产2 321.8千克，增长15.8千克；面积20 333.33千公顷，增长71.33千公顷（图6）。农产品质量稳步提升，目前禁用的高毒农药达到33个，高毒农药定点经营管理基本实现蔬菜优势区域重点县全覆盖。

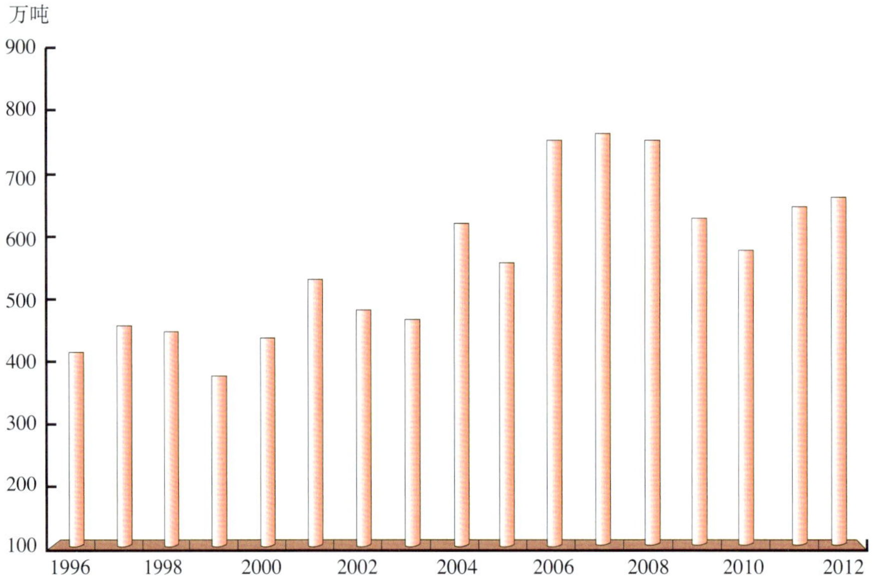

图3　1996—2012年棉花总产量变动情况

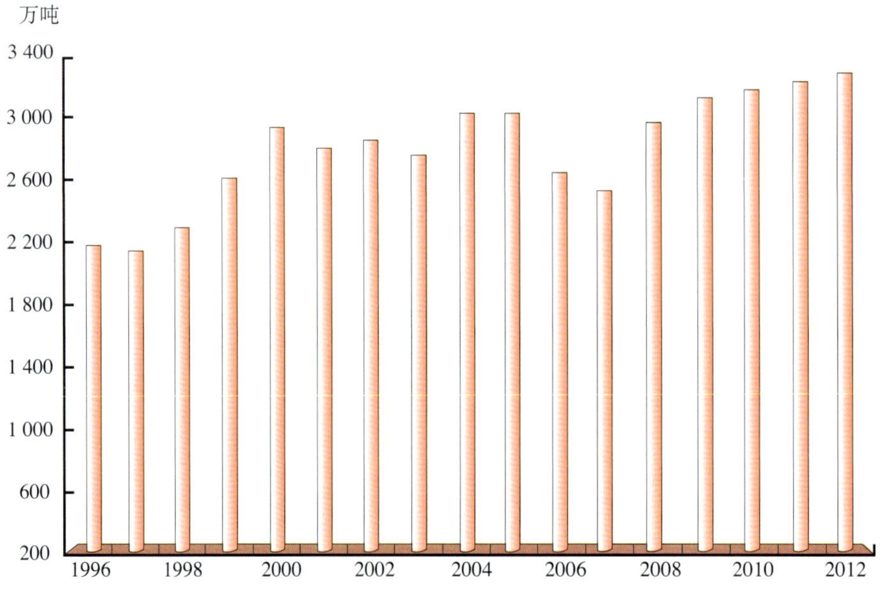

图4　1996—2012年油料总产量变动情况

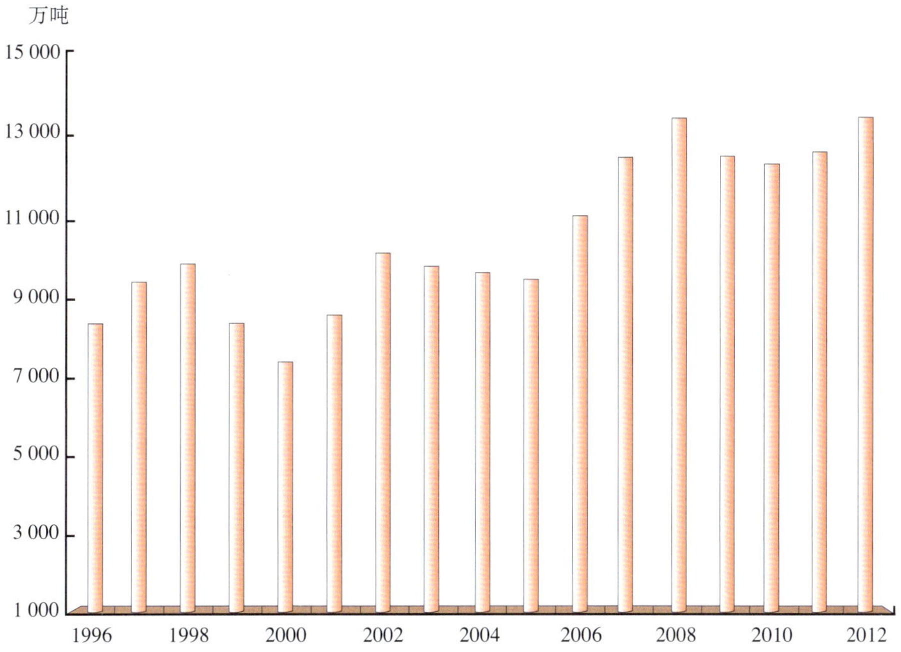

图5　1996—2012年糖料总产量变动情况

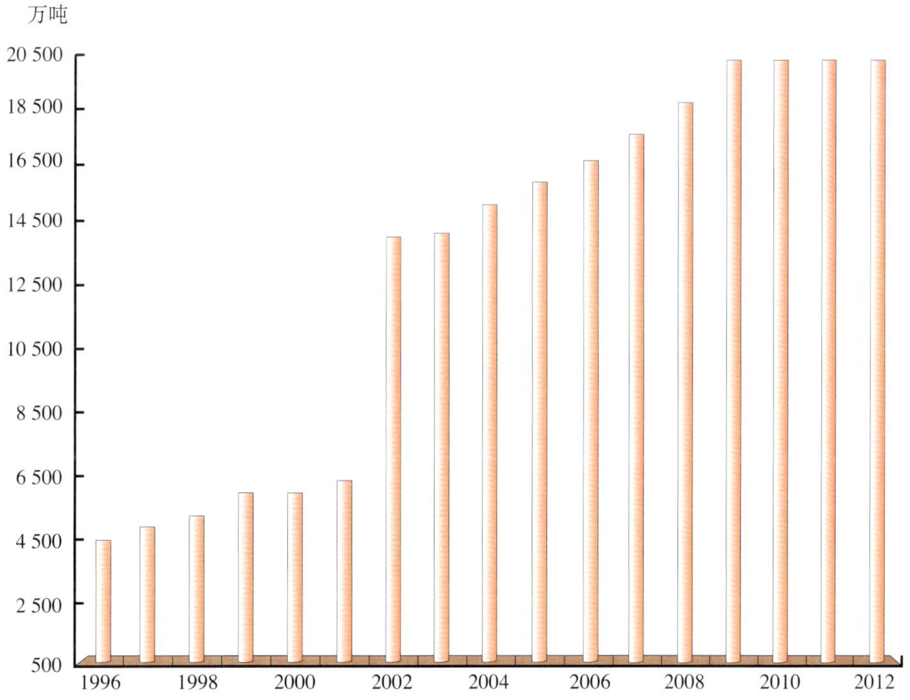

图6　1996—2012年水果总产量变动情况

注：2002年（含）以后水果总产量含果用瓜。

专栏2

全国粮食稳定增产行动助推粮食“九连增”

2012年中央1号文件明确提出，继续开展全国粮食稳定增产行动。各地各部门统一思想、重农抓粮、上下联动、通力合作，有力促进各类要素向粮食生产汇集，推动各方面力量向粮食生产聚焦，取得了显著成效，为实现粮食“九连增”发挥了重要作用。

一是政策落实更加有力。农业部在落实好“四补贴”等政策的基础上，推动出台冬小麦“一喷三防”等6项防灾减灾稳产增产关键技术良法补助政策。组织开展“春耕生产三大行动”“奋战六十天 虫口夺粮保丰收”“奋战20天 打好小麦播种攻坚战”等行动，分类指导、分区推进、确保各项政策措施落实到位。国家发改委加强粮食市场调控，加快实施千亿斤粮食生产能力规划。财政部及早预拨“四补贴”、高产创建等资金，及时下拨防灾减灾稳产增产关键技术良法补助资金，实施“东北四省区节水增粮行动”。水利部加强农田水利重点工程建设，科学调度水源，加强应急水源工程建设。科技部组织实施粮食丰产科技工程、中低产田改良科技工程、种业科技工程等一批科技项目。国土资源部严格落实耕地保护责任目标考核，大力开展土地整治，启动500个高标准基本农田示范县建设，加快推进10个土地整治重大工程和10个农村土地整治示范省建设。人力资源和社会保障部与农业部共同做好农业技术推广研究员评审和粮食表彰工作。监察部全力支持农资打假专项治理，加强对项目资金的监督检查。国家统计局预测分析粮食产量形势，指导各地搞好高产创建整建制推进县乡的测产验收。国家粮食局适时启动粮食最低收购价，认真落实好临时收储政策。

二是指导服务更加有力。农业部组织开展“农业科技促进年”活动，组织全国农业科研、教学、推广单位的1万名专家和35万名农技推广人员，深入生产一线，大力推广防灾减灾稳产增产重大实用技术，提高技术入户率、到位率。组织专家根据天气变化和作物生长发育进程，分区域、分作物制定了20多个技术指导意见，开展巡回技术指导，推进各项技术措施落实。大力开展粮食高产创建，在全国建设11 145个粮食万亩示范片，在5个市、50个县、500个乡开展整建制试点。结合高产创建，探索开展粮食增产模式攻关，组织开展9大重点科技攻关和成熟技术模式试点，促进大面积均衡增产。科技部开展科技特派员农村科技创业行动，积极推进科技进村入户。中国气象局及时发布重大天气变化预警，加强气象防灾减灾工程建设，加大人工影响天气作业力度。

三是防灾减灾更加有力。加强监测预警，制定完善防灾减灾预案，提早做好抗灾救灾资金和物资准备。大力推进科学抗灾，加强分类指导，北方冬麦区重点落实好“一控四防”技术措施，东北地区重点落实玉米坐滤水种、地膜覆盖和水稻大棚育秧等技术措施，西北地区重点落实玉米全膜双垄沟播等技术措施，长江中下游地区重点落实水稻集中育秧、旱育秧等技术措施，因时因地落实好抗灾增产技术。尤其是针对黄淮海小麦赤霉病、东北玉米黏虫、长江流域水稻两迁害虫等病虫偏重发生态势，强化应急防治，组织开展“奋战六十天 虫口夺粮保丰收”行动，大力推进统防统治、联防联治，有效减轻病虫危害。

四是督导检查更加有力。农业部牵头组织由11个成员单位部级领导带队的督导组，在春耕和秋粮生产的关键农时，分赴23个省（自治区、直辖市）开展工作督导和技术指导，了解粮食生产形势，传递中央重农抓粮的强烈信号，督导检查各地粮食稳定增产行动执行和具体措施落实情况，营造发展粮食生产的良好氛围。农业部先后组派74个抗灾调查组、专家组和督导组，深入粮食主产区和灾害发生地区，开展工作督导和技术指导。特别是2012年春耕生产期间，派出11个司局级领导带队的督导组，分赴冬麦区、早稻产区和东北地区的22个省、自治区开展为期1个月的春耕生产督导工作，有力推动了各项政策措施落实，确保春耕生产顺利进行。

五是宣传引导更加有力。组织中央主要媒体深入生产一线，在《农民日报》、中国农业信息网等媒体开设专栏，及时宣传报道各地各部门开展粮食稳定增产行动的好做法、好经验，树立一批重农抓粮的好典型。编发15期《粮食稳定增产行动工作简报》。完善考核奖励机制，开展重点省份粮食生产绩效考核试点，组织粮食生产表彰活动，进一步调动各方面发展粮食生产的积极性。

（三）防灾减灾成效显著 农业部及时组织实施“奋战六十天 再夺粮食丰收”“大力推广集中育秧 促进早稻稳产增产”“打好抗旱春播攻坚战 确保东北玉米一播全苗”三大行动，抢前抓早、分类指导、科学防灾。针对不确定的气候因素，各级农业部门加强监测预警，制定完善防灾减灾预案，提早做好抗灾救灾资金和物资准备。灾害发生后适时启动应急响应，组织专家分区域、分作物制定24个技术指导意见，组派专家和农技推广人员深入生产一线，开展巡回技术指导，推进各项农业抗灾减灾技术措施落实。大力推广玉米坐滤水种、地膜覆盖和水稻集中（大棚）育秧等防灾减灾稳产增产重大实用技术，加强分类指导，提高技术入户率、到位率。农业部全年派出78个救灾工作组，深入受灾地区调查了解灾情，协助地方搞好农业救灾工作。

（四）病虫害防控有力有序 农业部门切实把防病治虫作为夺丰收的重要任务，组织开展“奋战六十天，实现虫口夺粮，确保秋粮丰收”行动，加强应急防治，大力开展统防统治，有效减轻了病虫危害。特别是针对2012年江淮小麦赤霉病、东北华北黏虫、南方水稻“两迁”害虫重发的情况，对重发区域开展群防群治、联防联控，有效遏制了病虫的暴发流行，为实现粮食“九连增”赢得了主动。2012年，完成专业化统防统治面积4 333.33千公顷次，在全国范围内评选认定了100个专业化统防统治的“百强”组织，全国已发展工商部门注册、操作规范的病虫害专业化防治组织1.88万个，从业人员达132万人，大中型植保机械拥有量49.7万台套，日防控作业能力达3 766.67千公顷，统防统治区防治效果普遍在95%以上。2012年实现了主要粮食作物重大病虫害损失率控制在5%以下的目标，预计挽回粮食损失8 160万吨。

（五）高产创建深入开展 2012年，粮棉油糖高产创建规模进一步扩大，中央财政安排20亿元，比上年增加5亿元，在全国建设12 500个万亩高产创建示范片，比上年增加5 000片，其中粮食11 145片、油料680片、棉花500片、糖料175片。在开展整县整乡（镇）整建制推进的基础上，选择5个产粮大市（地）率先开展整市（地）粮食高产创建试点。同时，安排100个棉花、糖料高产创建整乡推进试点，进一步提升了创建的层次和水平。据统计，全年11 145个粮食万亩示范片平均亩产610.2千克，比全国平均亩产高73%，680个油料、500个棉花、175个糖料万亩示范片平均亩产分别比全国高30%、35%和37%。

专栏3

2012年粮棉油糖高产创建

高产创建以万亩示范片为单元，以促进粮食稳定发展和农民持续增收为目标，强化行政推动、依靠科技进步、加大资金投入、推广集成技术，现已成为农业部门推进工作的重要抓手、农业科技成果转化的重要平台、粮棉油糖生产稳定发展的重要举措。

（一）基本情况 2012年种植业全面丰收、全线飘红，高产创建成效突出。农业部在全国建设了12 500个高产创建万亩示范片，其中粮食11 145片、油料680片、棉花500片、糖料175片。通过选择农田基础条件较好，工作基础扎实，农技推广网络健全，辐射带动能力强的万亩连片和整建制市、县、乡镇开展高产创建，在规定产量目标的基础上，以示范片单产水平比上年提高2%以上为要求，进一步推动高产优质品种和先进实用技术组装配套，促进了农业产业转型升级，提高了地方重农抓粮的积极性，辐射带动了所在县均衡增产。

（二）实施成效 高产创建充分挖掘作物增产潜力，不断创新运行机制，为实现粮食“九连增”、促进农业稳定发展发挥了重要作用。

1. 创建规模不断扩大。2012年，国家进一步加大高产创建支持力度，中央财政安排资金20亿元，比上年增加5亿元，新增5 000个万亩示范片。各地按照农业部要求，切实抓好各项措施落实，同时积极争取配套资金，加强省属示范片建设。山东省各级财政投入3.1亿元，建设高产创建示范片591个，其中市级463个、县级128个。江苏省级财政安排资金1.9亿元，建设省级万亩示范片420多个。四川省财政安排专项资金1.2亿元用于高产创建，比上年增加1 500万元。通过上下合力，初步形成了以部级万亩示范片为核心，省市县万亩示范片为补充，整市、县、乡推进为试点的高产创建格局。

2. 产量水平不断提升。各地创新技术推广方式，促进良种良法配套、农机农艺结合，涌现出一批高产典型。据测产验收，2 400个小麦万亩示范片亩产超600千克的占45.1%。其中，河南省鹤壁市淇滨区万亩示范片平均亩产697.1千克，比上年提高0.8千克，再创万亩集中连片小麦高产记录。3 000个单季稻万亩示范片亩产超700千克的占65.6%，3 545个玉米万亩示范片亩产超800千克的占38.9%，450个大豆万亩示范片亩产超200千克的占72.7%，500个棉花万亩示范片亩产超过100千克的占68.4%，175个糖料万亩示范片其中甘蔗亩产超过5 500千克、甜菜超过3 000千克的共占94%。

3. 带动效应不断增强。各地以万亩示范片和整建制试点为平台，在重要农时和关键生育期，展示示范深松整地、水稻集中育秧、玉米抗旱坐水种、小麦“一喷三防”、油菜“一促四防”等关键技术措施，辐射带动所在乡（镇）和县（市）平衡增产。据统计，2012年，11 145个粮食万亩示范片平均亩产610.2千克，比全国平均亩产高73%，680个油料、500个棉花、175个糖料万亩示范片平均亩产分别比全国高30%、35%和37%。

4. 整建制推进不断深入。在建设50个县（市）、500个乡（镇）整建制高产创建的基础上，选择山东德州、河北邯郸、河南鹤壁、黑龙江绥化、吉林四平等5个基础条件好、增产潜力大、科技水平高的产粮大市率先开展整市（地）高产创建试点。德州市狠抓重点乡镇、重点县、重点增产领域，全市968千公顷粮食，总产达到108.67亿千克，比上年增加2.6亿千克，实现“十连增”。四平市强化指导服务，狠抓关键措施落实，战胜了玉米大斑病、二代黏虫和“布拉万”台风等灾害，99个粮食万亩示范片共增产粮食1.25亿千克，带动全市粮食总产达到79亿千克，比上年增加3.5亿千克。

（三）主要措施 高产创建率先落实抗灾增产技术，率先推进农机农艺结合，率先开展专业化服务，率先推进规模化经营，通过要素整合、技术集成、示范带动、重点培训，促进大面积均衡增产。

1. 强化组织领导，变部门行为为政府行为。2012年高产创建覆盖范围更大、涉及部门更多、工作要求更高，各地根据农业部办公厅、财政部办公厅关于印发《2012年粮棉油糖高产创建项目实施指导意见》的通知（农办财[2012]62号）和农业部办公厅关于印发《2012年整建制推进高产创建实施方案》的通知（农办农[2012]36号），进一步抓好高产创建，主要领导亲自抓，分管领导具体抓。省、市、县、乡都成立行政领导负责的组织机构，将粮食生产作为各级政府绩效考核的重要内容，明确目标任务，强化资金支持，规范管理办法，层层落实责任，形成以行政推动为主导、涉农部门共同参与的工作机制，凝聚抓粮食生产的合力，促进项目有序展开。

2. 强化技术指导，变单一推广为协作推广。目前全局突破性、区域带动性强的新品种、新技术储备不足，转基因等生物技术应用受到诸多限制，依靠单项技术突破大幅提高单产的难度越来越大。高产创建组织专家论证并推介一批高产、优质、多抗的主导品种，良种覆盖率达到100%；集成组装先进实用技术，推广一批适应不同区域、不同作物的抗灾增产关键技术，每个万亩示范片都有一张技术模式图。在重要农时和关键环节，组织专家和农技人员深入生产一线，开展科技指导服务，形成农科教产学研大联合、大协作的格局，搭建大面积科技推广应用的新平台。

3. 强化机制创新，变传统农业为现代农业。各地以高产创建为载体，积极扶持培育种植大户、粮油合作社、专业化服务组织等，大力推行统一整地播种、统一肥水管理、统一病虫防治、统一机械收获。推进规模化种植、标准化生产、产业化经营，有效地整合了碎片化、粗放型、分散化、小规模的耕地资源，构建了扎实的粮食生产微观经济基础，提高了生产的组织化程度。推进高产创建与高标准农田建设结合，高标准农田建到哪里，高产创建就跟进到哪里，打造田间设施标准化、管理服务专业化、生产过程机械化的良田、良种、良法、良机、良制配套体系。

4. 强化舆论引导，变零散宣传为系列宣传。部、省、市、县、乡逐级组织，开展层层培训、动员。通过现场会、观摩会、媒体宣传、展板展示和编印简报等多种方式，加大高产创建宣传力度，展示高产创建生产成效和工作成果，营造良好的舆论氛围，引导社会各界关注。每个示范片规范标牌、设立方位图，提供专业化服务和物化补贴，关键时节现场展示技术应用，树立起了普通农民看得见、学得会的样板，激发农民群众兴趣，扩大影响力。

（六）标准园创建大力推进 2012年，园艺作物标准园创建资金规模由3亿元扩大到5亿元，创建园数由600个扩大到1 000个，进一步推进了由“园”到“区”，由“产”到“销”的拓展。初步建立起蔬菜生产信息监测预警体系，信息监测范围扩大到580个蔬菜产业重点县，将5 800个企业、农民专业合作社和大户作为信息采集点，形成生产信息监测与发布双向通道，有力促进了生产稳定发展、市场均衡供应。2010年以来，农业部每年对标准园产品农残进行监测，3年来，全国标准园生产的水果的合格率分别为100%、100%、99.6 %，茶叶合格率为100 %、98.8 %、100 %，蔬菜合格率为99.8 %、99.9 %、99.9%。

（七）测土配方深入推进 2012年，中央财政安排补贴资金7亿元，支持2 463个项目县（场、单位）开展测土配方施肥。建立测土配方示范片12.1万个，技术示范面积达5 566.67千公顷，技术推广面积90 000千公顷，免费为1.8亿农户提供测土配方施肥技术服务。启动实施“百县千乡万村”测土配方施肥整建制推进行动，开展农企合作推广配方肥试点。测土配方施肥由粮棉油糖等大宗作物向果树、蔬菜等园艺作物拓展，为促进粮食稳定增产、农业节本增效和农民持续增收发挥了重要作用。2012年测土配方施肥示范区与农民习惯施肥相比，小麦、水稻、玉米分别增产5.6%、5.6%、6.3%，亩均节本增收超过35元。果树、蔬菜等园艺作物示范区亩均节本增收80元以上。全国减少不合理施肥150多万吨。

畜牧业

2012年，畜牧业发展实现了稳中有进，全面完成了“保供给、保安全、保生态”任务，现代畜牧业建设取得新成效，为经济社会平稳健康发展和生态文明建设作出了新贡献。

（一）畜牧业生产稳定发展 全年肉、蛋、奶总产量分别为8 387.2万吨、2 861.2万吨和3 868.6万吨，同比分别增长5.3 %、1.8 % 和1.5%，再创历史新高。主要畜产品市场供应充足，价格总体保持平稳，为保障城乡居民“菜篮子”产品消费需求、稳定物价总水平作出了突出贡献（图7）。

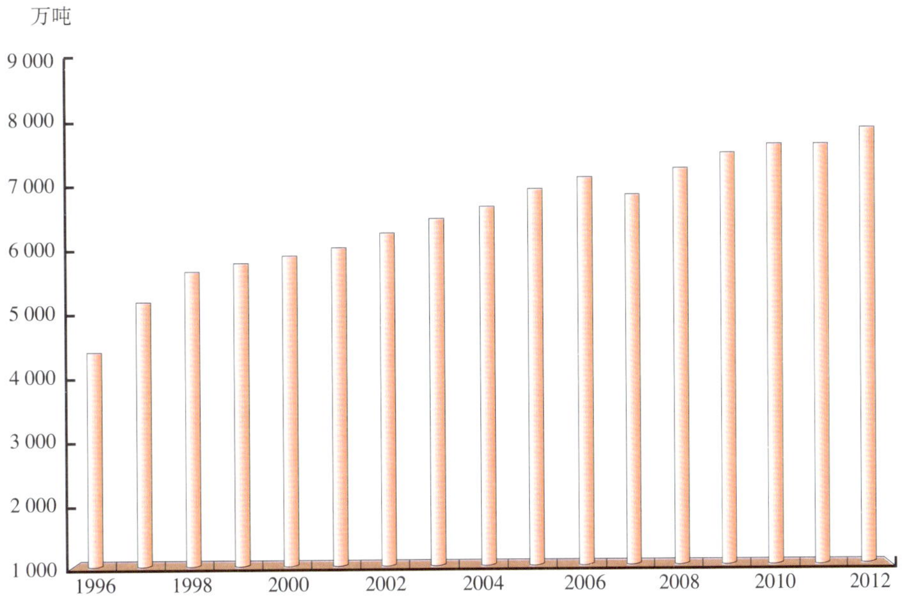

图7　1996—2012年肉类总产量变动情况

（二）产品质量安全全面提升　生鲜乳三聚氰胺检测合格率连续4年保持100%；畜产品“瘦肉精”例行监测合格率99.7%，养殖环节“瘦肉精”监测合格率99.98%，饲料环节“瘦肉精”监测合格率100%，饲料产品质量卫生指标监测合格率95.7%，均处于历史最好水平。

（三）现代畜牧业建设扎实推进　规模养殖水平稳步提高，年出栏生猪500头以上、存栏蛋鸡2 000只以上、奶牛存栏100头以上、肉鸡年出栏10 000只以上、肉牛年出栏50头以上、羊年出栏100只以上规模养殖比重分别达到38.4%、65.5%、37.3%、70.7%、26.3%和28.6%，分别比上一年提高1.8%、1.0%、4.4%、1.4%、1.7%和3.6%。工业饲料生产集中度进一步提高，年产50万吨以上的企业产量占比达到43%。

专栏4

畜禽养殖标准化示范创建

发展标准化规模养殖是转变畜牧业生产方式的重要举措和有力抓手。2012年，农业部继续在全国范围内开展畜禽养殖标准化示范创建活动，以完善创建方案，加强示范培训，突出督导检查为重点，创建了1 069个畜禽养殖标准化示范场，通过示范场的辐射带动作用，提升畜禽养殖的标准化水平。

为指导各地做好示范创建工作，农业部印发了《2012年畜禽养殖标准化示范创建活动工作方案》，继续以“畜禽良种化、养殖设施化、生产规范化、防疫制度化和粪污无害化”为核心，举办了示范创建管理与技术培训班，聘请专家对示范创建过程中遇到的技术和管理问题进行解析，共培训省级示范创建工作负责人和专家组成员450余人，汇编发放培训教材600余套。组织10省、自治区开展标准化示范创建交叉督导检查，构建了各省之间相互学习和交流的平台。召开畜禽标准化规模养殖现场会，对部分示范场进行了授牌，总结了各地开展畜禽养殖标准化示范创建活动的成效和取得的经验。与有关部门积极配合，落实好31亿元生猪、奶牛和肉牛肉羊标准化规模养殖场（小区）建设项目，支持圈舍改扩建，以及水、电、路、粪污处理等配套设施改造；落实好8亿元“菜篮子”畜产品生产扶持项目，采取“以奖代补”的方式支持生猪、蛋鸡、肉鸡、肉牛和肉羊规模场进行标准化改造，提高标准化生产水平。

2012年，针对“贷款难、用地难、粪污处理难”等突出问题，采取分片区调研座谈的形式，分别研究了东北地区、西部牧区和东南部地区各自面临的问题和发展思路。采取分畜种专题研究的方式，委托6个产业技术体系专家组，按畜种特点研究了发展的重点。积极争取金融部门支持，与中国农业银行签署《支持畜牧业发展战略合作框架协议》，“十二五”期间，将为畜牧业提供500亿元意向性授信额度。针对规模养殖粪污处理难题，积极配合国务院法制办做好《畜禽养殖污染防治条例》立法工作，大力推动从法制层面出台扶持畜禽废弃物处理和综合利用政策措施，为畜禽养殖污染防治提供法律保障。

3年来，通过畜禽养殖标准化示范创建活动的开展，各地标准化规模养殖发展势头强劲，畜牧业发展的标准化、规模化、集约化水平已经迈上一个新的台阶，成为保障我国畜产品市场稳定供给的重要力量。2012年，全国年出栏500头以上的生猪规模养殖比重达38.5%，比2008年提高10.22个百分点；存栏2 000只以上蛋鸡的规模比重达65.5%，提高8.6个百分点。规模养殖场设施化水平大幅提升，标准化生产理念已经深入人心。畜禽养殖标准化示范创建活动的开展，进一步提高了各级地方主管部门对畜禽标准化规模养殖的认识，增强了畜牧兽医技术队伍的服务能力，为充分发挥示范带动效应，加快推进畜牧业生产方式转变打下了良好基础。

兽医事业

2012年，动物疫病防控和畜产品安全保障工作取得新进展，重大动物疫情持续保持平稳，动物产品质量安全水平在高起点上继续保持了“稳中有升”。

（一）动物疫病防控工作扎实开展，未发生区域性重大动物疫情　坚持预防为主的方针，通过落实免疫、监测、扑杀和消毒灭源等综合防控措施，有力有序推动动物疫病防控各项工作。全年没有发生区域性重大动物疫情，疫情持续保持平稳。继续开展春季、秋季重大动物疫病集中免疫工作，4种重大动物疫病免疫密度均达到95%以上，抗体合格率均超过国家规定标准。对部分省份散发的O型口蹄疫、家禽禽流感疫情和突发的辽宁牛炭疽疫情，及时坚决果断处置，确保未发生区域性暴发流行。做好口蹄疫等重大动物疫病和布病等人畜共患的同时，及时制定下发《生猪腹泻疫病防控技术指导意见（试行）》，统筹仔猪腹泻等常见多发病防治工作。结合加强重大动物疫病防控延伸绩效管理，推动各地扎实落实各项防控措施。2012年，全国未发生A型、亚洲Ⅰ型口蹄疫和高致病性猪蓝耳病疫情，有效防堵了非洲猪瘟、疯牛病等外来动物疫病传入，新城疫、猪瘟等其他疫情继续保持平稳。

（二）动物传染病防治总体规划取得突破，动物防疫长效机制初步建立 2012年5月，《国家中长期动物疫病防治规划（2012—2020年）》（以下简称《规划》）通过国务院第201次常务会议审议，并以国办发[2012]31号文全文印发。这是新中国成立以来，国务院发布的第一个指导全国动物疫病防治工作的综合性规划。《规划》总结了近年来动物疫病防治工作取得的重要成就，分析了今后一个时期面临的挑战，借鉴发达国家实践经验，提出了2012—2020年我国动物疫病防治工作的指导思想、发展目标、主要任务和相应对策，是今后一个时期指导动物疫病防治工作的纲领性文件，标志着动物疫病防治工作进入了规划引领、科学防治的新阶段。

（三）动物卫生监督执法能力有效提升，兽医药品、兽医生物制品管理取得进步，未发生重大动物产品质量安全事故 启动《动物检疫管理办法》等《动物防疫法》配套规章制修订工作，进一步完善法规体系。完善病死动物无害化处理监管机制，强化病死动物无害化处理监管工作。举办动物卫生监督执法培训，提升执法能力。开展动物卫生监督执法能力考核评价工作。大力推广各地好的经验做法，对陕西咸阳加强基层动物检疫工作进行全面总结，按照国务院领导及部领导批示精神，推广“咸阳经验”。总结推广河南省强化动物卫生监督体系建设，湖北省在无疫区建设，浙江省、山东省青岛市在无害化处理等方面的经验做法。2012年，全国产地检疫畜禽92.76亿头（只），较上年增加11.1%；屠宰检疫畜禽59.95亿头（只），较上年上升16.1%；查处各类违反《动物防疫法》案件共计33 544件，较上年增加2.4%；继续实施兽药质量监督抽检计划，实施监督抽检与行政执法联动，创新完善监督检验工作机制。2012年，共检验兽药13 497批，合格率92.8%，同比提高1.4个百分点，实现连续7年提高。依据抽检结果，发布兽药监督抽检通报，组织开展假兽药查处活动，严厉查处制售假劣兽药行为。组织各地组织开展兽药经营清理与规范行动，对未达到要求的兽药经营企业实施清理，共注销非兽药GSP经营企业约3万家，取缔无证经营企业5 000多家。加强兽药经营执法检查，进一步规范依法取得兽药经营许可证的兽药GSP经营企业的经营行为，检查覆盖率达到了100%。兽药经营环节抽检合格率连续2年超过90%。实施兽药残留检测计划，对鸡、猪、牛、羊等畜禽及其产品13 808批次样品进行了兽药残留检测，共检测药物19种，合格率为99.91%，合格率连续5年保持在99%以上。加强兽药使用环节监管，实施兽用抗菌药物专项整治，严厉打击超剂量、超范围、不执行休药期等滥用抗生素的违法行为，积极开展安全用药宣传和指导，有效控制兽药残留危害。

（四）积极推进体系制度建设，兽医社会化服务体系建设迈出新步伐 一是加快推进新型兽医制度建设。开展动物卫生监督机构官方兽医资格确认工作，提高重大动物疫病防控和动物产品安全监管综合能力，截至2012年底，全国初步确认101 369名官方兽医。继续组织开展全国执业兽医资格考试，截至2012年底，全国取得执业兽医师资格和执业助理兽医师资格的人数分别达到25 735人和27 108人。二是加强基层兽医队伍建设。落实基层动物防疫工作补助经费7.8亿元，加大培训基层兽医人员培训力度，培训乡村兽医和村级防疫员共23万名。推进乡村兽医登记制度，截至2012年底，全国共登记乡村兽医人员29万人。三是建立健全兽医行业诚信体系。建立兽医行业诚信“黑名单”制度；开发兽医队伍管理和国家兽药基础信息查询系统，及时录入各类诚信信息；开展动物诊疗机构摸底调查和诚信行为专项检查，严格动物诊疗机构行政审批，规范动物诊疗市场；建立动物诊疗机构分级分类管理制度，开展诚信经营示范创建。四是加快推动兽医社会化服务体系建设。强化政策引导，逐步将乡镇畜牧兽医站改革中分流人员同创新畜牧兽医技术推广机制和培育动物诊疗市场结合起来，鼓励创办经济实体；引导发展各类畜牧兽医专业合作社，为养殖场户提供统一动物防疫、疫病诊疗、动物保健、兽药购进等便捷的兽医社会化服务；发展“龙头企业+基地+农户”“龙头企业+合作组织+农户”等服务模式，为合同养殖场（户）提供优质、高效的兽医社会化服务；依托各级兽医实验室的技术、设备等资源优势，开展面向企业、养殖场户的监测、诊断等兽医社会化服务。

（五）兽医科技与国际合作取得新突破，我国在全球动物卫生领域的话语权明显提升 一是积极促进兽医科技成果转化。推进兽医科技产学研对接，15个国家级和省级兽医科研院所、高校与县级畜牧兽医部门、养殖企业签订了技术咨询服务协议，指导地方制定动物疫病防控方案，为养殖户提供防控技术培训；3个国家级兽药工程技术研发中心与12家生物制品企业签订了技术合作合同，实现了兽医科技成果转化。组织《世界兽医经典著作译丛》首发仪式，首批推出10本著作正式发行。二是有力推动我国兽医专家和实验室获得国际认可。我国驻世界动物卫生组织（OIE）代表、农业部兽医局局长张仲秋同志当选OIE亚洲、远东和大洋洲区域委员会主席，2名专家当选OIE专业委员会副主席，中国农业科学院哈尔滨兽医研究所被认可为OIE亚太区人兽共患病协作中心，中国动物疫病预防控制中心兽医诊断实验室、中国动物卫生与流行病学中心国家外来动物疫病诊断中心、中国农科院长春兽医研究所等3个兽医实验室被认可为OIE国际参考实验室。三是不断深化与国际组织合作。成功承办OIE东南亚—中国口蹄疫控制行动（SEACFMD）委员会第18次会议；与OIE联合举办兽医体系效能（PVS）评估培训班；与联合国粮农组织（FAO）联合举办中国—FAO动物卫生领域合作研讨会。与FAO联合实施的禽流感防控能力建设项、公共—私营合作模式（PPP）项目、与世界银行联合实施的世行赠款中国政府人畜共患病防控能力建设项目等兽医国际项目成果显著，促进我国动物疫病防控能力提升。与FAO联合举办的第一期中国兽医现场流行病学培训项目（C-FETPV）圆满完成，为中央和地方级兽医部门培养了一批兽医流行病学技术骨干。四是继续完善跨境动物疫病联防联控机制。与老挝人民民主共和国畜牧水产局、越南社会主义共和国农村发展部兽医局分别签署《中华人民共和国农业部兽医局与老挝人民民主共和国农林水产部畜牧水产局关于动物卫生合作的谅解备忘录》和《中华人民共和国农业部兽医局与越南社会主义共和国农村发展部兽医局关于动物卫生合作的谅解备忘录》。组织对老挝捐赠口蹄疫疫苗40万毫升，双方合作进入实质阶段。与蒙古国食品农业轻工部兽医与动物育种司联合召开中蒙动物卫生领域合作双边研讨会，继续巩固双方跨境动物疫病防控合作成果。五是积极促进双边动物产品贸易。签署《中华人民共和国政府和纳米比亚共和国政府关于动物卫生及动物检疫的合作协定》和《中华人民共和国政府和乌兹别克斯坦共和国政府关于动物卫生领域的合作协定》，促进在动物及动物产品贸易领域的行政管理、科学技术和信息交流方面的合作。

专栏5

国家中长期动物疫病防治规划（2012—2020年）

动物疫病防治关系到国家食物安全和公共卫生安全，关系到社会和谐稳定，是政府社会管理和公共服务的重要职责，也是农业农村工作的重要内容。为加强动物疫病防治工作，2012年5月，国务院办公厅下发了《关于印发国家中长期动物疫病防治规划（2012—2020年）的通知》（以下简称《规划》），对今后一段时期我国动物疫病防治工作做出了统一部署。《规划》内容主要包括以下几个方面：

（一）指导思想 坚持“预防为主”和“加强领导、密切配合，依靠科学、依法防治，群防群控、果断处置”的方针，把动物疫病防治作为重要民生工程，以促进动物疫病科学防治为主题，以转变兽医事业发展方式为主线，以维护养殖业生产安全、动物产品质量安全、公共卫生安全为出发点和落脚点，实施分病种、分区域、分阶段的动物疫病防治策略，全面提升兽医公共服务和社会化服务水平，有计划地控制、净化和消灭严重危害畜牧业生产和人民群众健康安全的动物疫病，为全面建设小康社会、构建社会主义和谐社会提供有力支持和保障。

（二）基本原则 一是政府主导，社会参与；二是立足国情，适度超前；三是因地制宜，分类指导；四是突出重点，统筹推进。

（三）防治目标 到2020年，形成与全面建设小康社会相适应，有效保障养殖业生产安全、动物产品质量安全和公共卫生安全的动物疫病综合防治能力。口蹄疫、高致病性禽流感等16种优先防治的国内动物疫病达到规划设定的考核标准，生猪、家禽、牛、羊发病率分别下降到5%、6%、4%、3%以下，动物发病率、死亡率和公共卫生风险显著降低。牛海绵状脑病、非洲猪瘟等13种重点防范的外来动物疫病传入和扩散风险有效降低，外来动物疫病防范和处置能力明显提高。基础设施和机构队伍更加健全，法律法规和科技保障体系更加完善，财政投入机制更加稳定，社会化服务水平全面提高。

（四）总体策略 一是重大动物疫病和重点人畜共患病计划防治策略，推进重点病种向免疫临床无病例过渡，为实现免疫无疫和非免疫无疫奠定基础；二是畜禽健康促进策略，强化源头防治，提高动物整体健康水平；三是外来动物疫病风险防范策略，对境外流行、尚未传入我国的重点外来动物疫病加强风险管理。我国将构建起计划防治、健康促进、风险防范协调推进的动物疫病防治策略框架。

（五）区域布局 《规划》明确提出了"一带三区"重点区域布局和工作要求。"一带"是指国家优势畜牧业产业带，"三区"是指人畜共患病重点流行区、外来动物疫病传入高风险区、动物疫病防治优势区。并对各区域优先防治的主要病种做出了规定。

（六）重点任务 一是控制口蹄疫、高致病性禽流感等5种重大动物疫病。二是控制布鲁氏菌病等5种主要人畜共患病。三是消灭马鼻疽和马传染性贫血。四是净化种畜禽重点疫病。五是防范牛海绵状脑病等外来动物疫病传入。

（七）能力建设 《规划》围绕国家动物疫病防治目标和任务，以最关键、最急需、最薄弱的环节和领域为重点，结合兽医管理体制改革、动物防疫体系建设和财政投入机制建设等，明确要求提升六个方面能力，以适应新时期动物疫病防治工作需要。一是健全疫情监测网络，完善监测机制，充实专业技术力量，提升动物疫情监测预警能力；二是强化应急物资储备，健全应急机制，完善补贴政策，提升突发疫情应急管理能力；三是加强冷链体系建设，落实免疫责任，加强疫苗监管，提升动物疫病强制免疫能力；四是严格动物卫生监督执法，完善检疫监管机制，健全规范标准体系，提升动物卫生监督执法能力；五是加强信息系统建设，充分利用现代信息技术，强化信息收集与分析，提升动物疫病防治信息化能力；六是构建服务体系，培育服务主体，明确配套政策，提升动物疫病防治社会化服务能力。

（八）保障措施 一是法制保障。认真贯彻实施动物防疫法，加快制订和实施强化动物疫病区域化管理等配套法规与规章，完善兽医管理的相关制度。二是体制保障。逐步建立起科学、统一、透明、高效的兽医管理体制和运行机制。健全兽医行政管理、监督执法和技术支撑体系，稳定和强化基层动物防疫体系，加强机构队伍建设。三是科技保障。国家支持开展动物疫病科学研究，推广先进实用的科学研究成果，提高动物疫病防治的科学化水平。四是条件保障。县级以上人民政府要将动物疫病防治纳入本级经济和社会发展规划及年度计划，将动物疫病监测、预防、控制、扑灭、动物产品有毒有害物质残留检测管理等工作所需经费纳入本级财政预算，实行统一管理。

渔业

2012年，渔业发展实现了稳中有进、进中有好。全国水产品总产量5 907.68万吨，增长5.4%；渔民人均纯收入11 256元，同比增加1 244元，增长12.4%。按当年价格计算，全社会渔业经济总产值17 322亿元，实现增加值

7 915亿元，其中渔业产值9 049亿元，实现增加值5 078亿元（图8）。

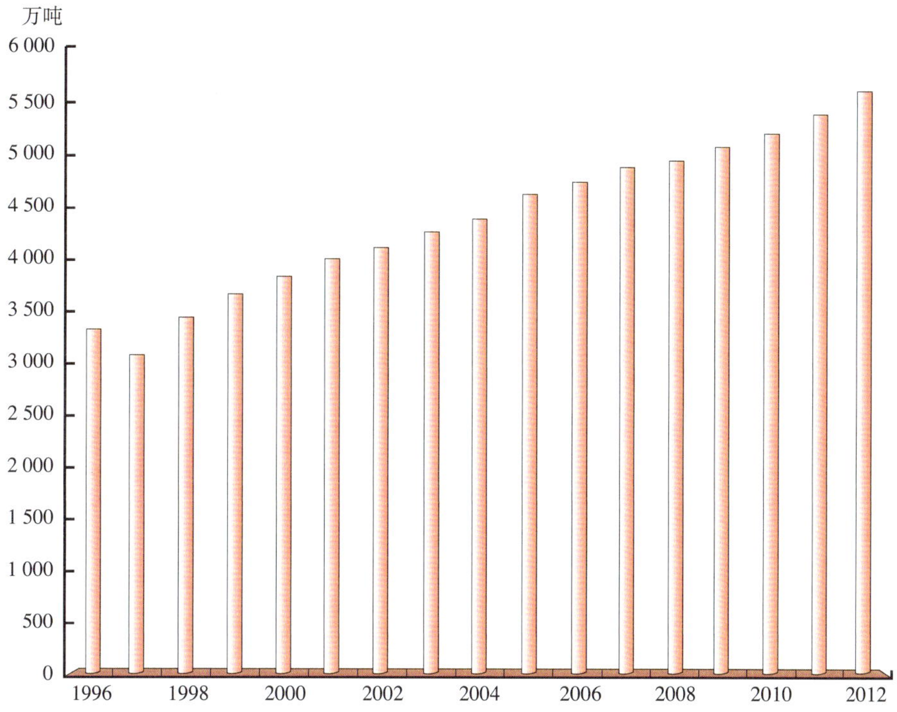

图8 1996—2012年水产品总产量变动情况

（一）渔业生产稳定增长 受价格、政策等因素影响，渔民生产积极性比较高，水产养殖业保持了较快增长，国内捕捞生产保持稳定，远洋渔业产量小幅增长。2012年，全国水产品总产量同比增加304.5万吨。其中，海洋捕捞产量1 267.2万吨，增长2%；远洋渔业产量122.3万吨，增长6.6%；海水养殖产量1 643.8万吨，增加92.5万吨，增长5.96%；淡水捕捞产量229.8万吨，增长2.9%；淡水养殖产量2 644.5万吨，增加172.6万吨，增长6.98%。在总产量中，捕捞产量1 619.3万吨，占27.4%，养殖产量4 288.4万吨，占72.6%；海水产品产量3 033.3万吨，占51.3%，淡水产品产量2 874.3万吨，占48.7%。全国水产品人均占有量43.6千克。

（二）水产品市场健康运行 2012年，国内水产品供应充足，市场运行平稳。水产品批发市场月度成交价格先扬后抑，年底翘尾，总体上涨。据对全国80家水产品批发市场成交价格统计，2012年，水产品批发市场综合平均价格19.29元/千克，同比上涨6.5%。其中海水产品综合平均价格34.81元/千克，上涨7.5%；淡水产品综合平均价格13.52元/千克，上涨5.2%。另据对可比的43家水产品批发市场成交情况统计，成交量774.48万吨，增加13.0%；成交额1 507.02亿元，增加17.4%。水产品国际贸易平稳发展，贸易顺差实现历史性突破。据海关数据统计，2012年，我国水产品进出口总量792.50万吨，同比减少2.9%，进出口总额269.81亿美元，增长4.54%。其中，进口412.38万吨，进口额79.98亿美元，分别减少2.9%和0.2%；出口380.12万吨，减少2.8%，出口额189.83亿美元，增长6.7%。贸易顺差首度突破百亿美元，达到109.85亿美元，增长12.4%。水产品继续位居大宗农产品出口首位，出口额占农产品出口总额的比重达到30%，较上年提高0.7个百分点。

（三）渔业投入实现重大突破 2012年，中央强渔惠渔政策力度加大，渔业投入大幅增加。“菜篮子”项目渔业扶持资金达到2亿元，范围扩大到26个省（自治区、直辖市），增殖放流资金达到4亿元，比上年各增加1亿元。国内海洋渔船更新改造投入实现零的突破。国家先后三次安排海洋渔船更新改造及渔政装备建设资金80.1亿元，成为渔业历史上最大的投入，扶持海洋渔船更新改造500艘，渔政执法装备设施建设投资提前完成“十二五”规划任务。渔业柴油补贴达到351.13亿元。其中2011年239.97亿元，比上年增长39.8%；2012年安排111.16亿元。远洋渔业探捕资金增加400万元，远洋渔业捕捞与加工关键技术国家“863”专项正式立项，已下达项目资金2 062万元。渔政巡航执法经费和海难救助补助经费分别比上年增加4 160万元和2 000万元，增长106%和242.4%。用于渔业的农业基层技术推广体系改革与建设的补助资金达到2亿元以上，占补助总额的10%左右。新增水产育种、资源、饲料和装备类科研项目资金近亿元。

（四）渔业综合生产能力不断提升 渔业科技促进年活动深入推进。以“科技进塘入场到户，助推健康安全增收”为主题，组织实施了水生生物疾病远程辅助诊断服务网、稻田综合种养技术示范、百人专家团科技下乡、渔业科技周、渔业专家西部行、百万渔民大培训、现代水产种业建设促进等10项活动，收效显著，受到渔民欢迎。稻田综合种养技术示范扩大到10个省、自治区。渔业标准化工作稳步推进，25项国家和行业标准经批准发布实施。渔业节能减排试点示范工作取得新成效。水产健康养殖示范场创建活动继续扩大，新建健康养殖示范场979家，超过年初设定目标96%以上。养殖水域滩涂规划编制和养殖证发放工作加快，全年新发养殖证5.6万本，新增确权面积107万公顷。新建渔港11个。创建首批全国休闲渔业示范基地111个。远洋渔业综合实力增强，作业远洋渔船总数达1 830艘，同比增长12%，“十二五”以来新增远洋企业22家。

（五）水生生物资源与水域生态保护成效显著 水生生物增殖放流活动深入开展，2012年落实中央财政增殖放流项目补助资金3.06亿元，带动全国共投入增殖放流资金超过9.7亿元，同比增长15.6%；农业部与9个省（自治区、直辖市）联合开展了10次重大放流活动，组织各级放流活动1 579次，放流重要水生生物苗种达307.5亿尾（只），放流濒危水生野生动物1 787万尾。组织科研单位在渤海湾、辽东湾、舟山渔场、太湖、密云水库等重点水域，对四大家鱼、中国对虾、牙鲆、梭子蟹、海蜇等主要放流物种开展效果评估。渔具渔法管理继续加强，海洋伏季休渔、长江禁渔期、珠江禁渔期等休禁渔制度顺利实施，局部水域渔业资源有一定恢复。加强水生生物自然保护区和水产种质资源保护区的建设和管理，审查和公布第六批国家级水产种质资源保护区86

个，国家级水产种质资源保护区总数达到368个，形成覆盖范围更加广泛、保护效果更加明显的保护体系。开展濒危物种保护，组织制订中华鲟、中华白海豚、斑海豹保护行动计划及长江江豚拯救行动计划并组织实施。加强渔业生态环境监测和渔业污染事故调查处理与指导，妥善应对广西镉污染、福建赤潮等事件，组织指导各地开展调查处理，减轻渔业和渔民损失，保障水产品质量安全。落实蓬莱19-3溢油事故养殖渔民和渔业资源赔偿补偿资金13.5亿元，成为国内乃至国际通过行政协调处置渔业污染事故的成功范例。加强各类涉渔重大规划、工程项目环评报告审查，建立健全涉渔工程渔业资源生态补偿机制。

（六）渔业行政执法有力有效 渔政队伍建设年活动扎实推进，不断加强制度建设、能力建设和文化建设，全国共举办各类执法培训2 026期，培训人员3.59万人次，修订渔政执法管理制度347项，队伍整体素质进一步提高。加强长江、珠江流域及黑龙江、乌苏里江边境水域渔政执法，维持禁渔秩序，打击电、毒、炸鱼等违法违规行为。全面开展水产养殖和水产品质量安全执法。坚持专属经济区巡航护渔，全年组织72艘渔政船执行专属经济区渔政巡航279航次，保障渔业协定水域和北太公海巡航管理顺利实施，海上渔业生产秩序稳定。按照中央统一部署，农业部与外交、公安边防、海监、总参等部门密切配合，紧密结合专属经济区渔政巡航，妥善应对海上突发事件，护渔维权工作取得显著成效，在南沙、黄岩岛、钓鱼岛海域坚持巡航护渔，在涉朝韩敏感水域西侧与公安部联合开展海上行动，配合外交部妥善处置多起突发事件，避免了涉外渔业事件的发生。北部湾、西沙海域在相关联合监管机制的管控下，形势保持平稳。

（七）渔业安全态势平稳向好 全国“平安渔业示范县”和“文明渔港”创建深入开展，推进建立渔业安全生产长效机制，完善渔业安全生产制度。根据国务院总体部署，全国渔业系统开展“安全生产年”和“打非治违”专项行动，认真做好渔业船舶水上突发事件应急处置工作，全国各级渔政渔港监督管理机构共组织渔业力量参加海难救助935起，分别调动渔船、出动渔政船（艇）1 215艘次和410艘次，救助渔船1 252艘次、救助渔民6 061人，投入救助经费2 619.5万元，挽回经济损失近4.9亿元。全国渔业安全生产形势保持稳定，全年共发生渔业船舶水上事故323.5起，死亡（含失踪）352人，同比分别减少1.5起、72人。水产品质量安全水平继续稳定向好，产地水产品质量安全监督抽查合格率达到98.5%，市场水产品例行监测合格率达到96.9%，同比分别提高0.2和0.1个百分点，全年没有发生因养殖环节问题而引发的重大水产品质量安全事件。

专栏6

蓬莱19-3油田溢油事故渔业损害索赔

2011年6月4日和17日，蓬莱19-3油田先后发生两起溢油事故，造成周边及其西北部面积约6 200

平方千米的海域海水污染（超第一类海水水质标准），其中870平方千米海水受到严重污染（超第四类海水水质标准）。溢油事故发生后，党中央、国务院高度重视，温家宝总理和李克强副总理分别主持召开国务院常务会议及专题会议，专门研究部署溢油处理工作。2011年8月18日成立了由国家海洋局牵头，国土资源部、环境保护部、交通运输部、农业部、安监总局、能源局参加的蓬莱19-3油田溢油事故联合调查组。经联合调查组调查认定，蓬莱19-3油田溢油事故是造成重大海洋溢油污染的责任事故。

在党中央、国务院的领导部署下，农业部迅速反应、积极应对、妥善处置，成立了溢油事故渔业应急处置工作小组，启动了海洋溢油突发事件渔业应急处置程序，组建了专家队伍，开展了渔业污染事故调查处理相关工作。在事故调查处理遇到巨大困难和阻力的情况下，通过行政调解推动事故处置进展。经过多轮艰苦谈判，农业部、中国海洋石油总公司、康菲石油中国有限公司以及有关省人民政府就解决蓬莱19-3油田溢油事故渔业损失赔偿和补偿问题，于2012年初达成一致意见：由康菲公司出资10亿元人民币，用于解决河北、辽宁省部分区县养殖生物和渤海天然渔业资源损害赔偿补偿问题；康菲公司、中海油分别从海洋环境与生态保护基金中列支1亿元和2.5亿元人民币，用于天然渔业资源修复和养护等方面工作。

行政调解达成一致意见后，经过有关各方特别是地方政府的艰苦努力，养殖渔业赔偿补偿资金发放工作已基本完成，渤海天然渔业资源生态修复和养护计划全面启动。此次溢油事故渔业索赔，不仅实现了我国渔业索赔的历史性重大突破，挽回了渔民群众的损失，还有力地带动了整个事件索赔的进展，为今后类似事件的处理提供了成功案例和宝贵经验。

乡镇企业

2012年，面对国际政治经济严峻形势和国内经济下行压力的挑战，全国乡镇企业经济保持总体平稳发展、稳中有进的运行态势，主要经济指标增长稳定，结构调整取得新进展，自主创新能力有所增强，区域协调发展进一步改善，为农业增效、农民增收和新农村建设做出了重要贡献。

（一）生产销售同步增长，主要经济指标增速平稳 2012年，全国乡镇企业经济运行呈现出“低开平走、逐季缓升”态势，全年乡镇企业实现总产值607 154亿元，同比增长9.3%，增速较上年回落1.8个百分点。完成乡镇企业营业收入586 673亿元，增长9.5%，回落1.6个百分点；实现乡镇企业利润总额35 703亿元，增长9.1%，回落1.9个百分点，上交税金15 073亿元，增长11.4%，回落0.8个百分点（图9）。

（二）投资增长较快，出口形势趋稳 2012年，乡镇企业全年完成固定资产投资额76 186亿元，同比增长15.1%，其中工业完成投资额48 516亿元，占全部乡镇企业固定资产投资的63.7%，占比下降10.8个百分点；固定资产投资中，引进资金达到11 202亿元，增长15.2%。2012年，全国乡镇企业实际获得外商和港澳台商投资额586亿美元，增长

6.7%。出口方面，全年乡镇企业实现出口交货值45 736亿元，增长4.6%，出口增速与2011年相比回落6.8个百分点。

（三）区域协调发展改善，中部增速居前 得益于区域产业转移、国家扶持政策的带动，中西部地区乡镇企业发展速度明显高于东部地区，区域布局进一步协调。2012年东、中、西、东北部乡镇企业总产值分别为379 593亿元、106 798亿元、67 212亿元和53 551亿元，分别增长8.2%、11.5%、10.8%和10.6%。中部地区增幅高于东部地区3.3个百分点，河南、江西、湖南、湖北等中部省份产业布局更加协调，实体经济不断夯实，辐射全国的生产制造和物流配送中心初具规模。借此优势，中部地区食品加工类乡镇企业、中小企业发展崛起速度加快，农业产业化发展链条日趋成熟完善。

（四）乡镇工业继续保持主体地位，农产品加工业增长快于一般制造业 2012年，全国乡镇工业总产值432 509亿元，其中320万户工业企业实现总产值382 379亿元，占全国乡镇工业总产值的比重为88.4%；个体工商户完成工业总产值50 130亿元，占比为11.6%。2012年，规模以上乡镇工业企业超过23万户，较上年增加近5 000户。全年规模以上乡镇工业企业实现总产值305 017亿元，占乡镇工业总产值的70.5%，同比增长10.0%；实现营业收入291 521亿元，增长9.4%。在制造业中，农产品加工业继续高速增长。全年乡镇规模以上农产品加工业总产值102 599亿元，占乡镇规模工业总产值的33.6%，占比提高1.1个百分点，增长速度为13.9%，比乡镇规模工业平均增速高3.8个百分点（图10）。

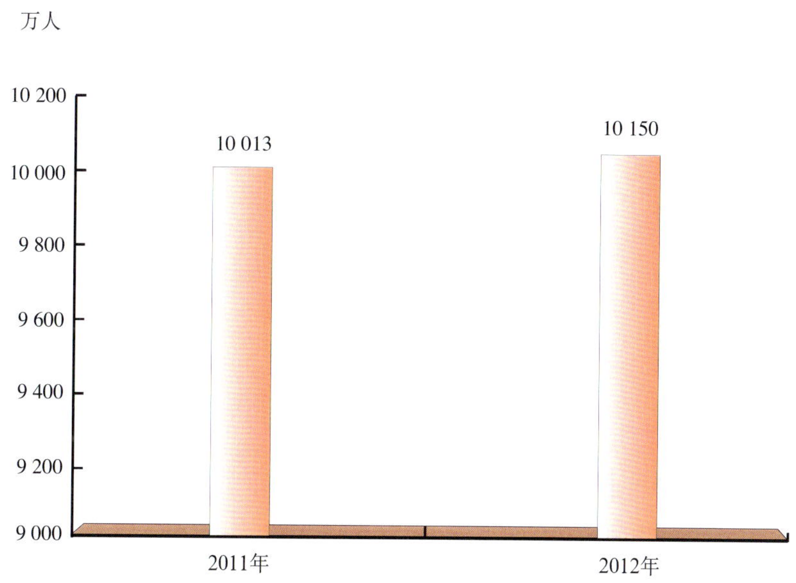

图9 2011年、2012年乡镇企业年末职工人数变动情况

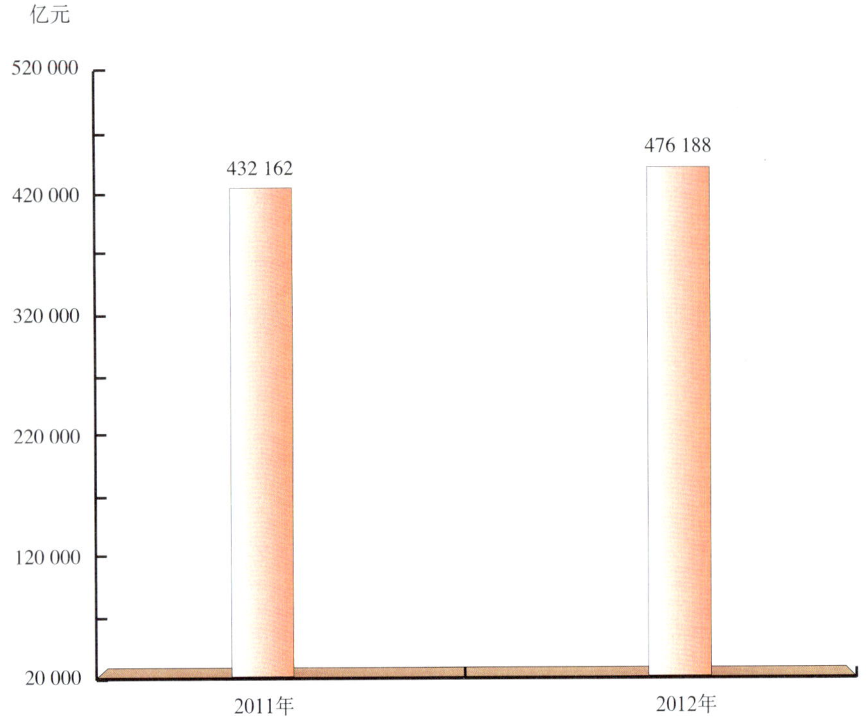

图10　2011年、2012年乡镇企业总产值变动情况

（五）产业结构进一步调整，休闲农业发展继续提速　2012年，乡镇企业第三产业实现总产值145 213亿元，同比增长10.2%，比乡镇企业平均速度高0.9个百分点。一、二、三次产业结构由上年的1.25 ∶ 74.98 ∶ 23.77调整为1.02 ∶ 75.06 ∶ 23.92。休闲农业成为乡镇企业发展的新亮点和新增长点，发展速度继续提速。2012年，全国有9万个村开展休闲农业与乡村旅游活动，休闲农业经营单位达180万家，年接待游客接近8亿人次。一大批理念新、标准高、服务好、示范带动强的休闲农业聚集区已初具规模。

（六）社会贡献继续加大，支农补农资金进一步增加　2012年，乡镇企业上交税金15 073亿元，同比增长11.4%，为财政增收做出重要贡献。全国乡镇企业吸纳就业人数达到1.64亿，比上年增加221万人，其中672万家企业吸纳就业人员1.01亿人，2 440万户个体工商户吸纳就业人员6 257万人。2012年，乡镇企业吸纳城镇下岗失业人员743万人，支农及补助农村社会性支出达到464亿元，比上年增加63亿元。全年乡镇企业支付劳动者报酬达29 282亿元，增长10.5%，农村居民人均从乡镇企业获得工资性收入达到2 798元，比上年增加327元。

但乡镇企业发展也面临诸多挑战，主要表现在：一是市场需求不足，销售明显放缓。2012年，浙江省国内订单、出口订单减少的乡镇企业户数占比分别为25%和13%。重庆市多数乡镇企业年底在手订单比往年减少三成。二是综合成本大幅上涨，企业生产经营困难。2012年规模以上乡镇工业企业人均劳动报酬同比增长34%，企业反映随着“五险一金”缴纳逐步规范、缴纳基数年年扩充，进一步加重了企业的负担。在市场需求不足与成本上涨的双重挤压下，乡镇企业利润空间逐步缩小，亏损增加。三是融资难融资贵，企业资金缺口较大。银行借款门槛较高，惜贷倾向明显，使相当多企业资金使用受到制约。融资成本大幅攀升。目前银行贷款利率对乡镇企业普遍上浮30%以上。商业银行还利用存款回报、搭售理财产品、支付财务中介费用等方式变相提高企业融资成本，使企业实际贷款利率接近甚至超过基准利率的两倍。据保守测算，乡镇工业企业的平均贷款成本在15%左右。四是要素环境制约日重，转型升级压力加大。乡镇企业仍以传统劳动密集型产业为主，总体上仍呈现出“低、小、散”的特征，高耗能、高排放的企业占很大一部分，而转型升级的要素支撑条件尚不完善。五是产业发展冷暖不均，部分行业产能过剩。产能过剩问题已导致部分行业产品价格加速下滑，整体经营状况恶化。新兴产业产能过剩的苗头逐步显露。据统计，全国已有30个省份把新能源及相关产业列为战略性新兴产业，提出打造新能源基地的省份超过17个。一哄而上、高度同质化发展的结果，使得一些新兴产业也陷入了产能过剩、竞争激烈、企业亏损的困境之中。

专栏7

全国休闲农业蓬勃发展

2012年，全国休闲农业蓬勃发展，实现了“数量提升、质量提档、效益提高”的阶段性成就。

一是产业规模日渐扩大。截至2012年底，全国有9万个村开展休闲农业与乡村旅游活动，休闲农业经营单位达180万家，其中农家乐超过150万家，规模以上休闲农业园区超过3.3万家，年接待游客接近8亿人次，年营业收入超过2 400亿元，从业人员2 800万。

二是发展内涵不断提升。各地加快转变发展方式，注重创意策划，不断提升发展内涵。通过休闲农业的发展，把农业生产过程、自然生态、农村文化和农家生活等都赋予了商品属性，不仅为消费者提供了休闲观光、餐饮娱乐等服务，还促进了农业文化的传承、农业知识的科普和农业技术的推广，农业的多功能性得以全面体现。

三是发展类型逐步拓宽。各地在加快推进农家乐、休闲农庄、农业产业园区、民俗村等已有休闲农业类型的基础上，不断拓宽发展模式，丰富发展类型，加快发展休闲农业创意园区、农家乐专业村，以及一批农耕特色与自然山水、乡村风貌融为一体的农事景观，正成为休闲农业和乡村旅游的重要形式。

四是综合效益初步显现。休闲农业的发展拓展了农业功能，美化了广阔乡村，富裕了广大农民，提高了农业综合效益，推动了城乡资源配置的优化和经济文化的融合，正成为繁荣农业农村经济，促进农民就业增收，拉动国内消费，推动城乡经济社会一体化发展的重要途径。据农业部典型调查的13.5

万家休闲农业经营主体信息分析，其土地产出率每亩接近12 000元，是全国农业用地平均产出率的6.2倍；经营休闲农业的农民，人均产值5.41万元，是同期全国农业劳动力人均产值的2.75倍；13.5万个休闲农业经营主体中，农民占从业人员的92.4%；农产品销售占休闲农业经营收入的40%以上。休闲农业成为提升产业层次、造福一方百姓的民生产业。

农垦经济

2012年，全国农垦经济平稳快速发展，各项社会事业取得新进步。

（一）经济保持高效快速增长，产业结构进一步优化 农垦生产总值突破5 000亿，全年实现生产总值5 074.31亿元，比上年增长13.8%，连续10年保持12%以上增速。其中，第一产业增长6.4%，第二产业增长17.1%，第三产业增长18.0%；三次产业增加值分别占农垦生产总值的比重为30.9%、42.7%和26.4%，第二产业份额明显上升，成为农垦经济增长的重要动力。全系统继续保持良好的经营状况，全年共实现企业利税总额485.94亿元，其中实现利润169.59亿元。

（二）主要农产品全面增产，现代农业发展水平持续提高 深入开展农垦粮食高产创建、畜牧高产攻关和现代农业示范提升等活动，稳定面积，优化结构，强化科技，提高单产，千方百计提升农业综合生产能力，粮食生产实现“九连增”，主要农产品全面增产。粮食总产量达到3 371.36万吨，比上年增产172.71万吨，增长5.4%；可供商品粮3 025.20万吨，增长7.2%，商品率为89.7%。粮食亩产达476千克，增长3.0%。棉花产量172.27万吨，糖料产量850.65万吨，分别比上年增长5.2%、3.9%。畜牧业稳步发展，畜产品产量增加。畜牧业占农业总产值的比重达到28.1%，比上年提高0.6个百分点；牛奶产量435.04万吨、肉类产量296.55万吨、水产品产量137.77万吨，分别增长7.2%、6.3%、8.7%。农业规模化、组织化和产业化水平不断提高，农业生产全程机械化全面推进，年末农业机械总动力2 457.21万千瓦，增长7.6%，耕种收综合机械化率达到86%；先进科技得到广泛应用推广，优良品种率达到98%，科技对农业增长的贡献率达到56%。

（三）职工收入大幅增加，垦区民生明显改善 农垦人均纯收入首次突破万元大关，达到10 919元，比上年增加9.4%，实现连续9年较快增长。职工社会保险参保率和保障水平进一步提高，到2012年底，全国农垦职工养老保险和医疗保险参保率达到93.5%和94.2%，退休人员养老保险和医疗保险参保率达到99.6%和95.5%；企业退休人员年人均基本养老金13 580元，比上年增长9.3%；以城乡居民最低生活保障制度为基础的新型社会救助体系基本覆盖，弱势群体基本生活得以保障。义务教育、公共卫生和公共文化服务体系建设等社会发展政策的逐步落实，推动了垦区科教文卫等社会事业健康发展。认真组织实施农垦危房改造，全年下达危房改造及配套基础设施建设中央投资41.15亿元，开工建设职工住房35.74万户，竣工27.17万户。通过组织项目衔接，推进水电路等建设规划落地，全年共建成农村安全饮水项目222个、电网改造项目653个，新修公路1 065公里，共投资30多亿元用于农场职工需求最迫切、受益最直接的场内民生项目，有效改善了农场生产生活条件。

（四）改革开放迈出重大步伐，发展活力不断增强 2012年，在9个垦区启动实施了国有农场办社会职能改革试点工作，推动各垦区加快农场政府职能社会事务的属地管理移交，已有22个垦区完成了普通中小学的移交，10个垦区完成了基本医疗及公共卫生服务机构的移交，农垦企业的社会负担逐步减轻。以职工家庭经营为基础、农场统一经营为主导的大农场套小农场、统分结合的双层经营体制在垦区进一步巩固完善，模拟股份制、联合体承包等农业经营新模式积极试行，专业合作社、产业化龙头企业等新型农业经营主体不断壮大，为农垦系统率先实现农业现代化提供了有力的制度保障。垦区管理体制改革取得新进展，集团化垦区对内完善治理结构、推进产业重组，对外强化资本运作、推进战略并购和拓展发展空间，整体实力显著增强。非集团化垦区积极创新指导管理方式，强化指导和协调，积极创造条件推进农场间合作，组建区域性、产业性集团。农垦企业农业“走出去”步伐明显加快，境外经营范围和产业规模不断扩大，经济效益稳步提高。2012年，全国农垦新增境外投资85.4亿元，实现境外产值166.3亿元、利润18亿元，均比上年大幅度增加。

专栏8

2012年热作产业发展概况

2012年，我国热带作物产业克服了复杂严峻的国内外宏观经济环境以及干旱、台风等自然灾害带来的不利影响，实现了稳步发展。

（一）2012年热作产业发展特点 一是生产稳定发展。2012年，热作种植总面积9 412千公顷，比上年略增；总产量达1.95亿吨，增长7.7%。其中，天然橡胶产量突破80万吨，连续5年增长，提前3年实现了“十二五”规划目标。

二是市场运行良好。2012年，热作产品需求总体继续增长，呈现产需两旺势头。全年实现热作总产值2 564.8亿元，与上年基本持平，香蕉、芒果等大宗水果价格稳步提升；天然橡胶、咖啡豆等产品价格理性回归，依然保持较好效益。进出口总量继续增长。2012年，热作产品出口总量172.53万吨，增长21.6%，出口金额20.95亿美元，增长24.6%；进口总量1 994.31万吨，增长11.4%，进口金额193.46亿美元，下降9.2%。

三是产业现代化水平有新的提升。主要热作良种覆盖率稳步提高，其中新植胶园良种覆盖率达100%，木薯良种覆盖率近80%；物质装备进一步加强，机械开垦、采收及滴灌设施在一些作物生产中逐步扩大应用；种植大户、专业合作社等新型经营主体蓬勃发展，热作生产专业化、组织化程度进一步提高；热作产品质量安全水平稳步提升，示范园产品抽检合格率达100%，全年未发生重大质量安全事件。

四是热区农民收入稳定增长。2012年热区农民人均收入达到6 916元，比上年增长16.9%，其中热作产业对热区农民增收的贡献率超过30%。

（二）主要热作产品生产市场状况

1.天然橡胶。2012年我国天然橡胶种植面积达到1 113千公顷，总产量突破80.22万吨，分别比上年增长4.56%、6.85%，产量再创历史新高。由于欧债危机继续蔓延、世界经济复苏缓慢，市场对天然橡胶需求依然疲软，2012年前期天然橡胶价格震荡下行，后期在国家宏观调控下逐渐趋稳。2012年，天然橡胶总产值181.6亿元，比上年低约20.97%，平均价格约为2.5万元/吨，比上年低约26%。我国继续保持世界第一大天然橡胶消费国和进口国地位，2012年进口天然橡胶217.75吨，同比增长3.6%。

2.木薯。2012年我国木薯种植面积381.9千公顷，同比略降，降幅为1.61%；产量（干薯）352.8万吨，同比增长2.27%；产值为41.9亿元，同比略有下降，降幅为0.85%。受世界经济疲软影响，淀粉市场需求走低，淀粉价格降低。作为淀粉的主要原料，木薯价格及行情也受到较大影响，鲜薯收购价格较上年下降明显。由于国内巨大的加工需求，我国木薯产品进口继续大幅增加。2012年进口各类木薯产品817.35万吨，同比增长38.7%。主要进口品种为木薯干和木薯粉，进口量分别为696.09万吨和103.58万吨，同比分别增长42.8%和19.4%。此外还有18万吨左右的鲜木薯进口。

3.热带水果。2012年我国主要热带水果面积产量有所增加，种植面积为2 627.5千公顷，总产量达到3 070.7万吨，总产值为866.6亿元，分别比上年增长3.34%、11.35%和11.77%。

香蕉：2012年，我国香蕉产业规模继续扩大。其中，香蕉种植面积为398.1千公顷，产量为1 155.7万吨，产值为249.1亿元，面积、产量同比分别增长3.78%、11.14%，产值下降7.65%。全年香蕉进口62.60万吨，同比减少23.5%。香蕉市场行情复杂多变，产业发展面临挑战。上半年由于自然灾害和进口蕉影响，香蕉价格下滑。后期市场需求较为旺盛，香蕉价格普遍上涨，销售量持续增长。2012年我国香蕉消费需求接近1 000万吨，增长3%。年度香蕉产地综合平均价格在2元/千克左右，重点监测农产品批发市场香蕉价格在4元/千克左右。

荔枝：2012年，荔枝种植面积为553.3千公顷，同比减少0.46%；产量190.66万吨，同比减少0.22%。由于上年荔枝成熟期普遍推迟，导致冬梢增多，成花减少，再加上早春持续低温和结果期雨水过多，2012年荔枝成熟期推后，价格上涨。部分品种价格涨幅达到50%以上，农户总体收入与上年持平。2012年荔枝产值为118.9亿元，同比增长19.29%。全年我国进口鲜荔枝5.86万吨，比上年增长72.3%。

龙眼：2012年，龙眼种植面积380千公顷，同比略有增加，增幅为0.25%；产量152.6万吨，同比增长4.2%。2012年，龙眼产值为85.8亿元，同比增长24.43%。全年鲜龙眼进口32.33万吨，龙眼干及肉进口5.86万吨，同比分别下降4.6%和24.3%。

芒果：2012年我国芒果种植面积达到148.4千公顷，同比增长5.86%；产量达到106.33万吨，同比增长5.97%。2012年芒果市场供销两旺，价格保持稳中有涨，实现产值43.6亿元，同比增长11.97%。

菠萝：2012年，我国菠萝种植面积58.6千公顷，总产量为128.7万吨，总产值为32.7亿元，分别比上年增长4.42%、8.08%和48.91%。

4.其他热带作物

剑麻：2012年，我国剑麻种植面积为32.8千公顷，但总产量达到10.5万吨，总产值为6.7亿元，分别增长0.02%、28.44%、51.45 %。

咖啡：2012年，预计全国咖啡种植面积94.1千公顷、产量9.3万吨，分别较上年增长51.93%和32.53%。由于世界经济不振，咖啡需求量减少，咖啡豆售价下降，全年总产值11.8亿元，同比下降33.51%。

农业机械化

2012年，全国农业机械化继续保持了全面快速健康发展的好势头，为实现粮食“九连增”、农民增收“九连快”和农业现代化建设做出了重要贡献。

（一）农机装备总量保持较快增长，农机工业产销两旺 2012年，全国农机总动力10.2亿千瓦，同比增长4.9%，提前三年完成“十二五”规划目标。其中，柴油发动机动力和电动机动力占全国农机总动力的比重分别达80.3%、16.6%。每百亩耕地拥有农机动力56.17千瓦，每个农业劳动力拥有农机动力3.75千瓦，同比分别增长4.9%、6.2%。2012年，全行业共完成工业总产值、工业销售产值分别达3 382.4亿元、3 310亿元，分别增长16.2%、17.0%。农业机械原值7 805.6亿元，增长9.7%；每个农户拥有农业机械原值达2 933.67元，占年末农村居民家庭生产性固定资产原值（农业）的27.2%。

（二）农机装备结构持续优化，先进适用农机具保有量增加较快 拖拉机拥有量2 282.47万台，同比增长1.2%，保持平稳增长。其中，大中型拖拉机达485.24万台，增加44.6万台，增长10.1%，增量和增幅连续5年超过小型拖拉机。拖拉机配套农具达3 845.09万部，同比增加84.13万部，拖拉机配套农具比由上年的1：1.67上升到1：1.68。粮食作物薄弱环节农机具大幅增长，水稻插秧机达51.3万台，增长20.1%；稻麦联合收割机104.55万台，增长10.8%；玉米联合收获机23.3万台，增长37.1%。其中，高性能农机具增长较快，乘坐式水稻插秧机、自走式稻麦联合收获机、自走式玉米联合收获机分别达19.41万台、89.33万台、14.26万台，同比分别增长9.5%、11.1%、52.1%。大豆、油菜籽、马铃薯、甜菜、花生、棉花、蔬菜、茶叶、青饲料、牧草等作物收获环节农机具增长迅速，增幅均超过10%。设施农业继续快速发展，温室面积达1 450 259.43万平方米，同比增长14.5%，塑料大棚仍是温室的主要类型，连栋温室增长最快，增幅达28.5%。农产品初加工机械、畜牧养殖机械、农田基本建设机械保持稳定增长，渔业机械、林果业机械和农用飞机实现了快速增长。

（三）农机作业水平快速提升，主要农作物薄弱环节机械化增速加快 全国农作物耕种收综合机械化水平达57.2%，同比提高2.35个百分点，连续7年保持2个百分点以上的增幅。粮食作物生产机械化稳步推进，薄弱环节机械化增幅加快。小麦耕种收综合机械化水平达93.2%，基本实现了生产全过程机械化。水稻机械种植水平和机收水平分别达31.7%、73.4%，比上年提高5.42、4.03个百分点。玉米机收进入快速推进阶段，机收水平达42.5%，比上年提高8.88个百分点，增幅连续4年超过6个百分点。水稻机插、机械化免耕播种、保护性耕作、机械化秸秆还田、机械烘干粮食、农用飞机作业分别达8 919.21千公顷、14 118.81千公顷、6 451.27千公顷、34 913.38千公顷、7 215.9万吨、2 383.88千公顷，同比分别增加24.5%、12.3%、12.9%、10.2%、25.4%、26.9%，增产增效型、资源节约型、环境友好型农机化新技术应用面积稳步增加。油菜、马铃薯、花生、棉花等作业面积和机械化水平均有提高，特别是机收等薄弱环节增长较快，畜禽养殖业、林果业、设施农业、农产品初加工业等领域的机械化生产呈加快发展态势。

（四）农机社会化服务加快发展，服务能力持续增强 全国乡村农机从业人员5 334.74万人，同比增加129.16万人，增长2.5%。农机化作业服务组织达16.7万个，减少2.1%；其中，拥有农机原值20万～50万元（含20万元）的增长9.1%，拥有农机原值50万元（含50万元）以上的增长23.5%，特别是农机专业合作社达3.44万个，增长23.6%，农机化作业服务组织越来越呈现出总量稳定、结构优化的阶段性特征。农机户保持稳定增长，户数和年末人数分别达4 192.34万个、5 208.91万人，同比分别增长2.0%、2.4%，其中拥有农机原值50万元及以上的达5.39万个，增幅超过8%，农机户所拥有的农机原值逐步增加。以农机化作业服务组织为方向，农机化作业服务专业户为主体，农机户为基础，农机中介组织为纽带的农机社会化服务体系更加稳固。全年农机化经营总收入4 779.04亿元，同比增长6.0%，其中农机化田间作业收入达1 774.52亿元，增长10.7%，全年实现利润1 858.07亿元，增长7.5%。农机跨区作业健康发展，作业面积达34 295.88千公顷，增长4.2%，作业收入达224.49亿元，增长12%。农机化作业服务成为农业社会化服务的重要内容，农机化作业收入成为农民持续增收的重要支撑。

专栏9

农机报废更新补贴试点

为拉动农村内需、优化农机装备结构、推动农机节能减排、减少农机事故隐患，2012年9月，农业部、财政部、商务部联合印发《2012年农机报废更新补贴试点工作指导意见》，启动了农机报废更新补贴政策试点工作。

根据各地农业机械报废更新需求情况，2012年选定山西、江苏、浙江、安徽、山东、河南、新疆、宁波、青岛、新疆生产建设兵团、黑龙江省农垦总局11个省（自治区、市和垦区）开展补贴试点，并要求报废更新补贴与农机购置补贴同步实施。各有关试点地区坚持“农民自愿、国家扶持、方便高效、促进更新”原则，鼓励和引导农业机械以旧换新和升级换代，加快节能、环保、安全农业机械的推广应用。

在试点县（区、场）内依法报废旧机并换购新机的农牧渔民、农场（林场）职工或直接从事农机作业的农业生产经营服务组织，可申请享受农机报废更新补贴。报废更新机具种类限定已在农业机械安全监理机构登记，并达到报废标准或超过报废年限的拖拉机和联合收割机。农机报废更新补贴标准按报废拖拉机、联合收割机的机型和类别确定，其中100马力以上的轮式拖拉机补贴额为1.1万元，履带拖拉机和喂入量在4千克/秒以上的自走式全喂入稻麦联合收割机补贴额为1万元，4行及以上的自走式玉米联合收割机为1.8万元。农机报废更新补贴操作程序，主要包括回收旧机、注销登记、申请更新、兑现补贴四个环节。

农机报废更新补贴是一项农机化扶持政策创新，各有关部门和试点省（自治区、市和垦区）加强部门配合、严格审核把关、开展监督检查、认真组织实施。截至2012年底，各试点省（自治区、市和垦区）累计完成报废农机8 892台，其中报废拖拉机7 872台，报废联合收割机1 020台；累计完成更新农机8 741台，其中更新拖拉机7 599台，更新联合收割机1 142台。2012年中央财政共计投入农机报废更新补贴资金2.01亿元，受益农户达到8 892户。农机报废更新补贴不仅给农机户带来了实惠，而且还取得了十分明显的经济、社会效益。

农产品价格与市场

（一）农产品价格　据对全国26 000个农业生产经营单位和农户调查，2012年，全国农产品生产者价格[①]平稳高位运行，生产者价格总水平比上年上涨2.7%，其中，1～4季度同比分别上涨9.2%、3%、0.1%和0.3%，第3、4季度涨幅缩小。农、林、渔类农产品生产者价格普遍高于上年，饲养动物及其产品中除生猪价格下跌外，其他产品生产者价格上涨（图11至图15）。

1. 农业产品生产者价格上涨4.8%。分季度看，1～4季度农业产品生产者价格分别上涨2.9%、7%、6.2%和3.7%。

（1）粮食生产者价格上涨4.8%。分季度看，1～4季度分别上涨5.6%、5.1%、3.8%和4.1%。分品种看，谷物上涨4.8%，其中，小麦、稻谷和玉米分别上涨2.9%、4.1%和6.6%。豆类上涨3%，其中，大豆上涨5.7%。薯类上涨2.9%。分区域看，粮食主产区[②]上涨4.6%，

① 农产品生产者价格是指农业生产者首次直接出售其生产的农产品时实际获得的价格。

② 粮食主产区包括河北、内蒙古、辽宁、吉林、黑龙江、江苏、安徽、江西、山东、河南、湖北、湖南、四川13个省份；粮食主销区包括北京、天津、上海、浙江、福建、广东、海南7个省份；其他地区指除上述主产区、主销区以外的省份。

主销区上涨4.9%，其他地区上涨4.6%。从最低收购价政策[①]执行情况来看，4季度执行中晚稻最低收购价政策的11省（自治区）中籼稻均价为每500克1.31元，比中晚籼稻最低收购价（国标三等质量标准，下同）高0.06元；晚籼稻均价为每500克1.35元，比中晚籼稻最低收购价高0.1元；粳稻均价为每500克1.51元，比粳稻最低收购价高0.11元。

（2）棉花（籽棉）生产者价格下跌1.9%。分季度看，1～2季度同比分别下跌29.1%、18.9%，4季度上涨1.5%。在棉花主产省中，新疆下跌0.8%，山东和河南分别下跌15.1%和7.4%，安徽和湖北分别下跌5.8%和3%。

（3）油料生产者价格上涨5.2%。分季度看，1～4季度分别上涨8.2%、7.6%、4.4%和4.5%。分品种看，花生上涨8.1%，油菜籽上涨5.2%，葵花籽上涨3.2%，芝麻上涨1.2%。

（4）糖料生产者价格上涨5%。分季度看，1～2季度分别上涨7.4%、7.1%，4季度上涨0.4%。分品种看，甘蔗上涨5.7%，甜菜上涨1.3%。

（5）蔬菜生产者价格上涨9.9%。分季度看，1～4季度分别上涨10.9%、16.4%、9.1%和3.9%。分种类看，叶菜类上涨11.6%，白菜类上涨7.2%，瓜菜类上涨9.4%，根块类上涨6.7%，葱蒜类蔬菜上涨8.1%。食用菌下跌1.6%。

（6）水果生产者价格上涨3.9%。分季度看，1季度同比下跌10.6%，2、3季度分别上涨3.7%、11.4%，4季度下跌0.6%。分品种看，苹果下跌0.7%，梨上涨2.7%，柑桔上涨1.5%。

2. 林业产品生产者价格上涨1.2%。分季度看，1～3季度分别上涨7.3%、0.2%、2.2%，4季度下跌2.9%。分种类看，木材上涨4.2%；竹材上涨3.8%；胶脂和果实类林产品下跌17%，其中橡胶下跌23.8%，松脂下跌25.1%。

3. 饲养动物及其产品生产者价格下跌0.3%。

（1）生猪生产者价格下跌4.1%。分季度看，1季度生猪同比上涨19.2%，2～4季度分别下跌6.3%、19.2%和11.8%。分区域来看，生猪主产省[②]下跌4.4%，其他省份下跌3.7%。

（2）活牛、活羊、家禽等产品生产者价格上涨。活牛和活羊分别上涨16.8%和7.8%。活家禽上涨3.8%，其中，活鸡、活鸭和活鹅分别上涨3.4%、4.9%和4%。禽蛋上涨0.5%，其中，鸡蛋和鸭蛋均上涨0.5%。生奶上涨3.9%。毛绒类上涨0.4%。

4. 渔业产品生产者价格上涨6.2%。分季度看，1～4季度分别上涨11.5%、8.4%、3.7%和4.1%。海水养殖产品上涨1%，海水捕捞产品上涨10.9%；淡水养殖产品上涨6.8%，淡水捕捞产品上涨7.2%。

---

① 2012年执行中晚稻最低收购价政策预案的主产区有辽宁、吉林、黑龙江、江苏、安徽、江西、河南、湖北、湖南、广西和四川11个省（自治区），但适用时间不同，江苏、安徽、江西、河南、湖北、湖南、广西和四川8省（自治区）为2012年9月16日至2012年12月31日，辽宁、吉林和黑龙江3省为2012年11月16日至2013年3月31日。

② 生猪主产省包括河北、辽宁、江苏、浙江、安徽、江西、山东、河南、湖北、湖南、广东、广西、重庆、四川、云南15个省份，其他省份为非生猪主产省。

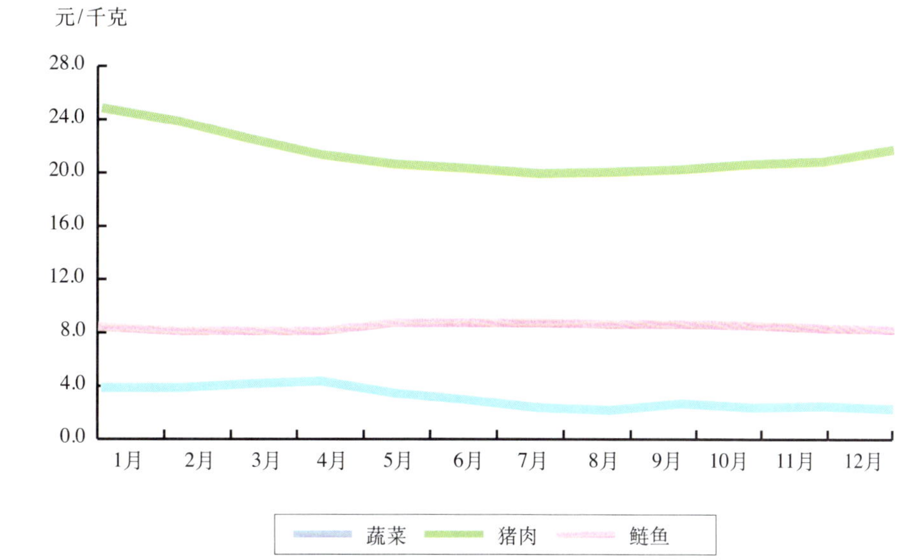

图11　2012年猪肉、鲢鱼、蔬菜批发价格分月变动情况

注：蔬菜为10种蔬菜（大白菜、白萝卜、大葱、黄瓜、西红柿、茄子、青椒、土豆、芹菜、油菜）平均价格。

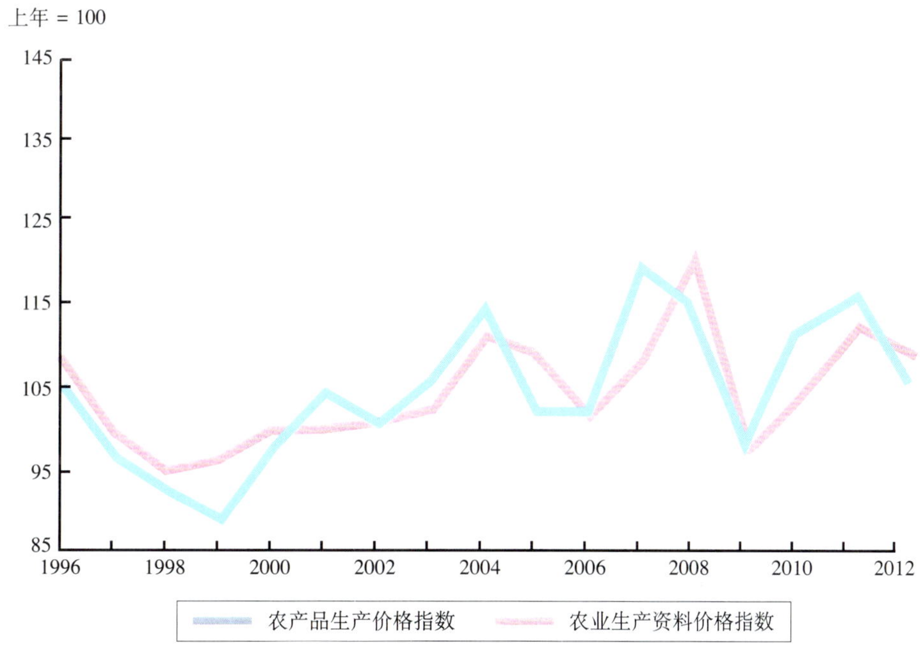

图12　1996—2012年农产品生产价格指数及农业生产资料价格指数变动情况

注：2000年（含）以前农产品生产价格指数为农副产品收购价格指数。

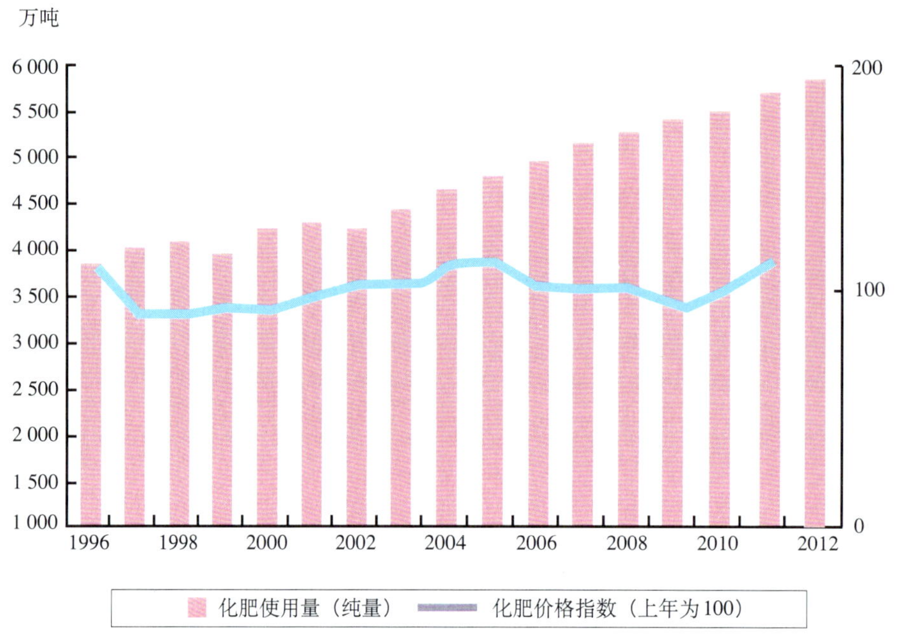

图13　1996—2012年化肥使用量及价格指数变动情况

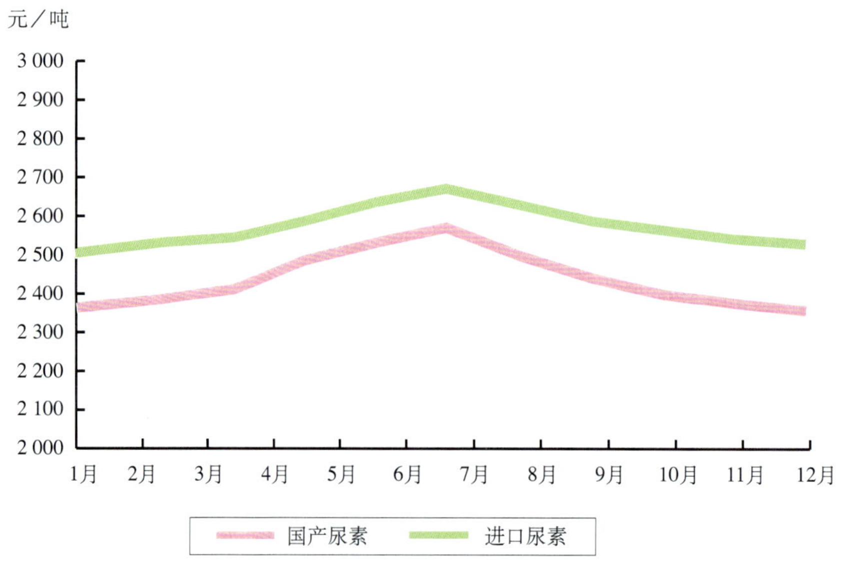

图14　2012年尿素零售价格分月变动情况

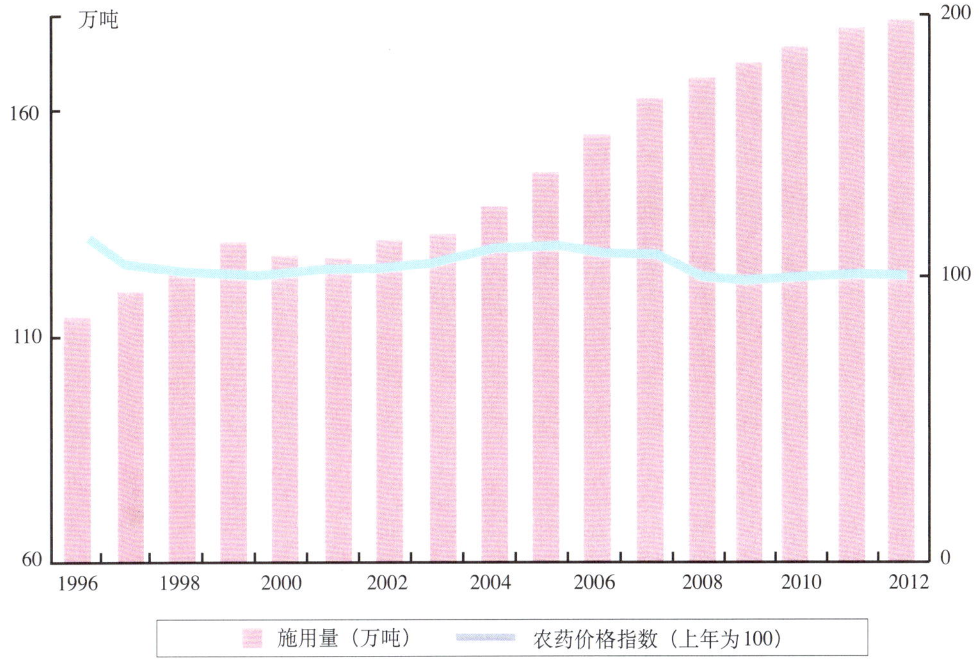

图15　1996—2012年农药施用量及价格指数变动情况

（二）农村居民消费价格　2012年，农村居民消费价格比上年增长2.5%，比全国平均低0.1个百分点。分类别看，食品类消费价格同比上涨4.0%，其中，粮食上涨3.6%，肉禽及其制品上涨0.2%，蛋下降3.2%，水产品上涨9.0%，鲜菜上涨16.5%，鲜果下降1.0%；烟酒及用品类上涨2.7%；衣着类上涨3.8%；家庭设备用品及服务类上涨1.5%；医疗保健及个人用品类上涨2.1%；交通和通信类上涨0.6%；娱乐教育文化用品及服务类上涨1.0%；居住类上涨1.9%（图16）。

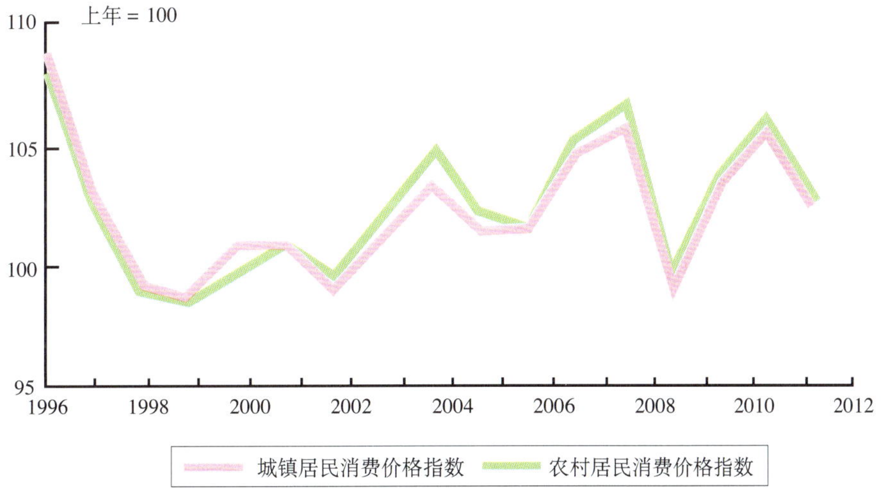

图16　1996—2012年城乡居民消费价格指数变动情况

（三）农村商品零售价格 2012年，农村商品零售价格比上年上涨2.2%，比全国平均高0.2个百分点。分类别看，食品上涨4.0%，饮料、烟酒上涨2.8%，服装、鞋帽上涨3.4%，纺织品上涨1.9%，家用电器及音像器材下降1.5%，文化办公用品下降0.8%，日用品上涨1.7%，体育娱乐用品上涨0.9%，交通、通信用品下降2.3%，家具上涨0.9%，化妆品上涨1.9%，金银珠宝上涨2.8%，中西药品及医疗保健用品上涨2.4%，书包杂志及电子出版物上涨1.3%，燃料上涨3.3%，建筑材料及五金电料上涨0.5%。

（四）乡村消费品零售额 2012年，实现乡村消费品零售额27 849.1亿元，比上年增长14.5%。乡村零售额增速比城镇零售额增速高0.2个百分点，而比上年增速低0.5个百分点。

农产品进出口

2012年我国农产品进出口均增长，进口增幅大于出口增幅，农产品贸易逆差大增。2012年，我国农产品进出口贸易总额1 757.7亿美元，同比增长12.9%。其中，出口额632.9亿美元，增长4.2%；进口额1 124.8亿美元，增长18.6%。农产品贸易逆差491.9亿美元，增长44.2%（图17至图19）。

（一）谷物净进口同比增长2.1倍 2012年，我国谷物出口101.6万吨，同比下降16.4%；进口1 398.3万吨，增长1.6倍；净进口1 296.7万吨，增长2.1倍。

2012年，我国谷物出口额6.30亿美元，同比下降22.4%；进口额47.88亿美元，增长1.3倍；贸易逆差41.58亿美元，增长2.4倍。其中，小麦产品逆差9.58亿美元，大麦产品逆差7.79亿美元；玉米产品逆差15.88亿美元，稻谷产品逆差8.81亿美元（图20）。

稻谷产品 2012年，出口27.9万吨，同比下降45.9%；进口236.9万吨，增长3.0倍；净进口208.9万吨，增长24.4%。稻谷产品进出口贸易中，大米占绝大部分，其中，出口占91.6%，进口占97.8%。

2012年，我国稻谷产品出口额2.72亿美元，同比下降36.2%；进口额11.53亿美元，增长1.8倍。稻谷产品包括大米、大米粉、稻谷和种用稻谷。

玉米产品 2012年，出口25.7万吨，同比增长89.1%；进口520.8万吨，增长2.0倍。净进口495.1万吨，增长2.1倍。

2012年，我国玉米产品出口额1.01亿美元，同比增长1.2倍；进口额16.89亿美元，增长1.9倍。玉米产品包括玉米、玉米粉、其他加工玉米和种用玉米。

小麦产品 2012年，出口28.6万吨，同比下降12.9%；进口370.1万吨，长1.9倍。净进口341.5万吨，增长2.7%。

2012年，我国小麦产品出口额1.50亿美元，同比下降6.7%；进口额11.09亿美元，增长1.6倍。小麦产品包括小麦、小麦粉和种用小麦。

大麦产品 2012年，进口252.8万吨，同比增长42.4%。

2012年，我国大麦产品出口额0.02亿美元，同比下降17.9%；进口额7.81亿美元，增长27.6%。大麦产品包括大麦、加工大麦和种用大麦。

（二）食用油籽、食用植物油进口均有较大增长

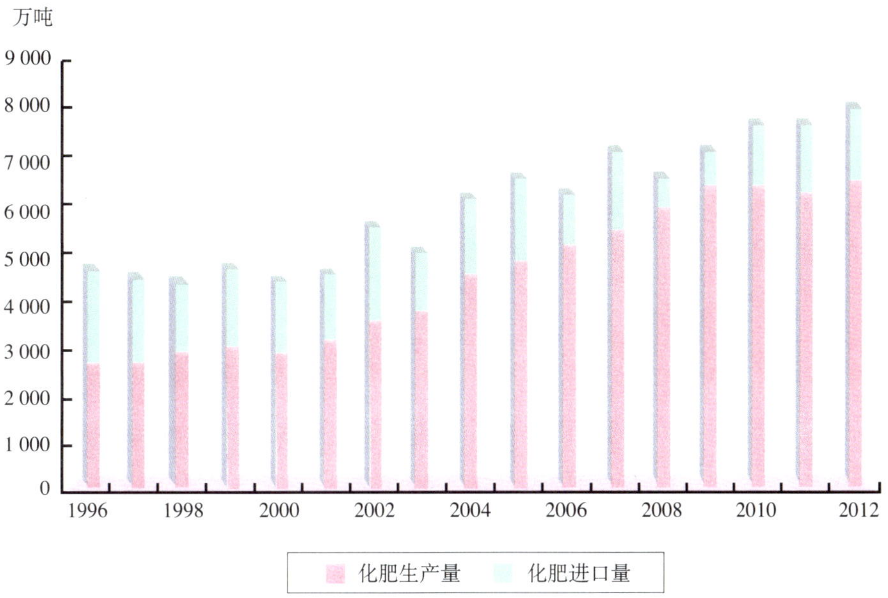

图17　1996—2012年化肥生产量与进口量变动情况

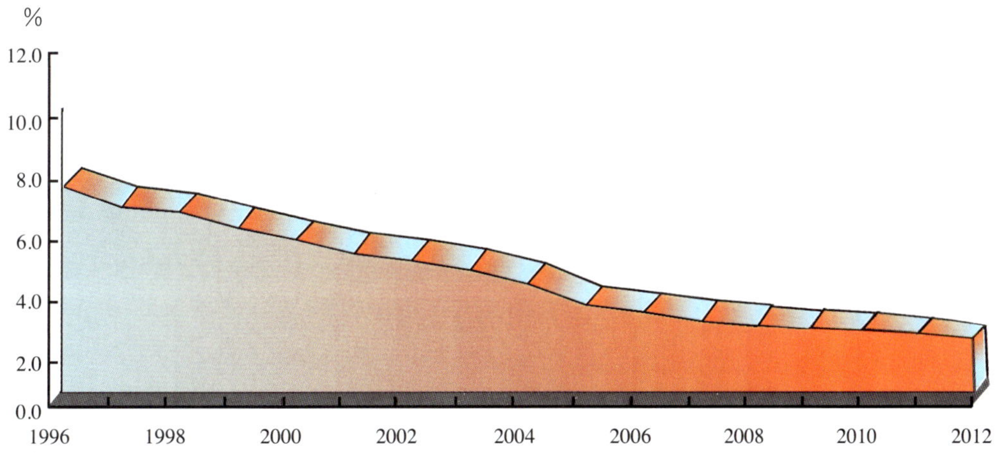

图18　1996—2012年农产品出口额占总出口额比重变动情况

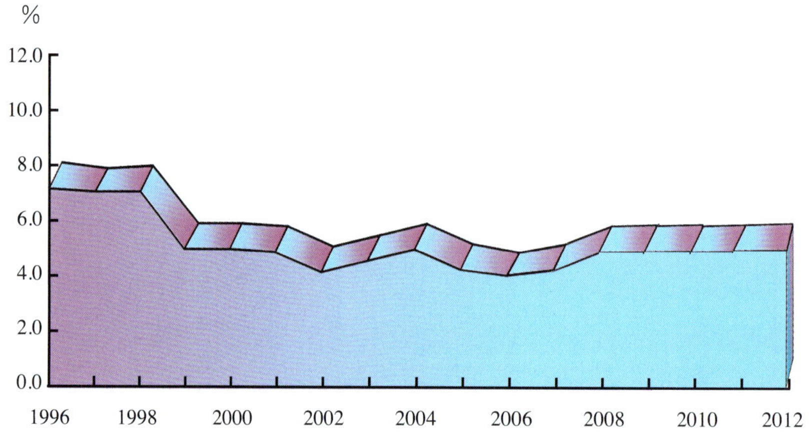

图19 1996—2012年农产品进口额占总进口额比重变动情况

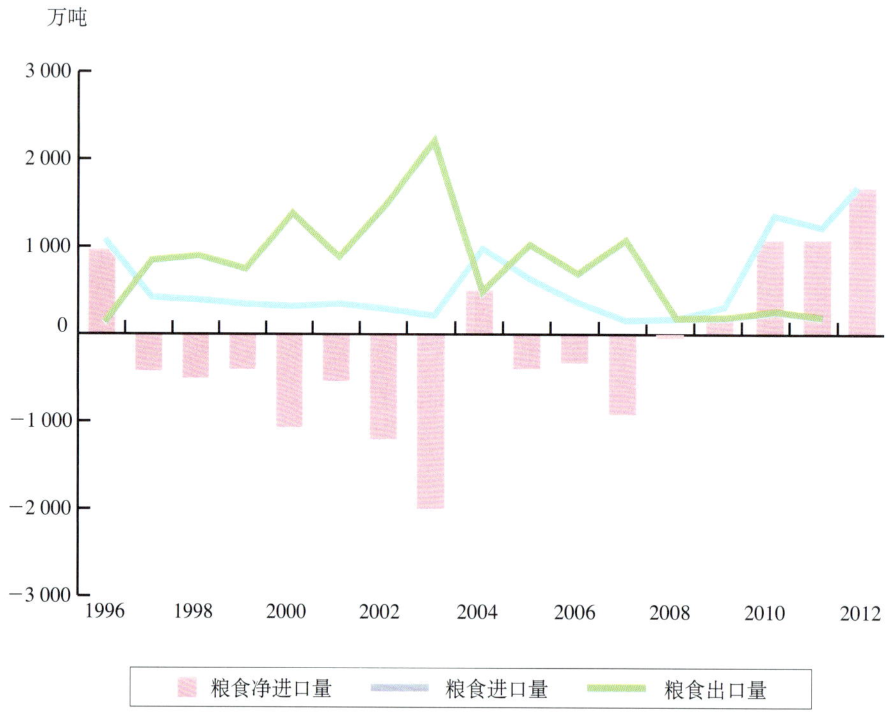

图20 1996—2012年粮食（不含大豆）进出口变动情况

食用油籽　2012年，出口100.6万吨，同比增长10.4%；进口6 228.0万吨，增长13.6%。其中，大豆进口5 838.5万吨，增长10.9%；油菜籽进口293.0万吨，增长1.3倍。

2012年，我国食用油籽出口额17.04亿美元，同比增长18.3%；进口额377.50亿美元，增长19.9%；贸易逆差360.46亿美元。其中，大豆出口额2.80亿美元，增长68.3%；进口额349.89亿美元，增长17.3%；贸易逆差347.08亿美元。

食用植物油　2012年，出口10.1万吨，同比下降18.7%；进口959.9万吨，增长23.1%。其中，豆油进口182.6万吨，增长59.7%。棕榈油进口634.1万吨，增长7.3%；菜油进口117.6万吨，增长1.1倍。

2012年，我国食用植物油出口额1.89亿美元，同比下降11.9%；进口额108.04 亿美元，增长19.9%；贸易逆差106.15亿美元。

（三）棉花进口量同比增长51.8%，食糖进口量同比增长28.4%，蔬菜水果进口量额均增长；畜产品贸易逆差同比增长14.3%，水产品贸易顺差同比增长12.4%

棉花　2012年，出口2.3万吨，同比下降16.9%；进口541.3万吨，增长51.8%。

2012年，我国棉花出口额0.42亿美元，同比下降48.3%；进口额120.00亿美元，增长24.0%；贸易逆差119.57亿美元。

食糖　2012年，出口4.7万吨，同比下降20.6%；进口374.7万吨，增长28.4%。

2012年，我国食糖出口额0.43亿美元，同比下降15.2%；进口额22.44亿美元，增长15.5%；贸易逆差22.00亿美元。

蔬菜　2012年，出口934.9万吨，同比下降3.9%；进口22.2万吨，增长32.8%。

2012年，我国蔬菜出口额100.09亿美元，同比下降14.8%；进口额4.15亿美元，增长27.4%。贸易顺差95.94亿美元。

水果　2012年，出口486.4万吨，同比增长1.4%；进口342.4万吨，同比增长0.2%。

2012年，我国水果出口额61.83亿美元，同比增长12.0%；进口额37.62亿美元，增长21.0%；贸易顺差为24.22亿美元。

畜产品　2012年，出口额64.37亿美元，同比增长7.4%；进口额149.02亿美元，增长11.2%；贸易逆差84.65亿美元，增长14.3%。其中，生猪产品出口12.3亿美元，增长4.2%；进口24.8亿美元，增长15.7%。禽产品（家禽类）出口18.7亿美元，增长7.3%；进口10.0亿美元，增长9.2%。

水产品　2012年，出口额189.83亿美元，同比增长6.7%；进口额79.98亿美元，下降0.23%；水产品贸易顺差109.85亿美元，增长12.4%。

（四）一般贸易是我国进出口贸易的主要方式，分别占我国进出口贸易总额的79.3%和80.4%　一般贸易方式出口509.0亿美元，同比增长3.3%，占我国农产品出口总额的80.4%，同比减少0.67个百分点；进料加工方式出口78.6亿美元，增长8.3%，占比12.4%，增加0.4个百分点；来料加工装配贸易方式出口20.1亿美元，增长4.1%，占比3.2%，与上年比持平略降；边境小额出口14.3亿美元，增长4.1%，占比2.26%，与上年比持平略降。

一般贸易方式进口891.5亿美元，同比增长19.2%，占我国农产品进口总额的79.3%，增加0.4个百分点；保税区仓储转口货物贸易方式进口91.4亿美元，增长20.3%，占比8.1%，增加0.1个百分点；进料加工方式进口77.6亿美元，增长4.9%，占比6.9%，减少0.9个百分点；保税仓库进出境货物贸易方式进口39.2亿美元，增长40.7%，占比3.5%，增加0.6个百分点。

（五）亚洲是我国农产品第一大出口市场，第三大进口市场；北美洲为我国农产品第一大进口市场，第三大出口市场 亚洲是我国农产品第一大出口市场，2012年对亚洲出口391.5亿美元，同比增长6.7%，占我国农产品出口总额的61.9%，比上年增加1.4个百分点。欧洲为第二大出口市场，对欧洲出口100.9亿美元，下降5.1%，占比15.9%，减少1.6个百分点。北美洲为第三大出口市场，对北美洲出口83.0亿美元，增长7.7%，占比13.1%，增加0.4个百分点。对大洋洲、南美洲和非洲分别出口11.56亿美元、21.11亿美元和24.94亿美元，增幅分别为2.18%、−1.47%和1.99%，对这三大洲出口金额合计占我国农产品出口总额的9.1%，比上年减少0.3个百分点。

就国际组织来看，我国对东盟、北美自由贸易协定组织和欧盟分别出口101.3亿美元、88.1亿美元和76.2亿美元，增幅分别为2.4%、5.7%和−6.6%。

从出口国家和地区来看，2012年出口前10位的国家和地区依次是：日本120.0亿美元，增长9.0%，占我国农产品出口总额的19.0%；美国72.8亿美元，增长7.4%，占11.5%；中国香港66.8亿美元，增长13.0%，占10.6%；韩国41.6亿美元，下降0.5%，占6.6%；马来西亚21.7亿美元，增长2.1%，占3.4%；其次是泰国、俄罗斯、越南、德国和印度尼西亚，出口额分别为20.5亿美元、19.6亿美元、19.5亿美元、19.3亿美元和18.8亿美元，对这五个国家的出口额合计占我国农产品出口总额的15.4%。

2012年北美洲是我国进口农产品第一大洲，进口额为342.0亿美元，同比增长29.0%，占我国农产品进口总额的30.4%，增加20.4个百分点；从南美洲进口居第二位，为287.5亿美元，增长13.9%，占25.6%，减少1.1个百分点；从亚洲进口246.3亿美元，增长12.9%，占21.9%，减少1.1个百分点；从大洋洲、欧洲以及非洲的进口额分别为112.8亿美元、107.5亿美元和28.6亿美元，分别增长19.1%、13.3%和23.0 %，三者合计占我国农产品进口总额的22.1%。

从国际组织来看，从北美自由贸易协定组织、东盟和欧盟进口分别为344.0亿美元、165.2亿美元和84.3亿美元，分别增长28.7%、10.0%和19.3%。

从进口国家看，2012年进口前10位国家依次是：美国287.9亿美元，同比增长23.4%，占我国农产品进口总额的25.6%；巴西187.0亿美元，增长19.8%，占16.6%；澳大利亚74.1亿美元，增长14.9%，占6.6%；加拿大53.6亿美元，增长70.3%，占4.8%；阿根廷51.0亿美元，下降6.3%，占4.5%；其次是印度尼西亚、马来西亚、印度、泰国和新西兰，进口额分别为47.0亿美元、44.9亿美元、41.7亿美元、39.6亿美元和38.2亿美元，分别增长12.9%、−14.7%、10.9%、32.7%和27.9%，这五个国家进口额合计占我国农产品进口总额的18.8%。

（六）东部地区进出口均居第一；各地区进出口均有不同程度的增长 2012年，我国东部地区农产品出口额435.9亿美元，同比增长3.2%，占我国农产品出口总额的68.9%，同比减少0.65个百分点；进口额927.0亿美元，增长17.5%，占我国农产品进口总额的82.4%，减少0.76个百分点。

东北地区出口额为74.1亿美元，同比增长6.0%，占我国农产品出口总额的11.7%，增加0.2个百分点；进口额75.1亿美元，增长21.0%，占6.7%，增加0.13个百分点。

西部地区出口额为74.5亿美元，同比增长11.4%，占我国农产品出口总额的11.8%，增加0.8个百分点；进口额84.2亿美元，增长35.6%，占7.5%，增加0.9个百分点。

中部地区出口额48.4亿美元，同比持平，占我国农产品出口总额的7.6%，减少0.3个百分点；进口额38.4亿美元，增长8.6%，占3.4%，减少0.3个百分点。

2012年出口前五位的省依次是：山东159.2亿美元，同比下降1.7%，占我国农产品出口总额的25.2%；广东75.4亿美元，增长8.0%，占11.9%；福建72.4亿美元，增长10.5%，占11.4%；浙江48.5亿美元，增长3.3%，占7.7%；辽宁45.5亿美元，增长7.3%，占7.2%。

进口前五位的省（直辖市）依次是：山东193.5亿美元，同比增长6.5%，占我国农产品进口总额的17.2%；广东192.5亿美元，增长21.3%，占17.1%；江苏191.8亿美元，增长25.1%，占17.05%；上海86.4亿美元，增长12.8%，占7.7%；天津83.2亿美元，增长36.6%，占7.4%。

农民收入与消费

据对全国31个省（自治区、直辖市）7.4万个农村居民家庭的抽样调查，2012年，全国农村居民纯收入较快增长，农村居民消费信心同步增强，消费水平不断提升，生活质量进一步改善。

（一）农村居民收入

1．人均纯收入实际增长10.7%。2012年，农村居民人均纯收入7 917元，比上年增加939元，增长13.5%，剔除价格因素影响，实际增长10.7%。名义增速和实际增速比上年分别下降4.4个百分点和0.7个百分点。农村居民人均纯收入中位数[①]7 019元，比上年增加825元，增长13.3%。中位数收入水平比平均数收入水平低11.3%，增速低于平均数增速0.2个百分点。

（1）工资性收入增长16.3%。2012年，农村居民人均工资性收入3 448元，比上年增加484元，增长16.3%，增速同比下降5.6个百分点。工资性收入对全年农民增收的贡献率为51.5%，拉动人均纯收入增长6.9个百分点。工资性收入较快增长的原因是，2012年农民工人数继续增加，农民工工资水平保持较快上涨。全国农民工监测调查显示，2012年第1季度至第4季度末外出农民工月收入水平同比分别上涨16.6%、14.9%、13.0%和11.8%。

① 收入中位数：指将所有调查户按人均纯收入水平从低到高顺序排列，处于最中间位置调查户的人均纯收入。

（2）家庭经营纯收入增长9.7%。2012年，农村居民家庭经营纯收入人均3 533元，比上年增加311元，增长9.7%，增速同比下降4个百分点。家庭经营纯收入对全年农民增收的贡献率为33.2%，拉动纯收入增长4.5个百分点。家庭经营收入变化的主要特点是：

农业纯收入保持较快增长。农业纯收入人均2 107元，增加210元，增长11.1%。农业纯收入增长较快主要是由于2012年粮食丰收，同时粮食、蔬菜等主要农产品价格上升。据测算，2012年，农村居民出售农产品增加的收入中，出售数量增加和价格上涨因素影响约各占一半。

牧业收入出现下降。牧业纯收入人均441元，减少22元，增速由上年的增长30.1%转变为下降4.7%，这主要是由于生猪价格下跌，尤其是进入第2季度后，生猪价格持续低迷。

第二、三产业经营纯收入保持稳定增长。第二、三产业经营纯收入人均811元，增加109元，增长15.5%。其中，工业纯收入人均118元，增加13元，增长12.4%；建筑业纯收入人均96元，增加8元，增长8.6%；第三产业纯收入人均597元，增加88元，增长17.3%。

（3）财产性收入增长9.0%。2012年，农村居民财产性收入人均249元，比上年增加21元，增长9.0%。财产性收入对全年农民增收贡献率仅为2.2%。其中，转让承包土地经营权收入人均47元，增加10元，增长25.5%。

（4）转移性收入增长21.9%。2012年，农村居民转移性收入人均687元，比上年增加123元，增长21.9%，增速连续两年保持在20%以上。转移性收入对全年农民增收的贡献率为13.1%，拉动纯收入增长1.8个百分点。转移性收入快速增长主要是由于农村社会保障政策覆盖范围进一步扩大和保障水平进一步提高，以及各地农业及草原生态补贴等政策的实施和力度加大。

2．农民纯收入变化特点

（1）纯收入构成有所变化。2012年，农村居民家庭工资性收入占纯收入比重为43.6%，比上年提高1.1个百分点；转移性收入比重为8.7%，提高0.6个百分点；家庭经营纯收入比重为44.6%，下降1.6个百分点；财产性收入比重为3.1%，下降0.1个百分点。

（2）现金纯收入比重提升。2012年，农村居民现金纯收入稳定增加，比重提升。全年现金纯收入人均7 015元，比上年增加922元，增长15.1%；占人均纯收入比重为88.6%，提高1.8个百分点；实物纯收入人均902元，增加17元，增长1.9%，占人均纯收入比重为11.4%。

（3）收入差距有所缩小。基尼系数有所缩小。2012年，农村居民人均纯收入的基尼系数为0.386 7，比上年的0.389 7缩小0.003；农村居民人均纯收入与城镇居民人均可支配收入之比（以农村为1）为3.10，比上年的3.13缩小0.03。

低收入户收入增长最快。将所有调查户按人均纯收入从低到高排队，每20%的户为一组分成5等份。2012年，低收入户人均纯收入2 316元，比上年增长15.8%；中等偏下收入户人均纯收入4 807元，增长13.0%；中等收入户人均纯收入7 041元，增长13.4%；中等偏上收入户人均纯收入10 142元，增长14.0%；高收入户人均纯收入19 009元，增长13.3%。

低收入户收入增速最快的原因，一是转移

性收入快速增长，人均332元，增长25.4%，特别是新型农村社会养老保险收入增长了125%。二是第一产业纯收入增长较快，人均891元，增长13.7%，这部分农户第一产业经营中以农业为主，受增产及价格上升因素影响，农业纯收入增长较快；而牧业收入所占比重较小，受生猪价格下跌的影响很小。

西部地区农村居民收入增速较快。2012年，东部、中部、西部、东北地区农村居民人均纯收入分别为10 817元、7 435元、6 027元和8 846元，人均纯收入增长速度分别为12.9%、13.9%、14.9%和13.6%。西部地区农村居民人均纯收入增速比东部地区农村居民人均纯收入增速高2.0个百分点，比中部地区农村居民人均纯收入增速高1.0个百分点，比东北地区农村居民人均纯收入增速高1.3个百分点。

收入最高省份与最低省份的农村居民人均纯收入比值由2011年的4.11缩小到3.95（以最低省份农村居民人均纯收入为1）。

（二）农村居民消费

1．人均消费支出实际增长10.4%。2012年，农村居民消费支出人均5 908元，比上年增加687元，增长13.2%。剔除价格因素影响，实际增长10.4%，增速比上年下降2.2个百分点（图21）。

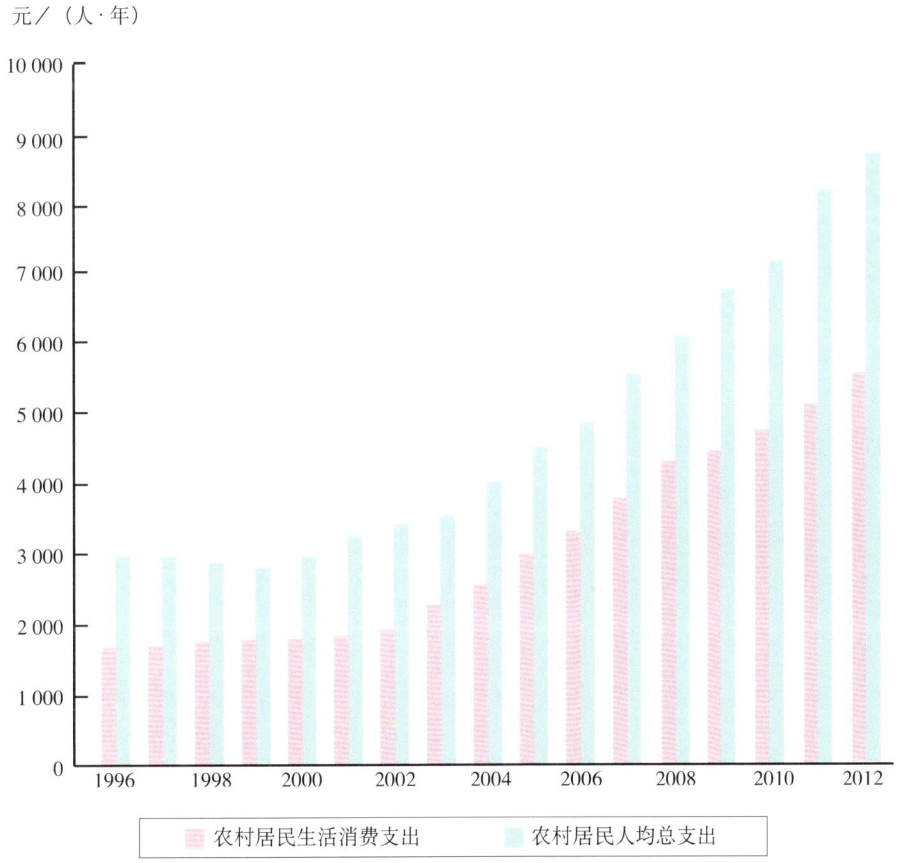

图21　1996—2012年农村居民人均生活费支出变动情况

(1) 恩格尔系数首次降至40%以下。2012年，农村居民食品支出人均2 324元，比上年增长10.3%。农村居民食品支出占消费支出的比重即恩格尔系数为39.3%，比上年下降1.1个百分点，恩格尔系数首次降至40%以下。在食品支出中，粮食支出人均419元，增长5.5%；蔬菜及制品支出人均212元，增长8.7%；肉禽蛋奶及制品支出人均621元，增长8.3%；水产品支出人均92元，增长14.3%。

(2) 衣着、居住和医疗保健支出较快增长。2012年，农村居民衣着支出人均396元，同比增长16.1%。其中，购买服装支出人均271元，增长15.3%；购买鞋类支出人均95元，增长18.8%。

居住支出人均1 086元，同比增长13.0%。其中，购买建材支出人均485元，增长9.7%；建筑、维修生活用房雇工支出人均153元，增长20.0%；生活用水、电、燃料支出人均296元，增长14.5%。

医疗保健支出人均514元，同比增长17.6%。其中，购买药品支出人均154元，增长10.7%；医疗费支出人均348元，增长21.4%。

(3) 交通通信和文教娱乐支出增速加快。2012年，农村居民交通通信支出人均653元，增长19.3%，增速比上年提高0.7个百分点。其中，购买交通工具支出人均223元，增长28.5%；购买交通工具用燃料支出人均110元，增长19.5%；购买通信工具支出人均47元，增长20.0%；通信费支出人均137元，增长12.9%。

文教娱乐支出人均445元，同比增长12.4%，增速比上年提高4.3个百分点。其中，购买文教娱乐用品支出人均119元，增长7.2%；教育服务支出人均254元，增长9.9%；文体娱乐服务支出人均73元，增长33.7%。

(4) 家庭设备及用品支出增速大幅回落。2012年，农村居民家庭设备及用品支出人均342元，同比增长10.6%，增速回落21.4个百分点。其中，购买机电设备支出人均111元，与上年基本持平；购买日用品支出人均111元，增长16.0%；购买家具支出人均66元，增长16.5%。家庭设备及用品支出增速明显回落的主要原因是：随着家电以旧换新、节能补贴短期刺激政策的退出，人均购买机电设备支出额由上年增长31.1%转变为基本零增长。

2．生活质量继续改善情况

(1) 营养性食品消费稳定增加。2012年，农村居民的粮食、蔬菜消费量减少，其他食品消费量增加。农村居民消费粮食人均165千克，比上年减少3.8%；消费蔬菜人均85千克，减少5.2%；消费食用油人均7.8千克，增长4.6%，其中植物油占88.5%；消费禽蛋人均5.9千克，增长8.8%；消费肉类人均23.5千克，增长0.7%，其中主要是牛羊肉消费量增加，猪肉消费量基本持平；消费水产品人均5.4千克，与上年基本持平；消费瓜果人均22.8千克，增长7.1%。

(2) 居住条件和居住环境进一步改善。2012年，农村居民住房更加宽敞舒适，人均居住住房面积37.1平方米，增长2.3%。其中人均居住住房面积大于25平方米的农村居民调查户占71.1%，提高1.5个百分点。居住在钢筋混凝土结构住房中的占38.1%，提高0.8个百分点；居住在砖木结构住房中的占57.5%，提高0.2个百分点。从居住条件和居住环境看，一是住房卫生条件不断提高。94.5%的农村居民调查户住房拥有卫生设备，比上年提高0.4个百分点；其中，住房有水冲式卫生厕所的占24.0%，提高1.1个百分点，无厕所的占5.5%，减少0.4个百分点。二是住房取暖条件持续改善。44.2%的农村居民调查户住房拥有取暖设备，其中使用空调和暖气的占21.9%，提高1.1个百分点。三是使用清洁能源的户数增多。使用清洁燃料如沼气、燃气、燃油、电、太阳能的农村居民调查户占39.7%，提高1.6个百分点。四是饮用自来水的户数超过一半。79.6%的农村居民调查户饮用安全卫生水，提高0.6个百分点；其中，饮用自来水的占57.3%，提高2.2个百分点。五是住房外部环境进一步改善。55.7%的农村居民调查户住宅外有水泥或柏油状路面，提高2.8个百分点；住宅外有石头或石板等硬质路面的占21.6%，下降0.9个百分点；住宅外为土路等非硬质路面的占22.7%，下降1.9个百分点。

(3) 新型耐用消费品需求较旺。2012年，农村居民家庭年末拥有的主要传统耐用消费品稳定增加，时尚、新型的耐用消费品需求较旺。平均每百户农村居民家庭拥有彩色电视机116.9台，比上年增长1.2%；洗衣机67.2台，增长7.4%；电冰箱67.3台，增长9.4%；摩托车62.2辆，增长2.2%；电动自行车35.5辆，增长8.7%；移动电话197.8部，增长10.0%；空调25.4台，增长12.3%；抽油烟机14.7台，增长11.0%；微波炉12.8台，增长8.8%；热水器40.8台，增长11.1%，其中具有节能功能的太阳能热水器26.4台，增长12.3%。此外，2012年平均每百户农村居民家庭拥有生活用汽车6.6辆，增长19.5%；电脑21.4台，增长18.9%，其中有76.8%的电脑接入了互联网，比上年提高3.4个百分点。

财政支农投入

2012年，国家继续加大强农惠农富农政策扶持力度，中央农业部门会同发展改革和财政部门共安排支农资金2 984.38亿元，比上年增加128.1%，其中基本建设投资360.38亿元，财政专项资金2 624亿元。重点支持标准农田建设、新一轮“菜篮子”工程、草原建设与农业生物资源保护、全国农村废弃物资源利用、现代农业公共服务能力条件建设和生产救灾六个方面。

（一）标准农田建设及各类农业补贴525.15亿元 其中，基本建设投资安排新增千亿斤粮食田间工程及农技服务体系43亿元，油料生产基地2亿元，糖料生产基地1亿元，旱作节水农业示范工程3亿元，新疆棉花生产基地1亿元，天然橡胶生产基地1.1536亿元。财政专项资金安排水稻、小麦、玉米、藏区青稞、棉花、东北内蒙古大豆、长江流域冬油菜以及部分省马铃薯、花生、天然橡胶等农作物良种补贴224亿元，农机具购置补贴215亿元，测土配方施肥补助15亿元，粮棉油糖高产创建20亿元。

（二）新一轮“菜篮子”工程82亿元 其中，基本建设投资安排生猪标准化规模养殖小区（场）25亿元，奶牛标准化规模养殖小区（场）5亿元，肉牛、肉羊标准化规模养殖小区（场）1亿元，海南冬季瓜菜生产基地1亿元；财政专项资金安排扶持“菜篮子”生产专项资金15亿元，生猪大县奖励35亿元。

（三）草原建设与农业生物资源保护174.71亿元 其中，基本建设投资安排天然草原退牧还草工程20亿元，草原防火0.51亿元，保护性耕作工程3亿元，农业生物资源保护工程0.36亿元，湿地保护0.243亿元；财政专项资金安排草原生态保护150.6亿元。

（四）全国农村废弃物资源利用30亿元 安排农村沼气工程30亿元。

（五）现代农业公共服务能力建设488.31亿元 其中，基本建设投资安排乡镇农业技术推广机构建设工程38亿元，动物防疫体系建设工程5.8亿元，植物保护工程4亿元，农产品质量安全检验检测体系建设工程15亿元，种植业种子工程5亿元，畜禽水产良种工程3亿元，渔政渔港及海洋渔船工程86.1亿元，科技入户直通车0.4亿元，高技术产业化0.56亿元，农垦公益性项目1.25亿元，垦区政法基础设施0.20亿元；财政专项资金安排基层农技推广体系改革与建设示范县补助26亿元，劳动力转移培训阳光工程11亿元，畜禽良种补贴12亿元，渔业柴油补贴240亿元，重大动物疫病免疫、扑杀补助以及基层动物防疫工作补助40亿元。

（六）生产救灾等方面118.14亿元 其中，基本建设投资安排农垦危房改造及配套基础设施53.14亿元，血吸虫病综合治理2亿元；财政专项资金安排农业防灾减灾稳产增产关键技术补助63亿元。

农业综合开发

2012年，中央财政预算安排农业综合开发资金290亿元，比上年增加60亿元，增长26.1%，由此带动地方财政资金投入139亿元，引导农民筹资投劳及吸引银行贷款、企业自筹资金99.2亿元，共计投入项目资金达528.2亿元，对推动农业稳定发展、农民持续增收发挥了积极作用。

（一）充分发挥综合性优势，夯实农业基础保障国家粮食安全 一是支持粮食主产区发展粮食生产。坚持“两个聚焦”原则，2012年共安排中央财政农业综合开发资金194.72亿元用于粮食主产区，占中央财政投入的67.14%。同时，资金和项目安排继续向《全国新增1 000亿斤粮食生产能力规划（2009—2020年）》确定的800个产粮大县倾斜，共计投入中央财政资金114.2亿元，在这800个产粮大县安排改造中低产田、建设高标准农田1 072.67千公顷，成为实现国家“藏粮于地”战略、支撑粮食连年丰收的重要物质基础。二是大力推进高标准农田建设。明确规定除生态建设任务比较重的省（自治区、直辖市）外，其他地区安排用于农业基础设施建设的财政资金，不得低于土地治理项目财政资金的90%。在建设内容上，坚持发挥综合性优势，实行人、财、物和科技综合投入，田水路林山综合治理，实现经济、生态、社会效益的整体提高。特别是突出抓好以农田水利为重点的基础设施建设，提高农业抵御自然灾害的能力，使改造后的中低产田都为旱涝保收、高产稳产的基本粮田。同时，调整完善政策，明确2013年除大幅度加大对原有的高标准农田示范建设项目的投入外，中低产田改造项目也逐步向高标准农田示范项目靠拢，将高标准农田项目亩均财政资金补助标准由原来的1 200元提高到1 300元，中低产田改造项目亩投入标准平原地区由980元提高到1 090元，丘陵山区由1 180元提高到1 300元，并要求各省（自治区、直辖市）在安排土地治理项目时，优先保障高标准农田示范工程项目的投入。三是加快推进中型灌区续建配套和节水改造步伐。落实《中共中央国务院关于加快水利改革发展的决定》（中发[2011]1号）中“到2020年，基本完成大型灌区、重点中型灌区续建配套和节水改造任务”的要求，继续加大对中型灌区节水配套改造的投入力度。全年安排中央财政资金12.53亿元（含部门项目资金11.57亿元），新建续建中型灌区节水配套改造项目235个（其中新建项目140个、续建项目95个），既为项目区改造中低产田、建设高标准农田提供了可靠水源保障，又为节约水资源、提高用水效率等发挥明显示范带动作用。四是因地制宜安排实施生态综合治理项目。2012年，安排中央财政资金13.64亿元，通过生态治理项目建设，在全国建设草原（场）162.21千公顷，治理小流域116.21千公顷，治理土地沙化6.9千公顷。通过项目实施，加强了对生态薄弱地区的综合治理，有效改善了项目区农业生态环境。五是积极支持东北四省（自治区）“节水增粮行动”。支持黑龙江、吉林、内蒙古、辽宁开展以膜下滴灌、喷灌为主要内容的高效节水灌溉工程建设。专项安排中央财政农发资金12亿元，安排建设节水增粮田133.55千公顷，预计新增节水灌溉面积131.29千公顷，新增粮食生产能力6.29亿千克。通过上述举措，2012年农业综合开发在全国安排改造中低产田、建设高标准农田2 002.32千公顷。其中：中低产田改造1 105.8千公顷，高标准农田896.52千公顷，预计由此新增粮食生产能力41.89亿千克、棉花生产能力0.53亿千克、油料生产能力1.67亿千克、糖料生产能力3.46亿千克，为我国粮食产量连续9年增产做出了重要贡献。同时，项目区当年新改造粮田亩均可增产粮食100 ~ 150千克，由此直接带动农民亩均增加收入250元左右，有3 000万农民从中受益。

（二）积极支持农业产业化经营，带动农民增收 2012年，农业综合开发安排中央财政产业化资金39.88亿元（不含部门项目资金），支持各地建设产业化经营项目5 834个。项目建成后，预计可新增经济林、蔬菜、药材等优质农产品种植面积68.12千公顷，新增水产养殖面积4.41千公顷；新增蔬菜、干鲜果品等生产能力12.29亿千克，肉禽蛋奶等生产能力5.2亿千克；当年新建的产业化经营项目可使2 200多万农民直接受益，受益农民人均年增加纯收入约500元。一是发挥财政资金引导作用，吸引信贷资金和社会资本投入农业产业化经营。继续开展与农业发展银行、农业银行的合作，安排中央财政资金24.12亿元，扶持贷款贴息项目3 087个，重点支持龙头企业粮油、果蔬、畜禽等农产品加工项目，撬动各类金融机构贷款约812亿元；通过财政补助扶持方式，带动项目单位安排项目建设自筹资金约62亿元。二是重点扶持农民专业合作社发展。安排中央财政资金15.76亿元，扶持财政补助项目2 747个（其中1 783个为农民专业合作社申报项目），重点支持农民专业合作社实施的种植养殖规模化、标准化生产基地建设，以及龙头企业农产品加工所需的技术改造等。三是积极支持“菜篮子”蔬菜基地建设。安排中央财政资金3亿元，专项支持天津、河北实施“菜篮子”设施蔬菜基地建设项目98个，建设日光温室1.2千公顷，进一步增强环京津地区蔬菜供给水平，提高“菜篮子”产品的应急保障能力。

（三）精心组织部门项目，发挥示范带动作用 更加注重发挥部门项目的示范带动作用，注重与联席会议成员单位之间的沟通联系，加大部门项目投入力度，进一步规范部门项目管理。2012年，共安排中央财政资金28.62亿元用于部门项目建设，比上年增加6.86亿元，增长31.5%。在全面推进各有关部门负责组织实施的项目建设的同时，突出抓好几项重点工作：安排中央财政资金11.57亿元，通过水利部门组织实施，新建续建了116个中型灌区节水配套改造项目；安排中央财政资金3亿元，专门用于扶持木本油料项目建设，重点改造油茶、核桃低产林，加大林木良种繁育和优质种苗生产能力建设；安排中央财政资金2.6亿元，支持供销社开展新型合作示范项目建设，其中6 000万元专项用于启动产销对接试点，提升产加销一体化水平，推动新型农产品生产经营体系建设；安排中央财政资金2.57亿元用于良种繁育基地建设，立项扶持项目116个，示范推广新品种213个，为地方项目做出了明显示范。

（四）推进外资项目，借鉴和丰富管理经验 2012年，农业综合开发在充分前期准备的基础上，顺利完成了利用亚洲开发银行2亿美元贷款农业综合开发项目谈判工作，项目正式进入实施环节。同时，全力做好农业综合开发利用世界银行2亿美元贷款可持续发展农业项目准备工作。利用世界银行贷款农业科技项目竣工验收，正在开展收尾和经验总结工作。通过这些外资项目，不仅有效拓展了农业综合开发的资金渠道，也学习借鉴了国外农业投资的先进管理经验，为丰富和完善农业综合开发管理制度提供了坚实的实践基础。

（五）加强资金和项目管理，提升科学管理水平 一是加强农业综合开发县管理。在继续从严控制的前提下，确定2013年纯新增开发县55个；适时退出开发潜力较小的开发县（市、区、农场）4个，相应增加了4个开发潜力较大农牧业大县。二是继续加强资金和项目管理。在资金管理方面，科学分配中央财政农业综合开发资金；提前下达中央财政资金指标；加快资金支出进度，支出进度一直在财政支农资金中名列前茅；及时分配下达灾毁工程修复补助资金，做到灾情发生后立即分批下达指标，最大限度地发挥资金使用效益。在项目管理方面，公开发布项目申报指南；加强项目评审、抽查和审核工作，认真组织部分重点项目的专家评审工作，对地方负责评审项目严格进行抽查，及时备案核准，确保科学立项；认真审核批复项目计划，确保项目顺利建成。三是扎实开展综合检查。分三批次对37个省（自治区、市、兵团、农垦）和5个中央有关部门的农业综合开发资金和项目实施情况进行了全面综合检查，实地抽查219个县，占全国开发县总数的9.7%。以“检查动态”和“重大案例专报”形式，及时反馈检查情况；严肃处理发现的问题，除通报批评外，还按规定相应扣减下一年度的中央财政资金指标，起到应有的惩戒作用。四是做好综合性管理等工作。积极开展项目资金和管理工作质量考评及绩效评价工作，认真开展统计工作。加强新闻宣传，认真答复建议提案，增进相互理解，不断扩大农业综合开发的社会影响，营造更好的工作氛围。

扶贫开发

2012年，在各方面共同努力下，扶贫开发取得显著成效。国家扶贫开发工作重点县（以下简称重点县）农民人均纯收入4 602元，比上年增长16.8%，集中连片特困地区农民人均纯收入4 839元，增长15.1%。农村扶贫对象减少2 339万人，总规模下降到9 899万人，占农村户籍人口的比例降到10.2%，下降2.5个百分点。

（一）集中连片特困地区扶贫攻坚全面启动 将集中连片特困地区作为扶贫攻坚的主战场，是党中央、国务院作出的重大战略决策。截至2012年底，国务院全部批复了11个集中连片特殊困难地区区域发展与扶贫攻坚规划，同时，批准了“十二五”支持西藏、新疆、新疆生产建设兵团以及四川、云南、甘肃、青海4省的藏区经济社会发展规划建设项目方案。建立了国务院13个部门联系11个片区的工作机制，有关部门陆续出台了一系列支持片区发展的政策措施、指导意见和行业规划，部分民生工程和基础设施项目率先实施。国家民委主动推动武陵山片区先行先试，积极探索部委联系片区工作机制，并向武陵山片区每个县（市、区）派驻联络员。教育部出台了针对片区的农村义务教育学生营养改善计划和每年1万名贫困生定向招生专项计划，对片区中等职业学校学生实行免费教育并给予生活补助，启动实施普通高中改造计划等试点。交通运输部印发了《集中连片特困地区交通建设扶贫规划纲要（2011—2020年）》，与19个省（自治区、直辖市）签署了共建协议，并大幅提高了片区交通建设补助标准。国土资源部出台了支持集中连片特困地区区域发展与扶贫攻坚的若干意见，提出了18项支持措施。卫生部和全国妇联出台了卫生扶贫的指导意见，并在吕梁山等片区的100个县启动学龄前儿童营养干预试点。住房城乡建设部将2012年农村危房改造资金增加到446亿元，全年完成了560万户农村危房改造任务，将提前实现“十二五”计划。科技部深入推进科技特派员农村科技创业行动。水利部编制实施《全国水利扶贫规划》。农业部出台了《关于加强农业行业扶贫工作的指导意见》。工业和信息化部、民政部在制定相关行业规划和安排资金项目时对片区给予了倾斜。人民银行积极引导金融机构加大对西部贫困地区支农再贷款的调剂力度。旅游局与扶贫办签订了关于推进旅游扶贫工作的合作框架协议。共青团中央与扶贫办出台了关于动员和支持各级团组织及广大青年积极参与扶贫开发的意见。烟草局与贵州省进行了结对帮扶。

（二）各地扶贫标准和重点县调整工作顺利完成 2012年，各地按照《中国农村扶贫开发纲要（2011—2020年）》（以下简称《纲要》）和中央扶贫开发工作会议精神，对地方扶贫标准和重点县进行了调整。17个省（自治区、直辖市）执行2 300元标准，14个省（自治区、直辖市）制定了高于2 300元的地方扶贫标准；其中广东省和重庆市正在探索采用相对贫困标准。各地按照新的扶贫标准开展贫困识别，为全面实施扶贫政策奠定基础。按照“高出低进、出一进一、总量不变、严格程序”的精神，9个省、自治区对38个县作出调整。调整后，全国重点县的总量仍为592个，其中片区内重点县由431个增加到440个。调整后的重点县名单经国务院批准后向社会公布，得到各方面肯定。

（三）扶贫开发投入力度进一步加大 2012年，中央财政综合扶贫投入2 996亿元，比上年增长31.9%。其中，财政专项扶贫资金投入332亿元，比上年增长22.1%。28个省（自治区、直辖市）财政预算安排专项扶贫资金147.8亿，比上年增长45%。中央定点扶贫直接投入帮扶资金（含物资折款）18.98亿元，帮助引进各类资金90.34亿元，分别比上年增长23.5%和78.7%。东西扶贫协作政府和社会援助投入10.32亿元，企业协议合作投资4 556亿元，分别比上年增长9.1%和73.2%。据不完全统计，信贷扶贫投入530亿元，增长18.5%。

（四）专项扶贫工作扎实开展 一是专项规划编制工作顺利推进。扶贫办会同发展改革委等12个部门编制完成《扶贫开发整村推进“十二五”规划》，“十二五”期间，将完成中西部3万个贫困村整村推进任务。与农业部、林业局、旅游局联合下发了《关于集中连片特殊困难地区产业扶贫规划编制工作的指导意见》，指导各地编制产业扶贫规划。发展改革委编制了《易地扶贫搬迁“十二五”规划》，准备对240万生存条件恶劣地区的农村贫困人口实施易地扶贫搬迁。二是继续开展“雨露计划”实施方式改革试点。2012—2013学年“雨露计划”实施方式改革试点范围扩大到200个县，补助方式改为直补到人，有近70万学生受益。三是积极探索两项制度有效衔接工作。按照国务院办公厅转发扶贫办等部门关于做好农村低保和扶贫开发政策有效衔接扩大试点工作意见的通知精神，积极推进两项制度有效衔接试点工作。各地采取一次识别或分次识别、分批扶持的办法，开展新一轮贫困识别工作。四是扶贫试点工作成效显著。2012年中央专项彩票公益金在投入5.25亿元开展革命老区扶贫开发整村推进试点项目的基础上，又增加3.75亿元资金，在赣闽粤原中央苏区、沂蒙革命老区、川陕革命根据地及甘肃庆阳革命老区开展革命老区扶贫开发创新试点项目，进一步加大了对革命老区的扶贫力度。实施5年、先后投入近55亿元的阿坝州扶贫开发和大骨节病综合防治试点工作顺利验收，试点项目取得了明显成效。西藏溜索改造任务全面完成。互助资金试点继续发展。此外，云南省富宁县瑶族支系山瑶群众综合扶贫试点工作基本完成，新疆边境扶贫试点、威宁喀斯特地区扶贫开发综合治理试点等工作取得良好效果，大小凉山艾滋病综合防治与扶贫开发相结合试点第一批基础设施、环境建设、公共服务和住房改造项目建设工作已逐步展开。

（五）社会扶贫和国际减贫交流合作呈现新局面 一是定点扶贫实现重点县全覆盖。根据《纲要》的要求，2012年11月，扶贫办与中组部等八部门印发了《关于做好新一轮中央、国家机关和有关单位定点扶贫工作的通知》，共有310个单位参与定点扶贫，第一次实现了对592个重点县的全覆盖。国资委、教育部协调中央企业和高等院校积极参与，水利部、证监会、铁道部等大幅增加了帮扶的重点县，探索了国家烟草局帮扶贵州全省的新形式，包商银行作为唯一非公有制企业参加了定点扶贫。地方定点帮扶的力度也进一步加大。二是东西扶贫协作力度进一步加大。北京、上海、天津等东部省市加大了对内蒙古、云南、甘肃等西部对口帮扶省份的财政资金援助力度，并建立了年增长8%的动态增长机制。北京市还将原来对口帮扶分散在内蒙古全自治区的18个重点县，调整为帮扶重点县和贫困人口比较集中的赤峰市和乌兰察布市。浙江和四川两省就重点开展对四川藏区的帮扶工作制定了具体方案和实施规划。配合发展改革委，协调新增上海、苏州、杭州和广州四市对口帮扶贵州省。评选出100个全国社会扶贫创新案例，设立了3个扶贫改革试验区。三是国际合作成果丰硕。成功举办2012年“10.17”减贫与发展高层论坛、第六届中国——东盟社会发展与减贫论坛、第三届中非减贫与发展会议，积极参与联合国可持续发展大会相关活动，成功举办主题边会。签署中国巴西减贫合作协议，国际减贫交流合作进一步扩大。利用世行贷款第五期项目顺利实施，积极争取将第六期项目列入国家规划。举办国际减贫培训班13期，对来自亚非拉63个国家的251名官员进行培训。

（六）扶贫工作管理水平进一步提高 一是稳步推进扶贫立法工作。在前期工作基础上，先后召开了3次扶贫立法工作领导小组全体会议、扶贫立法工作座谈会（地方）、扶贫立法专家座谈会，对法律文本进行讨论修改，并将《扶贫开发法（征求意见稿）》送扶贫开发领导小组各成员单位、中央编办和省（自治区、直辖市）扶贫办（局）书面征求意见。与此同时，各地也加快了扶贫立法的工作进度，9个省（自治区、直辖市）出台了扶贫开发条例，有3个省、自治区形成了条例草案，并进入了立法程序。二是扶贫开发工作考核取得新进展。2012年1月，国务院扶贫开发领导小组1号文件印发了《扶贫开发工作考核办法（试行）》，决定自2012年开始，对各省、自治区、直辖市扶贫开发工作进行考核。10月中旬，中组部等13个扶贫开发工作考核领导小组成员单位分五组，对内蒙古等10个省、自治区开展了考核的实地核查工作。12月底，对考核达到A等次的重庆、内蒙古、贵州、湖北、四川、浙江6省（自治区、直辖市）和B等次的山西、吉林、广西、陕西、新疆、云南、江西、海南、黑龙江、江苏、广东、辽宁12个省（自治区）给予通报表扬。

饲料工业

2012年，饲料工业积极主动转变发展方式，全行业继续保持稳定发展态势，产量稳定增长、质量稳步提高、素质不断提升。

（一）总产量稳定增长 2012年，全国商品饲料总产量1.94亿吨，同比增长7.7%。其中，配合饲料1.63亿吨，增长9.7%；浓缩饲料2 467万吨，下降3.0%；添加剂预混合饲料619万吨，增长2.3%。从不同品种看，2012年，猪饲料和水产饲料增长最为明显。猪饲料产量7 722万吨，增长13.1%；蛋禽饲料3 229万吨，增长1.8%；肉禽饲料5 514万吨，增长4.4%；水产饲料1 892万吨，增长12.4%；反刍动物饲料775万吨，同比持平；其他饲料317万吨，增长0.3%。

（二）产品结构继续调整 从产品结构看，2012年，配合饲料、浓缩饲料、添加剂预混合饲料产量占总产量比重分别为84.1%、12.7%、3.2%，三者比例为26.4∶4∶1，2011年为24.7∶4.2∶1，配合饲料所占比重继续提高，浓缩饲料比重延续下降趋势。

（三）饲料工业产值快速增长 2012年，

全国饲料工业总产值和总营业收入分别为7 073亿元、6 869亿元，同比分别增长11.4%、11.9%。其中，商品饲料工业产值6 463亿元，增长12.2%；饲料添加剂产值553亿元，增长24.3%；饲料机械设备产值56亿元，增长14.3%。商品饲料工业营业收入6 277亿元，增长12.5%；饲料添加剂营业收入536亿元，增长24.4%；饲料机械设备营业收入56亿元，增长16.7%。

（四）饲料产业集中度进一步加强 在商品饲料市场份额竞争加大、饲料原料供应约束趋紧和行业管理要求提升的情况下，一些地区的中小型饲料企业逐步在市场竞争中被淘汰。大型饲料企业通过扩建、收购等方式加速企业扩张步伐，并向养殖、畜产品加工等上下游产业延伸，集团化趋势明显。2012年，全国各种经济类型饲料企业总数为15 307家，同比减少47家，下降0.3%，近3年来首次出现下降。饲料生产区域集中趋势也进一步体现。2012年，东部地区饲料总产量为10 211万吨，占全国饲料总产量的52.5%；中部地区5 507万吨，占28.3%；西部地区3 731万吨，占19.2%。2012年，四川省饲料总产量首次突破千万吨，我国超过千万吨省份已达7个，分别为广东（2 332万吨）、山东（2 154万吨）、辽宁（1 326万吨）、河南（1 321万吨）、河北（1 185万吨）、湖南（1 045万吨）、四川（1 002万吨）。以上7省产量合计10 365万吨，占全国总产量的53.3%。

（五）饲料添加剂产量大幅增长 2012年，饲料添加剂产品总量768.1万吨，同比增长22.1%。其中，饲料添加剂（原Ⅰ型）706.3万吨，增长24.3%；Ⅱ型61.7万吨，增长1.5%。主要饲料添加剂品种中，氨基酸产量133.4万吨，增长48.1%；维生素产量79.3万吨，增长9.8%；矿物元素及其络合物产量488.4万吨，增长20.9%；酶制剂总产量8.0万吨，增长5.3%。

（六）饲料机械设备大型化趋势明显 2012年，饲料加工机械设备生产总量为26 826台套，同比增加4 415台套，增长19.7%。其中，成套机组1 906台套，增加32台套，增长1.7%；单机24 920台，增加4 383台，增长21.3%。

（七）饲料从业人员素质稳步提高 2012年，饲料企业年末职工人数为66.8万人，同比下降2.1%。大专以上学历的职工数为27万人，占职工总人数的40.4%，其中，博士2 059人，同比增长11.1%；硕士8 306人，增长3.3%；大学本科84 647人，下降1.0%；大学专科170 723人，下降1.4%；其他学历402 701人，下降2.6%。技术工种69 196人，增长0.6%。

草原保护与建设

2012年，农业部遵循“生产、生态有机结合，生态优先”的基本方针，围绕“保供给、保安全、保生态、转方式”的目标，大力加强草原生态保护建设，全年共投入资金221.8亿元，完成种草改良10 000千公顷，建设草原围栏5 133.33千公顷，累计落实草原承包273 333千公顷，草原禁牧面积93 333千公顷，草畜平衡面积173 333千公顷，草原生态恢复加快，草原畜牧业持续发展，牧民收入继续增加，牧区生态、生产、生活稳步协调推进。

（一）全面建立草原生态保护补助奖励机制 2012年，除继续在内蒙古、新疆、西藏、青海、甘肃、四川、宁夏、云南8省（自治区）和新疆生产建设兵团实施草原生态保护补助奖励政策外，还将政策实施范围扩大到河北、山西、辽宁、吉林、黑龙江5省的36个牧区半牧区县。中央财政下达草原生态保护补助奖励资金150亿元，安排草原禁牧面积82 000千公顷，草畜平衡面积173 667千公顷，牧民生产资料综合补贴284万户，牧草良种补贴8 000千公顷。

（二）加强草原法制建设和执法监督 2012年，农业部继续指导各地加快制定草原植被恢复费收费标准及收费管理办法，推进全面建立草原植被恢复费征收制度。推动《最高人民法院关于审理破坏草原资源刑事案件应用法律若干问题的解释》出台，强化执法监督，严厉打击违法占用草原等行为。2012年，全国各类草原违法案件发案18 651起，立案18 060起，结案17 670起，结案率为97.8%。与上年相比，草原违法案件发案数上升了8.2%，立案率提高了1.1个百分点，破坏草原面积减少4.11千公顷，下降33.9%。

（三）实施重大生态工程 2012年，国家继续实施退牧还草、京津风沙源草原治理、西南岩溶地区石漠化草地治理、游牧民定居等草原生态保护建设工程，共投入资金65.1亿元，集中治理严重退化和生态脆弱草原5 927千公顷，定居游牧民12.7万户。通过草原生态保护工程的实施，项目区和周边草原生态环境明显改善。监测结果显示，2012年全国草原综合植被盖度达53.8%，比上年提高2.8个百分点，全国天然草原鲜草总产量约10.5亿吨，增加4.7%；折合干草约32 387万吨，载畜能力约为25 457万羊单位，均较上年增加3.4%。

（四）推动落实草原保护各项制度 2012年，农业部组织开展草原承包经营情况专题调研，起草完成《关于加快推进和完善草原承包经营制度的意见》，进一步推动落实草原承包经营制度。开展草原禁牧休牧制度、草畜平衡制度落实情况监督检查，督促地方做好草原保护各项制度的具体落实和管理工作，加强对草原基础设施的管护，保护草原建设成果。依托草原生态保护补奖机制，督促地方设立和完善草原管护员等公益性岗位。截至2012年底，全国累计承包草原273 333千公顷，草原禁牧面积93 333千公顷，草畜平衡面积173 333千公顷，设立村级草原管护员7.9万名。

（五）加强草原防灾减灾 截至2012年，全国草原防火中央投资达7.68亿元，共实施全国草原防火信息系统建设项目1个，建设草原防火指挥中心36个、草原防火物资储备库55个、草原防火物资站109个；每年建设边境草原防火隔离带约3 000公里。2012年，全国累计防治草原鼠害7 223千公顷，投入劳动力58万人次，防治器械47万台套，各种车辆2.2万辆（次）；累计防治草原虫害5 080千公顷，投入劳动力36万人次，大型喷雾器6 366台套，中、小型喷雾器18万台套，飞机作业1 917架次。

专栏10

草原生态补偿奖励机制

2010年10月，国务院决定建立草原生态保护补助奖励机制，促进牧民增收。2011年国家投入资金136亿元，在内蒙古等8个主要草原牧区省份启动实施草原生态保护补助奖励机制政策，2012年投入资金达到150亿元，并将黑龙江等5省纳入政策实施范围，覆盖了全国13个主要草原省份。政策实施以来，各项工作进展顺利，草原生态、牧业生产和牧民生活发生了一系列可喜变化。

（一）草原生态环境加快恢复 通过实施草原生态补奖机制政策，积极推行草原承包、草畜平衡、基本草原保护和禁牧休牧轮牧等经营管护制度，草原生态环境进一步改善。2012年，重点天然草原牲畜超载率为23%，较上年下降了5个百分点；全国草原综合植被盖度为53.8%，较上年提高2.8个百分点；全国天然草原鲜草产量10.5亿吨，较上年增加4.7个百分点，其中268个牧区半牧区县鲜草总产量5.3亿吨，占全国总产量的50.3%，较上年增加8.6个百分点。

（二）草原畜牧业生产方式加快转型 牧区各地按照"禁牧不禁养、减畜不减肉"的要求，在改善草原生态环境的同时，加强人工草地和牲畜棚圈等基础设施建设，推行划区轮牧、舍饲圈养和标准化规模养殖等，加快转变草原畜牧业生产方式。2012年，牧区出栏50头牛和100只羊的规模化比重超过30%，高于农区水平；268个牧区半牧区县牛肉、羊肉和奶类产量分别达到138.8万吨、132.8万吨和973.9万吨，分别占全国总产量的21%、33.1%和25.2%。

（三）农牧民收入稳定增加 增加农牧民收入是保护生态和发展生产的出发点和落脚点。草原生态补奖机制政策通过禁牧补助、草畜平衡奖励、牧民生产资料综合补贴和绩效考核奖励等一整套支持措施，对实行禁牧和草畜平衡的牧民给予补助奖励，对牧民开展人工种草，发展现代畜牧业进行引导扶持。据统计，2012年农牧民人均纯收入达到5 924元，较上年增加540元，其中牧民人均草原补奖等政策性收入达到700元，占牧民人均纯收入的11.8%，成为促进牧民增收的重要因素，同时调动了牧民群众发展畜牧业生产的积极性，牧区生产生活水平不断提高。

水生生物资源养护

（一）抓好增殖放流，积极修复水域生态

1. 组织办好重大活动，不断扩大社会影响。2012年，农业部与9个省（自治区、直辖市）联合开展了10次重大放流活动，组织各级放流活动1 579次。与陕西省在汉中市联合开展了汉江鱼类增殖放流活动，共向汉江汉中段投放鲢、鳙、鲤、鲫、乌鳢、黄颡鱼等230万尾。与环渤海地区的三省一市人民政府同步举行了渤海生物资源修复放流活动，投

放中国对虾、梭子蟹、海蜇、牙鲆、红鳍东方鲀、黑鮶、半滑舌鳎、鲈鱼、黑鲷等生物苗种1.4亿尾，渤海沿岸相关市县同步放流各类水生生物苗种34亿尾。与黑龙江省人民政府联合举办嫩江生物增殖放流活动，向嫩江投放鲢150万尾、鳙50万尾、黑龙江野鲤100万尾。与宁夏回族自治区人民政府共同举办黄河渔业资源增殖放流活动，向黄河宁夏段放流黄河鲶、黄河鲤等540万尾，黄河土著鱼类资源得到修复。与黑龙江省人民政府联合举办松花江生物增殖放流活动。与内蒙古自治区人民政府联合举办贝尔湖渔业资源增殖放流活动。与云南省人民政府联合举办澜沧江水生生物资源增殖放流行动。

2. 认真实施增殖放流，促进渔业增效渔民增收。落实中央财政增殖放流项目补助资金3.06亿元，带动全国共投入增殖放流资金超过9.7亿元，同比增长15.6%；放流重要水生生物苗种和珍稀濒危物种达307.7亿尾（只），同比增长3.95%，有效促进了渔业资源恢复，实现了渔民增收。辽宁省2012年在黄海北部和辽东湾共回捕中国对虾555吨，同比增加121吨，增长21.8%，放流效果好于上年。河北省中国对虾、三疣梭子蟹、海蜇等主要放流物种渔获量增加，捕捞渔民经济效益彰显，全年产量预计分别可达1 500吨、5 800吨和4 350吨，投入产出比分别为1：2.6、1：2.9和1：2.8。据测算，江苏省2012年增殖放流可为渔民增收2.1亿元，浙江省5年来增殖放流累计增加社会总产值20亿元以上。湖南洞庭湖2012年仅增殖鲢鳙累计获得经济效益分别达到1 248万元和762万元，投入产出比分别为1：4.8和1：3.0。青海省自2002年至2012年，累计向青海湖流域放流1龄苗种7 600余万尾，到2012年底资源量预计可恢复到35 000吨，是保护初期的13.5倍。增殖放流还对净化水质、保护水域生态环境发挥了重要作用。鲢鳙鱼类的投放对巢湖蓝藻生长起到了明显的遏制作用，总磷显著降低，对铜绿微囊藻的消化吸收率分别达到35%～48%和23%～38%，改善了巢湖的水质。山东省通过放流、回捕增殖资源，从海水中移除大量碳、氮、磷元素，有效缓解了水体富营养化，2012年回捕的1.44万吨梭子蟹可净移除碳1 149.6吨，相当于每年植树造林300平方公里的固碳量。湖南省通过放流鲢鳙等鱼类，以渔获物形式移出湖体的N、P分别达到47.6吨和13.9吨，明显改善了水域生态环境，维护了水域生态平衡。

3. 切实加强监督检查，不断规范项目管理。继续加强增殖放流项目监督检查，要求福建省做好增殖放流项目整改工作，并对江苏、福建和陕西三省的增殖放流项目执行情况以及福建省整改落实情况进行了检查。各地不断提高对增殖放流管理工作的重视程度。北京市第一次探索第三方监管模式，在放流过程中做到“四个严格把关”（即严格把好起塘关、运输关、放流关和验收关）、做好“三个记录”（即检斤记录、影像记录和验收记录）。黑龙江省注重抓好“苗种质量关”“苗种投放关”和“苗种监护关”，规范实施，保证放流质量和效果。江西省为进一步规范水生生物增殖放流，对2012年的增殖放流项目实行绩效考评制度，省渔业局出台了《江西省增殖放流项目绩效考评办法》，对项目验收未达考评标准的实施单位，取消下一年度的项目承担资格。

4. 继续加强效果评估，提升放流科技含

量。2009年起，在部门预算中连续4年安排经费支持20多家科研单位在渤海湾、辽东湾、舟山渔场、太湖、密云水库等重点水域，对四大家鱼、中国对虾、牙鲆、梭子蟹、海蜇等主要放流物种开展效果评估工作，并形成专题年度汇编报告。各地对增殖放流效果评估工作的重视程度也不断提高。福建省海洋与渔业厅开始组织对官井洋大黄鱼增殖放流主要区域进行初步评估，对城洲岛人工鱼礁投放区水域进行资源调查和评估，又选取闽江、九龙江两个省内最大淡水河流水系进行增殖放流后评估。湖南省水产科学研究所开展了"洞庭湖鱼类资源增殖放流跟踪监测与效果评估"专题研究。山东省首次投入400万元专项资金用于增殖放流效果评估研究，对中国对虾、海蜇、梭子蟹、魁蚶等重要放流品种进行定期监测和评估。

（二）加强制度建设，积极保护渔业资源

1. 海洋伏季休渔总体稳定。2012年黄渤海区和东海区伏季休渔制度进一步调整，刺网渔船休渔时间调整到2个月。由于这次制度调整做到制度早公告、渔政早宣传、渔民早准备，加之采取强化异地休渔渔船监管、加强海陆联查等方式，伏季休渔大局总体稳定。其中：黄渤海区应休渔船46 680艘基本休渔，东海区实现休渔渔船53 726艘，南海区实现休渔渔船25 820艘，涉及渔业劳动力136 508人。

2. 长江禁渔继续顺利开展。2012年，各级财政下拨长江禁渔管理专项经费1 894万元，比上年增长44%。各地加大禁渔期间渔民补助力度，共向渔民群众支付低保、补助经费2 390万元，享受低保人数21 609人、享受生活困难补助人数3 990人。江苏南京、张家港市将禁渔渔民生活补助提高到500元/（人·月），安徽铜陵县政府帮助18户渔民上岸定居彻底告别"连家船"生活，湖北团风县渔政部门为11名血吸虫渔民申请了免费治疗。资源养护和生态修复力度加大，上半年沿江各省市投放苗种7.7亿尾，灌江纳苗和江湖连通活动在湖北、安徽多个湖泊开展，三峡生态调度再次成功实施。

3. 珠江禁渔进一步规范。2012年，珠江禁渔渔船28 571艘、渔民114 896人。禁渔期间，基本上实现"江上无生产渔船，水中无作业网具，市场无捕捞江鱼"的目标；全流域共放流青、草、鲢、鳙等各类鱼苗1.3亿尾，投入资金1 000万元；各级政府投入补贴或救济金共542万元，纳入低保的渔民5 929人。据监测，广东肇庆断面的鱼苗密度明显高于2011年（珠江首次禁渔）和2010年（珠江禁渔前），鱼苗总量分别达到同期的8.9倍和11.7倍。

4. 渔具渔法管理扎实稳步推进。农业部两次召开农业部捕捞渔具专家委员会工作会议，对《全国海洋捕捞渔具目录》进行审查，对增补、归类后的84种渔具进行审核。召开了《全国海洋捕捞渔具目录》审定会议，对《全国海洋捕捞渔具目录（征求意见稿）》提出修改完善意见。

（三）保护种质资源，积极维护渔业权益 做好水产种质资源保护区申报和培训工作。年中组织各地申报国家级水产种质资源保护区，进一步扩大保护区覆盖范围；组织了第六批国家级水产种质资源保护区申报培训班，培训学员100多人。组织开展了第六批国家级水产种质资源保护区审查工作。各地共申报保护区88个，经国家级水产种质资源保护区评审委员会审查和局务会审议，通过86个。

（四）水生野生动植物保护与管理

1. 自然保护区建设与管理。组织有关单位制订海洋、湖泊、河流类型保护区管理规范，针对不同类型保护区采取不同管护措施。完善涉保护区工程建设生态补偿机制，组织有关专家研究制订涉珍稀濒危水生物种栖息地建设工程项目生态损害核算规范。加强保护区日常巡护管理，加大执法检查力度，各有关省共开展渔政专项执法行动近460次，出动车船765台次，执法人员6 000余人次，共对64个省级以上水生生物自然保护区中涉保护区进行了执法检查。

2. 长江江豚拯救行动。针对洞庭湖江豚危机和发生的集中死亡事件，对影响长江江豚的挖沙等建设项目进行专项执法检查，组织中科院水生所等有关单位对长江宜昌至上海段干支流长江江豚资源进行全面科学调查，印发《关于加强长江江豚保护管理工作的通知》。制订中华鲟、中华白海豚、斑海豹保护行动计划及长江江豚拯救行动计划。

3. 水生野生动物特许利用管理。组织重点省（直辖市）开展省际间互查，并对北京、辽宁、广东、广西进行了执法行动重点抽查。全国共开展执法行动2万多次，出动执法人员15万人次，查处案件1 300多起，有力打击了非法利用水生野生动物行为，提高了公众守法保护意识。组织对11家水生野生动物展演场馆开展现场核查和再评估，规范水生野生动物展演活动。共办理水生动物进出口审批345件，水生野生动物经营利用审批194件，水生野生动物驯养繁殖审批27件，共计566件。

（五）强化环境保护，妥善处理污染事故

1.妥善做好蓬莱19-3油田溢油事故渔业处置。农业部成立了溢油事故渔业应急处置工作小组，启动了渔业应急处置程序，加强渔业资源调查监测，开展养殖损害排查分析，及时与有关方面沟通协调，积极推动渔业索赔行政调解工作，努力帮助渔民群众挽回损失。经过多轮谈判，争取到以最高案达成渔业赔偿补偿协议，养殖渔民和渔业资源共获赔13.5亿元。制订了渤海渔业资源生态修复总体方案和管理办法，计划用三年的时间，在渤海增殖放流经济物种苗种150亿尾以上，建设渔业生态修复示范区10个。

2. 做好渔业生态环境监测，加强其他渔业污染事故调查处理。继续组织全国渔业生态环境监测单位开展全国重要渔业水域生态环境监测。与环保部联合发布《2011年度中国渔业生态环境状况公报》，公布了120个重要渔业水域和43个国家级水产种质资源保护区、共计1 920.7万公顷监测范围的渔业生态环境状况。加强渔业污染事故调查处理单位和个人资质管理，做好培训和资质认定工作。经过培训考核，483人获得了渔业污染事故调查鉴定资格。及时应对广西镉污染、湖南新墙河死鱼、广东汕尾沉船及福建赤潮等事件，组织指导各地开展调查处理，减轻渔业和渔民损失，保障水产品质量安全。

3. 积极推动建立涉渔工程渔业资源生态补偿机制，加强各类涉渔重大规划、工程项目环评报告审查。召开渔业资源生态补偿工作交流会，对涉渔工程建设项目开展环境影响评价、生态补偿资金落实情况进行交流。进一步加强与环保部门沟通，研究出台加强涉渔工程建设项目环评的指导意见。对长江、珠江、松花江、淮河、太湖等内陆水系流域规划进行审查，争取将重要的渔业生态环境保护目标纳入其中；对国家海洋功能区划和沿海省市海洋功

能区划（2011—2020）稿提出修改完善意见，多数意见被国家海洋局采纳。完成了31个省级或片区主体功能区划的审查工作，就保护水产种质资源和水域生态环境提出要求。据统计，共参与审查各类工程建设环境影响评价报告131项，争取到17.95亿元渔业资源生态补偿资金纳入项目环保投资。组织专家对32个涉及国家级水产种质资源保护区的工程建设项目环境影响专题报告进行了审查，纳入环评报告的渔业资源生态补偿资金达3.77亿元。

专栏11

国家支持农业产业化龙头企业发展

2012年3月，国务院印发了《关于支持农业产业化龙头企业发展的意见》（以下简称《意见》）。这是农业产业化发展20多年来，国务院专门下发的第一个全面系统的政策指导性文件，也是在工业化、信息化、城镇化与农业现代化同步推进的关键时期，国家加快推进现代农业建设的一个重要举措，对于进一步推进农业产业化经营、发展现代农业具有里程碑意义。

（一）进一步确立了农业产业化和龙头企业在现代农业建设中的战略地位 《意见》指出，农业产业化是我国农业经营体制机制的创新，是现代农业发展的方向；龙头企业是构建现代农业产业体系的重要主体，是推进农业产业化经营的关键。这是国家对农业产业化和龙头企业重要贡献的充分肯定，更是对新时期农业产业化和龙头企业功能作用的明确定位。强调要把发展农业产业化作为我国农业农村工作中一件全局性、方向性的大事来抓。这是中央高度重视“三农”工作、站在“四化同步”的战略高度谋划农业农村经济发展的重要部署。要求牢固树立扶持农业产业化就是扶持农业、扶持龙头企业就是扶持农民的观念。这进一步明确了国家将农业产业化和龙头企业作为强农惠农富农政策支持的方向和着力点，充分体现了党中央、国务院扶持农业产业化和龙头企业发展的指导思想。

（二）进一步明确了加快农业产业化和龙头企业发展的总体要求 《意见》提出，当前和今后一个时期，推进农业产业化和龙头企业发展，要把维护农民利益作为根本，让农民分享发展成果，这是农业产业化经营的出发点和落脚点；要把遵循市场规律作为准则，充分发挥市场配置资源的基础性作用，从实际出发，因地制宜，探索多种形式的产业化发展道路；要把完善产业链建设作为重点，促进各主体各环节良性互动、协调发展；要把优化外部环境作为保障，密切部门配合，加强规划引导，强化政策扶持，完善社会化服务，形成推进农业产业化发展的强大合力。这些要求既是对农业产业化实践经验的系统总结和高度提炼，又是在新时期新形势下推进农业产业化和龙头企业发展的重要遵循和行动指南。

（三）进一步强化了支持农业产业化和龙头企业发展的政策措施 《意见》汇集和强调了国家支持龙头企业发展的一贯政策，吸收了国家关于支持中小企业、高新技术、人才、物流等方面的相关政策，借鉴了部分地方行之有效的扶持政策，是支持农业产业化和龙头企业发展的政策集成。文件还针对制约龙头企业发展的关键问题和薄弱环节，在拓宽融资渠道、加快科技创新、加强品牌建设、开拓国际市场等方面，提出了一些含金量高、操作性强的新政策，有不少新的亮点和突破。

农业产业化经营

2012年，农业产业化组织数量逐渐增加，经济实力稳定增强，利益联结机制日趋完善，辐射带动能力稳步提升，集群效应日益显著。

（一）龙头企业实力不断壮大，有力促进了农产品供给保障能力提升 以龙头企业为主的产业化经营组织快速发展，优化了农业生产经营组织形式，注入了现代农业生产要素，已经成为农业生产和农产品市场供应的重要主体，对保障国家粮食安全和重要农产品有效供给发挥了重要作用。截至2012年底，各类产业化经营组织超过30万个，辐射带动全国40%的农户从事农业生产经营；龙头企业11.8万家，所提供的农产品及加工制品占农产品市场供应量的1/3，占主要城市“菜篮子”产品供给的2/3以上。

（二）产业链条不断完善，有力促进了现代农业产业体系的发育和构建 龙头企业不断强化上游原料基地建设，大力发展精深加工，拓展包装储藏、物流配送等下游环节，打造完整产业链条，推动构建现代农业产业体系，有力提升了农业的产业素质。截至2012年底，流通型龙头企业市场交易额超过2万亿元，龙头企业农产品加工产值与原料采购值之比超过2∶1。内蒙古、吉林、辽宁、山东、河南、湖南等地农产品加工业已成为当地的支柱产业。

（三）辐射带动能力不断提升，有力促进了农民收入增长 各类产业化经营组织通过多种方式密切与农民的利益关系，采取保护价和加价收购农产品、利润返还、股份分红等方式，组织农户生产，吸纳农民就业，并为基地农户提供生产性服务，不断完善与农民的利益联结机制，带动农民增收，实现企业与农民共享产业化发展成果。目前，采用合作、股份合作等紧密型利益联结机制的产业化经营组织明显增加，已近总数的40%；各类产业化经营组织带动农户达1.18亿个，年户均增收2 800多元。

（四）创新活力不断增强，有力促进了农业科技创新与应用水平的提高 龙头企业不断加大研发投入，建立研发机构，积极开发新品种，加快推广应用先进适用技术，为农业科技进步提供了物质保障和基础条件，为农业科技成果转化提供了有效平台。“十一五”期间，国家重点龙头企业共投入科研经费772亿元，年均增长18.7%。目前，90%以上的国家重点龙头企业建立了研发中心，60%的企业科研成果获得省级以上科技成果认定或奖励，龙头企业中聚集了一大批从事科技研发和技术推广的农业科技人员。

（五）龙头企业集群不断成长，有力促进了区域优势产业和县域经济发展 各地从实际出发，依托资源和区位优势，引导龙头企业向优势产业和优势产区集聚，涌现出一批主导产业突出、规模效应明显、组织化程度较高的龙头企业集群，不仅发展农产品加工，而且带动发展储藏、包装、运输等配套产业，培育了县域经济增长点。2012年，首批76个国家农业产业化示范基地，基本涵盖了粮食等主要农产品和“菜篮子”产品，聚集了规模以上龙头企业4 000多家，辐射带动1 716万农户，吸纳就业136万人，为县域经济发展培育了重要支柱。

（六）国家扶持力度继续加大，龙头企业发展环境进一步改善 一是支持龙头企业生产基地和基础设施建设。支持符合条件的龙头企业开展中低产田改造、高标准基本农田建设、土地整治、粮食生产基地、标准化规模养殖基地等项目建设。国家用于支持农业农村的生态环境等建设项目，要对符合条件的龙头企业原料生产基地建设予以适当支持。二是扶持龙头企业做大做强。支持龙头企业通过兼并、重组、收购、控股等方式，组建大型企业集团。支持符合条件的国家重点龙头企业上市融资、发行债券、在境外发行股票并上市，增强企业发展实力。三是支持龙头企业发展现代物流。支持龙头企业改善农产品储藏、加工、运输和配送等冷链设施与设备，并在用地等方面给予优惠。铁道、交通运输部门对龙头企业大宗农产品和种子等农业生产资料运输给予优先安排。支持龙头企业申报和推介驰名商标、名牌产品、原产地标记、农产品地理标志，并给予适当奖励。四是支持龙头企业强化人才培养。鼓励和引导高校毕业生到龙头企业就业，符合基层就业相关条件的可按规定享受学费补偿和国家助学贷款代偿等政策。鼓励龙头企业采取多种形式培养业务骨干，积极引进高层次人才，并享受当地政府人才引进待遇。五是支持龙头企业开展科技创新。通过国家科技计划和专项等支持龙头企业开展农产品加工关键和共性技术研发。鼓励龙头企业开展新品种新技术新工艺研发，落实自主创新的各项税收优惠政策。

专栏12

都市现代农业加快发展

都市现代农业是伴随现代都市的发展而发育成长起来的新型农业形态，20世纪90年代在我国开始起步。新世纪以来，越来越多的城市在工业化、城镇化发展进程中，逐步培育出具有鲜明特色的都市农业，为支持城市协调可持续发展、加快形成城乡一体化发展新格局、探索“四化”同步推进路径发挥了重要作用。

2012年中央1号文件强调，要“增强都市农业的应急保障功能”，国务院出台的《全国现代农业发展规划（2011—2015年）》明确提出，把“大城市郊区多功能农业区”列为农业现代化“率先实现区域”，标志着都市现代农业发展正式提升到国家战略层面。为深入贯彻落实党中央、国务院决策部署，加快推进都市现代农业建设，农业部突出机制创新、狠抓协调指导，在工作中重点做到四个“首次”，为实现“十二五”都市现代农业发展良好开局提供了有力支撑。

一是明确发展思路，首次召开都市现代农业现场交流会。2012年4月，农业部在上海组织召开了全国都市现代农业现场交流会，50个城市的农业（畜牧、渔业）部门主要负责同志、22个城市的政府领导、14个部委的相关负责同志应邀参会。会议总结交流了近年来各地发展都市现代农业的做法和经验，深化了对发展都市现代农业的重要认识，提出了今后发展都市现代农业的总体思路和重点任务。

二是创新工作机制，首次开展部校联合都市现代农业大调研。2012年7月，农业部市场与经济信息司联合农业部都市农业（南方）重点实验室组成7个调研组、共计50余人，围绕都市现代农业的各个重点领域和关键环节，在全国13个大中城市开展了都市现代农业专题调研活动，进一步摸清了我国都市现代农业发展现状，拓宽了都市现代农业发展所需的人才智力支撑新途径，开创了政学研合力推进都市现代农业建设的新局面。

三是加强监测统计，首次编制都市现代农业监测指标体系。探索开展了都市现代农业统计制度研究工作，初步形成了涵盖“菜篮子”产品生产、质量安全等5个方面共17项指标的都市现代农业监测指标体系。指标体系的构建及应用，将为各有关部门制定都市现代农业扶持政策、各大中城市制定本地都市现代农业发展规划、各级农业部门指导开展农业生产经营活动提供及时有效的数据支撑。

四是加强工作指导，首次出台都市现代农业发展指导意见。2012年8月，农业部出台了关于加快发展都市现代农业的指导意见，明确提出要加快形成城市郊区与优势农产品生产区、特色农产品生产区良性互动的全国农业生产力布局，进一步细化了今后5年发展都市现代农业的目标任务和具体措施。积极协调人民网、农民日报、中国农业信息网等多家中央和部属新闻媒体对各地都市农业发展情况进行大力宣传报道，并创建了都市现代农业交流专刊，在全社会形成了共同关心支持都市现代农业发展的良好氛围。

农产品加工

2012年，农产品加工业在艰难情况下依然实现平稳发展，产销总量和经济效益稳定增长，投资稳步增加，区域协调发展，产业加速集聚。受国际经济形势影响，农产品加工业出口明显回调。

（一）生产平稳发展，产量不断增加 全国规模以上农产品加工企业7.01万家，从业人员1 540.98万人；完成总产值152 147亿元，比上年增长19.4%。从各季度情况看，1季度总产值同比增长23.9%，2、3季度下滑至15.7%、17.7%。随着稳增长政策效果的逐步显现，宏观经济日渐趋稳，加之年底翘尾因素影响，4季度增速回升至20.8%。全年完成销售产值149 400亿元，比上年增长18.9%，产销率98.2%。食品工业完成总产值87 841亿元，增长22.0%。随着我国粮食产量实现“九连增”，加工原料基地专业化、规模化、集约化程度进一步提升，与居民生活密切相关的粮油产品产量增长较快。农产品加工业主要产品产量74 765万吨，比上年增长16.7%。其中，大米产量10 770万吨，增长23.3%；精制食用植物油产量5 176万吨，增长26.4%；成品糖产量1 388万吨，增长20.7%。

（二）效益稳步增长，出口增速减缓 2012年，规模以上农产品加工企业实现主营业务收入149 323亿元，比上年增长17.2%；利润总额10 415亿元，增长22.7%，比工业利润增速高17.4个百分点。主营业务收入利润率为6.98%，比上年末上升0.34个百分点。其中，饮料、烟草、中药加工行业利润率高于农产品加工业平均水平。受国际经济形势影响，出口形势持续低迷，出口增速明显减缓。全年完成出口交货值10 077亿元，比上年增长9.2%，增速比上年下降6.9个百分点。主要加工品进出口总额833.98亿美元，增长7.3%，增幅比上年下降21.5个百分点。其中，出口额433.28亿美元，增长2.6%；进口额400.70亿美元，增长13.0%；贸易顺差32.58亿美元，下降52.3%；进口增速高于出口增速10.5个百分点。

（三）投资增长趋稳，集中度进一步提高 2012年下半年，央行连续降息降准，刺激了农产品加工业投资增长。1—12月，农产品加工业（不含中药）累计固定资产投资28 874亿元，同比增长23.5%，增幅比制造业高1.5个百分点；投资额占制造业的23.1%，比上年末提高3.1个百分点。农产品加工企业兼并重组步伐不断加快。2012年规模以上农产品加工企业7.01万家；其中，大中型企业数量占15.3%，年销售收入超过百亿元的企业21家，超过500亿元的企业4家。在肉类加工企业中，大中型企业数量虽不足规模企业的20%，但资产总额却占60%以上，销售收入和利润占一半以上。

（四）区域协调发展，产业加速集聚 东部地区农产品加工业总产值85 758亿元，占全国的56.4%，占比下降4个百分点；中部地区总产值43 223亿元，占28.4%，占比上升2.9个百分点；西部地区总产值23 166亿元，占15.2%，占比上升1.1个百分点。从增长速度看，中部地区增长22.0%，比东、西部地区高3～4个百分点。山东、江苏、河南继续保持全国前三位，总产值占全国的35.0%；其中，山东省实现总产值28 719亿元，占18.9%。天津、青海、湖北、甘肃、江西五省、直辖市位列全国增速前五名。产业集聚趋势明显，以农业部16种优势农产品、58个优势区域和大城市郊区为依托，初步形成了一批特色农产品加工产业聚集区，涌现出一批名牌产品和驰名商标。

尽管2012年我国农产品加工业保持两位数的增长，但行业大而不强，增长方式粗放，发展水平不高，依然面临许多困难和问题。一是初加工能力严重不足。由于我国农产品储藏、保鲜、烘干等初加工设施简陋、方法原始，粮食、马铃薯、水果和蔬菜的产后损失率分别高达7%～11%、15%～20%、15%～20%和20%～25%，每年直接损失3 000多亿元。二是主食工业化水平低。随着居民生活水平的逐步提高、生活节奏的不断加快以及食物消费理念的转变，人们一日三餐的主食产品正在从家庭自制为主向大量依赖社会化供应转变。据典型调查，目前城镇居民约70%、农村居民约40%的谷物类主食依赖于市场采购。而目前我国主食工业化水平还很低，大量主食产品依赖小作坊、小摊贩生产和供应，产品的质量、安全难以保障。三是技术装备水平落后。突出表现在农产品加工装备制造业比较落后，大量精深加工技术装备和环保设备依赖进口。特别是在环保设备上，高昂的投资成本和较低的产出效益，往往使一些企业在节能减排上望而却步，甚至“另辟蹊径”。四是税赋重，利润低。农产品加工行业享受税收优惠的范围较窄，增值税“高征低扣”问题比较普遍，出口退税率偏低。据调查，农产品加工企业平均税负约占销售收入的8%～10%，而利润仅为销售收入的3%～5%。多数企业负重运行，发展信心和后劲不足。五是融资难，费用高。由于农产品加工业风险大、利润低、资金占用周期长，企业季节性收购农产品所需的大量流动资金难以通过正常融资途径获得。

专栏13

农产品产地加工补助项目实施情况

农产品产地加工补助项目实施一年以来，有关部门和各项目省份加大工作力度，积极探索与实践，创造和积累了许多好的做法和经验，保证了项目的顺利实施，建设效果和社会影响初步显现。

首先，在制度设计层面，从项目实施程序、技术要求、审批流程、验收标识、技术服务、指导培训、信息咨询、档案管理等方面，建立了完善、规范的制度体系，即印发了实施指导意见和个补助设施技术方案，编制了培训教材，设计了统一标识，成立了技术服务专家队伍，开通了技术咨询热线和信息管理系统。

其次，在新增初加工能力方面，项目实施的12个省份，重点补助三个环节，包括马铃薯贮藏窖、果蔬贮藏库和果蔬烘干设施。2012年，各省共有1.4万个农户和450多个合作社享受了补助政策，共新建贮藏窖2.1万座，新增贮藏能力50万吨；新建烘干房2 000多座，新增烘干能力30万吨。

第三，在扩大项目影响力方面，农财两部、项目实施省和实施县都做了大量的工作。指导意见出台后，中央电视台新闻联播在2012年5月24日播报了中央安排5亿元资金补助农产品产地初加工的信息。《人民日报》在8月6日，刊登了亿亩耕地产出被浪费的专题，对国家启动农产品产地初加工补助项目进行政策解读。8月27日和10月30日，中央电视台7频道分别报道了“500亿斤粮食损失之痛”和“千万吨马铃薯损失的背后”的专题片。

从项目实施效果来看，项目实施区域应季销售的马铃薯和果蔬的平均售价比上年提高了10%～20%，入窖（库）贮藏增值超过30%以上；红枣产后损失率从以往的35%降低到5%以下，价格提高两倍以上，成效十分显著。

农产品产地初加工补助项目启动实施以来，由于项目与农民利益息息相关，与市民安全消费密不可分，因而受到媒体的广泛关注。项目启动实施、总结报道等相关信息，大部分的平面媒体和网络媒体都广泛刊登和转载，营造了一个社会关注、百姓关心的良好发展氛围。

农作物病虫害防治体系建设

受冬前菌（虫）源充足、境外虫源迁入量大、气候异常等多重因素影响，2012年小麦赤霉病、玉米黏虫、水稻稻飞虱等农作物病虫害发生显著重于常年，严重威胁农业生产安全。各级政府和农业部门加强组织领导，进一步完善“政府主导、属地责任、联防联控”三大机制，及早安排部署，强化监测预警，大力推进专业化统防统治和绿色防控，着力打好“三大战役”，实现了飞蝗不起飞成灾、土蝗不扩散危害、重大病虫危害损失率控制在5%以内、重大植物疫情不蔓延危害的防控目标，为促进粮食连续9年增产和重要农产品有效供给作出了重要贡献。

（一）突出抓好病虫害监测预警环节 建立健全农作物病虫害发生趋势预报和重大病虫害发生防治快报、周报制度。2012年，农业部编发《农作物重大病虫发生防治信息周报》30期；《病虫发生防控种植业快报》12期、《植物病虫情报》30期，在中央电视台综合频道发布小麦赤霉病、穗期蚜虫、稻飞虱、稻瘟病、三代黏虫、马铃薯晚疫病等重大病虫害发生警报7期，通过手机短信平台发布病虫信息14期，通过中国农技推广网等网站发布全国及各地病虫预报信息300多条，重大病虫害中短期预报准确率达到90%以上。同时，制定了《南方水稻黑条矮缩病联防联控方案》，较好地指导了防控行动。

（二）强化病虫害监测网络体系建设 进一步完善了全国农作物重大病虫害数字化监测预警系统，使用面明显扩大。据统计，31个省（自治区、直辖市）植保机构以及740多个全国农作物重大病虫监测预警区域站累计上报数据超过1400多万项，同比增幅达67%，显著提高了信息传递时效性和分析处理能力，丰富了国家农作物病虫害测报资料数据库。继续按照“项目构建工程、工程支撑体系、体系保障发展”的总体构架，组织实施植保工程，加强基础设施建设。2012年，中央财政投入4亿元，建设农作物有害生物预警与控制站点等项目601个，进一步提升了病虫害监测能力与防控水平。

（三）大力推进病虫专业化统防统治 根据农业生产组织方式的新变化和病虫发生的新特点，大力推行专业化统防统治，建立了100个示范县、1 000个示范片、10 000个示范组织，组织开展百强服务组织评选活动，评选出100个规模大、实力强、服务质量好的骨干组织，引领全国统防统治快速发展。根据不同区域病虫发生特点，结合农民实际需要，采取多种统防统治承包服务模式。南方稻区重点推行全生长季承包防治服务，黄淮海小麦产区重点推行关键时段的承包防治服务，在东北玉米和水稻产区重点推行黏虫、稻瘟病等重大病虫的承包防治服务。全国规范化防治组织近1.8万个，从业人员近130万，日防控作业能力达3 666.67千公顷，完成统防统治面积53 333千公顷次，其中小麦、水稻统防统治覆盖率20%以上，同比增加5个百分点。

（四）强化安全用药知识培训普及 2012年，在13个省举办369场安全用药知识培训班，参加培训的农民、基层农技人员及农药零售商达16 413人。通过培训，提高农民安全用药技术水平和田间操作技能，改变农民不合理的用药行为，控制农产品农药残留污染，保证农产品质量安全。组织发放《安全科学使用农药挂图》3.76万份、《安全科学使用农药培训手册》2.5万份，安全施药防护衣1.92万件，防护面罩1.92万个。在15省100个县（市、区）共举办培训班660期，培训统防统治骨干机手1.6万人次。开展技术指导、督导58 056人次，培训技术人员、农民22 750期，共计217.6万人次，发放资料2 715.3万份。

（五）建立健全防控措施落实机制 2012年，全国30个省（自治区、直辖市）成立了由政府分管领导任组长的病虫防控指挥机构，建立了政府主导、部门联动的防控指挥机制。根据迁飞性、流行性病虫的成灾规律，建立了区域间联防联控机制，实行重大病虫周报制度、突发病虫及时上报和应急响应制度，实现了区域联合监测协防。在病虫发生关键时期，强化行政督导和专家指导，推动了各项防控措施落实。3月，印发了2012年全国小麦、水稻、玉米重大病虫以及农区蝗虫、草地螟、二点委夜蛾、番茄黄化曲叶病和马铃薯晚疫病防控方案8个。在防控关键时期，先后派出30多人次赴华北、江淮和黄淮麦区开展小麦重大病虫害防控工作督导，赴山东、河北、天津、山西等地开展蝗虫防控工作督导，赴云南、甘肃、内蒙古等地开展马铃薯晚疫病防控工作督导，以及赴南方和长江流域开展水稻重大病虫防控督导。组织有关科研、教学单位专家开展秋季农作物重大病虫防控巡回指导工作。各地农业部门和植保机构也建立了相应的督导机制，共开展工作督导约2 000人次。

（六）沉着应对黏虫等重大病虫害暴发 针对2012年黏虫在东北、华北玉米产区局部暴发危害，小麦赤霉病在江淮、黄淮大流行，稻飞虱在华南、江南、西南早中稻区大发生，马铃薯晚疫病在华北、西北局部秋马铃薯产区大发生态势，先后多次召开防控工作会议和现场观摩动员部署，开展“奋战60天、虫口夺粮保丰收”行动，落实属地责任，将病虫防控由部门行为上升为政府行为，全面打赢了以小麦蚜虫和赤霉病为主的春季防控战役、以水稻“两迁”害虫和稻瘟病为重点的夏季防控战役、以玉米黏虫为主的秋季防控战役。各级财政加大对病虫防控的支持，中央财政投入5亿元，比上年增加2亿元，省、地、县三级财政共投入7.06亿元，扶持各地农作物重大病虫害应急防治1.2亿公顷次。全国累计完成水稻重大病虫防控1.47亿多公顷次，小麦重大病虫防控76 666.67千公顷次，玉米螟、黏虫防控166 667.67千公顷次，农区蝗虫防控1 794千公顷次，重大病虫总体防治效果在90%以上，危害损失率控制在5%以内，为粮食连续9年增产作出了贡献。

（七）大力推进病虫害绿色防控 11月，首次以农业部名义召开了农作物病虫害绿色防控工作会议，明确了绿色防控的目标与思路，安排部署推进绿色防控的工作措施。会议提出到2015年，全国蔬菜、水果、茶叶、水稻和玉米主产区病虫害绿色防控总体覆盖率达到30%以上。到2020年，全国主要农作物绿色防控总体覆盖率达到60%以上，力争园艺作物优势区和大中城市蔬菜基地实现绿色防控全覆盖，绿色防控实施区域化学农药平均使用量减少20%以上。据统计，2012年，全国各级建立绿色防控示范区1 500多个，示范面积6 667千公顷次，带动全国绿色防控技术应用面积68 000千公顷次，占农作物病虫害防控面积的12.3%，同比增加2.2个百分点。

（八）做好植物疫情阻截监管 结合重大疫情阻截带建设，进一步明确各监测点目标任务，密切监控重大植物检疫性有害生物发生情况。据初步统计，监测面积超过2 666.67千公顷，派出专（兼）职检疫员7万多人次。深入贯彻《农业植物疫情报告与发布管理办法》，全年报送新发生植物疫情快报42期，月报12期，发布疫情分布到县的资料。印发了稻水象甲等12种重大检疫性有害生物综合防控技术方案，提升了防控的规范性和科学性。继续推行植物检疫审批全国联网动态化管理，目前全国85%以上的检疫机构已实行网上出证管理，同比增加5个百分点。据统计，2012年重大疫情累计防控面积1 666.67千公顷。

（九）深入开展植物检疫宣传和执法检查 组织开展全国植物检疫宣传周活动和全国植物检疫联合执法检查专项活动，印制了全国宣传和执法检查活动方案，在《中国植保导刊》编印了植物检疫专刊，在农民日报制作了植物检疫宣传专版，在中国农技推广网设立宣传周专栏。组织印制植物检疫宣传挂图15万份、折页100万份、《植物检疫知识百题问答》6万份，组织部分省级植物检疫机构与种子企业签订了检疫承诺书，组织部分种子企业向社会发出遵守检疫规定倡议书。全国共出动检疫执法人员11.89万人次，出动车辆2.95万余台次，检查种子市场约1.45万个，检查种苗经营单位9.61万个，检查种子数量10.9亿千克、苗木3.84亿株、植物产品40.3亿千克，查处曝光了一批违法违规行为，扩大了植物检疫执法影响力。

（十）创新发展现代植保防灾理念 2012年10月，农业部会同中国植物保护学会举办了以科学防控病虫、持续减轻危害、保障国家粮食安全为主题的全国农作物病虫害科学防控高层论坛，提出“建设现代植保，服务现代农业”的重大任务和“科学植保、公共植保、绿色植保”三大理念，进一步明确了今后植保工作的方向。

农产品市场体系建设

据不完全统计，截至2012年底，全国农产品批发市场4 300多家。其中，产地市场占60%左右，年交易额占全国农产品批发市场年交易总额的50%以上，带动农户占全国的40%以上。从市场规模看，据国家统计局统计，至2011年底，全国亿元以上农产品专业批发市场发展到1 120家，比2004年增长1.8倍；摊位数56.36万个，增长2.1倍；营业面积达到4 158.7万平方米，增长2.95倍；年成交额12 595.3亿元，增长4.8倍。从市场结构看，在2011年亿元以上专业农产品批发市场中，粮食市场占9.9%，肉粮禽蛋市场占10.2%，水产品市场占14.0%，蔬菜市场占27.9%，干鲜果品市场占13.1%，棉麻土畜烟叶产品市场及其他农产品市场占13%。

2012年，农业部重点围绕推进国家级农产品产地市场建设、农产品产地市场体系调研和市场流通主体培育开展工作。

（一）推进国家级农产品专业市场建设 根据各地在发展现代农业进程中，形成了一批生产集中度高、经营规模大、在国内外有较大影响的核心基地，需要尽快建设一批与之相配套的国家级农产品批发市场，搭建起大生产与大市场对接的国家级平台的形势，农业部研究谋划“十二五”期间在优势产区的集中产地，培育建设一批国家级农产品批发市场，推动形成与专业化大生产布局相适应的现代农产品流通布局，提升相关产业在国内外市场的地位及影响力。将国家级农产品产地市场定位于打造现代农业产业体系的“航空母舰”和引领国内产业发展的龙头，使其成为全国乃至世界的价格形成中心、产业信息中心、物流集散中心、科技交流中心和会展贸易中心。选点的基本依据是应地处生产集中度高、产业单一性强的国家优势产业带，在主产区中地位优势突出或位居全国前列，有一批带动能力强的专业合作社、骨干龙头企业，在国内外具有较高的品牌知名度和文化底蕴，科技、会展等相关产业较为发达，产业发展空间和潜力大。市场本身能够辐射主要产区，具有极强的集散功能。从辐射范围看，种植业产品市场辐射范围内种植面积达到33 333公顷以上，畜禽水产品市场辐射范围内年产量达到10万吨以上。从带动能力看，市场带动农户达到10万户以上。从交易规模看，市场年交易额达到10亿元以上。建设模式采用农业部和相关省人民政府签署合作备忘录，共同推进国家级专业市场建设。2012年，先后启动了国家级舟山水产、定西马铃薯、赣南脐橙、牡丹江木耳、荆州淡水产品、重庆生猪、云南花卉、眉县猕猴桃8个专业产品市场建设，印发了农业部支持8个国家级农产品专业市场建设的意见，与8个省人民政府签署了部省共同支持国家级市场建设的合作备忘录，明确了国家级专业市场建设思路原则、目标任务、合作内容和工作机制，整合各方力量共同支持国家级专业市场建设。

（二）开展农产品产地市场体系建设调研 组织相关单位，围绕搞活农产品市场流通，重点聚焦农产品产地市场建设，分别对河南、湖南、宁夏、青海、海南、广西6省、自治区开展实地调研，同时组织江西、福建、吉林、江苏4省开展书面调研。结合调研中发现的产地市场在布局、建设、运营、监管和政策支持等方面存在的问题，借鉴国际成功经验，提出了应遵循市场经济规律，主要依托各类农产品优势集中产区和生产基地，充分考虑生产规模、商品流量流向、产品特点、交通条件、辐射范围等因素，加快推进我国农产品产地市场建设，着力构建国家级产地市场、区域性产地市场和农村田头市场互为补充、层次清晰的农产品产地市场体系。提出了健全法律法规、创新管理体制、加大政府支持、做强市场主体，加快构建适应我国基本国情和农情的农产品产地市场体系的建议，为编制产地市场发展规划提供指导和依据。

（三）培育农产品市场流通主体 紧紧围绕农产品经纪人队伍建设，从提高经纪人参与市场流通的能力出发，提出了加强农产品经纪人队伍建设的意见，组织编制了《农村经纪人培训规划（2011—2020）》，提出了今后10年农产品经纪人培训思路、原则、人员计划、培训内容、预期目标等，重点是向农产品经纪人开展市场信息、流通政策、运销贮藏加工技术、质量安全知识与法规、农业科技等方面知识培训，帮助他们提高素质，增强市场开拓能力。2012年，选择山西、内蒙古、辽宁、吉林、黑龙江、江苏、浙江、安徽、福建、江西、山东、河南、湖北、湖南14个省部分经纪人通过阳光工程培训，培训人员达到6 150人。通过培训，为经纪人提供了良好的学习机会，加强了经纪人之间的联系、增长了见识、同时又开阔了视野。

专栏14

开展农产品营销促销

农产品营销促销着眼于活跃农产品市场流通、促进农产品产销对接、创建农产品知名品牌、稳定农产品市场运行，为开拓农产品国内外市场、密切产销衔接、培育农产品品牌、提升农产品价值，提高我国农产品国际竞争力、促进农业稳定发展和农民持续增收发挥了积极作用。

（一）农业会展促销成效显著 农业展会的核心是搭建产销平台，促进企业之间的交流、加强贸易合作、实现发展共赢作为办展中心工作。我国农业行业或专业性展会品牌效应扩大，影响力不断提升。2012年，由农业部主办和参与举办的50场展览活动都取得了圆满成功。据不完全统计，2012年，农业部主办或参与的全国性区域性农业展会贸易成交额达到5 866亿元，按全国13.7亿人口计算，相当于人均实现贸易成交额428元。农交会、山东寿光蔬菜博览会等专业性展会影响不断增强，海南冬交会等区域性展会带动能力稳步提高，陕西洛川苹果博览会等特色展会品牌效应日益显现。农业会展经济发展迈出了新的步伐，为广大农产品生产经营者和贸易商搭建多层次、多形式的农产品展示推介、贸易合作的平台。根据统计，2012年全国各地举办中等规模以上（展览面积2 000平方米以上）农业展（博）览会270余个，平均单个展览参展商数600余家，平均单个展览参观观众约14万人次。据此估算，全年参展商总数16.2万余家，参观观众3 780万人次。

（二）第十届农交会成果丰硕 2012年9月，第十届中国国际农产品交易会在全国农业展览馆举办，受到党和国家领导人的高度重视和社会各界的广泛关注，中共中央政治局常委、全国政协主席贾庆林，中共中央政治局委员、国务院副总理回良玉，中共中央政治局委员、全国政协副主席王刚等党和国家领导人出席领导专场或开幕式。农交会以“加快现代农业建设，推进三化同步发展”为主题，设立了综合展示交易区、国际展区、专业合作社展区、农业科技展区、种子展区、现代农业装备展区、农垦展区和水产展区等8个展览板块，观众人数20多万人次，贸易成交额达705亿元，比上届增加103亿元，实现了“标准高、水平高、规格高、影响大”的总体目标。农交会已成为国内农业领域规格最高、规模最大、效益最好、影响最广、最具权威的品牌展会。

（三）产销对接促进顺畅销售 农业部组织中国农产品市场协会和农产品批发市场购销商直接参与了6场产销对接活动。与甘肃省政府共同举办了“甘肃高原夏菜产销对接会”，组织北京、上海、福建、广东等主要消费省份的蔬菜经销大户与当地蔬菜供货企业进行了贸易洽谈，现场落实了一批采购订单，涉及金额7.66亿元。中国农产品市场协会组织大型批发市场参加了中国朝阳设施农业产品推介会和重庆青菜头推介会，赴贵州威宁、陕西洛川、江西赣州开展了产销对接，为促进产区顺畅销售、保障销区市场供应、密切购销联系建立了稳定的对接平台。农业部信息中心加强“一站通”农村供求信息全国联播系统和中国农业“网上展厅”促销平台建设，通过一站通产销对接平台、网上展厅宣传推介平台、农产品促销平台、农交会平台和全国农产品促销系列展会平台，开展多角度、多层次的网上信息服务。“供求一站通”注册会员已达39.5万，发布供求信息10万余条，带动各省发布供求信息8万条，点击量突破4 000万。“网上展厅”年发布涉农企业和农产品推介信息累计5万余条，点击量达720万次，访问用户覆盖50多个国家和地区。

（四）积极应对滞销卖难情况 通过创新应急促销机制，实现了从被动应对到提前谋划、从解决局部到带动全局、从单兵作战到协同行动的转变。针对部分地区出现的鲜活农产品滞销卖难问题，农业部采取多项措施帮助解决：一是支持农产品市场协会组织批发市场经销商到产地直接缓解滞销卖难问题。组织大型农产品批发市场赴重庆参加青菜头推介，加强产销衔接，解决青菜头滞销，签订了21吨青菜头订单。二是通过中农网加大信息发布力度，帮助网上对接。设立“卖难信箱”“滞销直报系统”，提升滞销卖难服务能力。为山东滕州马铃薯、新疆特色农产品、湖南永顺椪柑、江西靖安柑橘等农产品开辟了应急促销专栏。三是召开鲜活农产品市场运行形势分析研讨会，提早部署有关工作。中国农产品市场协会专家、部分农产品批发市场负责人和农产品经销商等研究讨论未来鲜活农产品市场运行形势，对可能出现卖难的品种、地区、季节进行了重点分析，并将预判情况通报有关省份农业部门，提早做好营销促销工作。

（五）国外参展影响不断增大 农业部贸促中心、绿色食品中心、外经中心、水产流通协会、渔业协会等部属单位或行业协会，组织国内620家生产企业，参加了美国波士顿国际水产品展览和日本东京国际水产品及技术博览会等全球重要的水产品交易博览会、意大利切塞纳国际果蔬博览会和德国纽伦堡有机产品博览会等国际知名果蔬交易博览会、西班牙国际食品及饮料展和法国巴黎国际食品展览会等具有世界影响力的食品博览会等共10场海外大型农业展会，参展规模和国内国际关注度不断提升，共计促成贸易成交6.34亿美元，同比增长476.4%。组织参加国际展会，为我国农业企业搭建了多层次、多形式国际化的农产品展示、推介和交流贸易平台，扩大了中国农产品在世界的影响力，为我国农产品和企业拓展了国际市场。

（六）持续加强农业品牌建设 开展区域公用品牌影响力调查，指导中国优质农产品开发服务协会等7家行业协会，联合召开了“2012中国农业品牌发展推进会”，完善了2012中国农产品区域公用品牌影响力调查活动的方案和管理办法，启动了2012年农业区域公用品牌影响力调查，共计评出104个农产品区域公用品牌。开展第十届中国国际农产品交易会参展农产品“金奖”评选工作，农交会金奖评选494个。

农业信息化

（一）政策环境不断优化

1. 农业信息化建设受到中央高度重视。2012年6月28日，国务院发布《国务院关于大力推进信息化发展和切实保障信息安全的若干意见》，明确指出要推进农业农村信息化，实现信息强农惠农。2012年9月15日，习近平同志指出，“要让物联网更好地促进生产、走进生活、造福百姓”。2012年11月，党的十八大作出的“四化同步”发展战略为加快推进农业信息化指明了方向，明确了目标和任务。

2.《全国农业农村信息化发展“十二五”规划》发布。提出了“十二五”时期我国农业农村信息化发展的五大任务、四大区域、三项工程和四项措施，将以全面推进农业生产经营信息化为主攻方向，以农业农村信息化重大示范工程建设为抓手，不断提高信息化服务“三农”的水平。

3. 农业信息化体系建设日趋完善。全国已基本形成“县有信息化工作机构、乡有信息站、村有信息点”的农业农村信息化组织体系。据统计，截至2012年6月末，全国31个省（自治区、直辖市）均设有农业农村信息化主管部门及信息化专职行政管理人员，55.3%的县设有专门的农业农村信息化行政管理机构，48%的县实现乡乡有农业信息服务站，北京、吉林、黑龙江、浙江、安徽和重庆6个省份覆盖率达到100%。全国建成村级农业信息服务点15.6万个，47%的村级农业信息服务点配有计算机并具备上网条件。全国共有村级信息员181 650人。

（二）基础设施建设进一步夯实

1. 农村互联网接入初具规模。2012年，“乡乡能上网”全部实现。各地继续加快推进行政村通宽带，全国接入宽带的行政村达到87.9%，当年农村网民增加1 960万，总规模达到1.56亿，占全国网民总数的27.6%。我国农村居民计算机的拥有量已上升到18台/百户。

2. 农村通信水平显著提升。继行政村实现“村村通电话”之后，为解决边远贫困地区分散人群的通电话问题，2012年自然村通电话工作持续开展，全年开通电话的偏远自然村新增1.1万个，全国20户以上自然村通电话比例从94.7%提高到95.2%。移动电话达到180部/百户，已成为主要信息获取工具。

3. 农村广播电视覆盖由“村村通”向“户户通”迈进。针对有线网络未通达的广大农村地区，中宣部、国家广电总局启动的直播卫星“户户通”工程，使用户通过直播卫星专用接收设施即可免费收听收看直播卫星25套电视和17套广播节目，满足了广大农村群众对电视节目数量和质量日益增长的需求。截至2012年11月15日，全国共开通直播卫星户户通用户394万户，农村广播节目综合人口覆盖率达到96.1%。

（三）农业信息资源开发和利用能力显著增强

1. 农业政务信息化水平明显提高。2012年，金农工程一期全面完成，已建成国家农业电子政务支撑平台、农业数据中心、农业科技数据分中心，并实现了农业部与国家粮食局、海关总署数据中心的互连互通；涉及数据采集、形势会商、业务监管、行政审批、应急指挥等31个信息系统上线运行；农业系统电子政务网络日臻完善，覆盖部、省、地、县四级农业门户网站群初步建成。各级农业部门相继建设并启用了大批电子政务信息系统，有效地推动了农业行政管理方式创新，农业部门监管经济运行能力、决策能力和服务水平明显提高。

2. 农业信息资源日趋丰富。依托国家农业数据中心、科技数据分中心的建设，农业部已形成了40条信息采集渠道、8 000多个信息采集点，建立起了较为完善的信息采集和报送机制，农业信息数据源源不断地进入14个大型农业数据库。各地也围绕农业生产、科技、市场、政策法规等方面，建设了一大批涉农数据库系统。

3. 农业网站不断朝实用化方向发展。截至2012年，全国涉农网站总数已超过4万个。其中，涉农企业和组织主办的网站占到90%以上，农业企业已代替政府部门成为网站建设的主力军。行业类农业网站的活力不断增强，充分发挥市场引导作用；农业电子商务网站异军突起，出现网上商城和网上交易两大特色鲜明的农业电子商务网站类型，特别是农业龙头企业的大量涌入，推动形成许多具有特色的农业网站商业模式，大大增强了农业网站的实用性。

（四）农业综合服务体系不断完善

1. 信息服务平台建设成效显著。截至2012年，农业部投入财政和基建资金1亿多元，结合地方配套资金，先后搭建了32个省级、78个地市级和352个县市级“三农”信息服务平台。全国绝大多数省（自治区、直辖市）已开通12316“三农”服务热线，每年咨询人数达上千万人次，帮助农民增收和为农民挽回直接经济损失超过10亿元。辽宁、吉林等省12316总话务量均已突破200万人次，目前日话务量在6 000个以上，峰值达2万个。据统计，12316热线已覆盖全国1/3的农户，成为农民和专家的直通线、农民和市场的中继线、农民和政府的连心线。

2. 信息服务手段更加多元化。各地农业部门统筹规划语音电话、手机短（彩）信、广播电视、互联网络等现代传播手段，以电脑、电视和电话“三电合一”项目为推手，利用社会力量，创新工作方法，逐步建立起了集12316“三农”热线电话、农业信息网站、农业电视节目、手机短（彩）信服务等于一体，多渠道、多形式、多媒体相结合的农业综合信息服务平台。每天通过12316将农业生产技术、农产品市场营销、农资供求、农业政策、法律法规等信息推送到千家万户。

3. 信息服务领域不断拓展。在技术信息咨询与服务的基础上，各地充分挖掘信息服务新方法，拓展服务新领域，及时发布与农民生产、经营、生活息息相关的政策信息和市场信息，为农民提供了科技、市场、政策、价格、假劣农资投诉举报等全方位的即时信息服务，服务范围已经延伸到了法律咨询、民事调解、电子商务、文化节目点播等方方面面，缩小了城乡“数字鸿沟”，推动了农民生产生活方式的改变，极大的促进了城乡经济社会的协调发展。

专栏15

“12316信息惠农家”

“12316信息惠农家”活动立足于贯彻落实中央1号文件精神，围绕促进实现农业部“两个千方百计、两个努力确保”目标，作为“农业科技促进年”的一项标志性活动，以切实推动信息进村入户为主线在全年开展。通过3月16日主题日活动、与中国电信签署协议、建设部级平台、建立完善制度、搭建媒体服务窗口和强化品牌宣传等工作部署，初步建成农业部级12316平台，与全国32个省级平台结合，融合热线电话、农业信息网站、农业电视节目、手机短彩信服务等于一体，建立完善农民与政府、专家之间直通的纽带，直接惠益农民。据不完全统计，12316热线年咨询人数923.9万人次，短信用户数1.76

亿人，年发送12316短信25.1亿条、彩信56.7万条，网站发布12316服务信息59.6万条，10多个省开设“专家会客厅”等专题热线广播电视节目，12316平台已惠及全国约1/3以上农户，帮助农民增收和为农民挽回直接经济损失超过100亿元。12316已被誉为农民和专家的直通线、农民和市场的中继线、农民和政府的连心线，是最受农民欢迎、最能解决实际问题、最管用的快捷通道。

（五）农业信息技术应用更加深入

1. 多地掀起农业物联网应用热潮。2012年，农业部在北京、黑龙江、江苏3省市组织实施的国家物联网应用示范工程智能农业项目进展顺利，黑龙江农垦大田种植物联网、北京市设施农业物联网和江苏省无锡市养殖业物联网的建设均取得阶段性进展。2012年，农业部在13个省开展生产经营信息化示范，组装现代信息技术，开展示范应用。目前，农业部正在天津、上海、安徽实施农业物联网区域试验工程。各级农业部门积极探索利用物联网等信息技术促进现代农业发展，大田作物滴灌、设施园艺环境监控、畜牧水产养殖环境监测和智能化控制技术得到初步应用，农业生产信息化成效显现。

2. 3G技术开始走入田间地头。各地不断探索利用3G技术的高速移动网络优势，助推农业发展。海南联手中国移动在全省推广应用冬季瓜菜质量安全田头监管3G系统，完成了3G系统项目省级中央平台建设和全省17个合作社的系统应用部署。陕西联通与高校合作，利用3G网络技术为数字大棚提供3G“远程视频监控”、农技师“单兵实时视频”、大棚参数“短信通知”等多项技术支撑和服务。中国农业科学院推动江苏、北京等地应用3G基层农技推广信息化平台，极大地便利了农技推广服务工作。

3. 3S技术在农业领域广泛应用。2012年，农业部继续开展五大作物种植面积、单产、总产以及草原植被状况、产草量和草畜平衡的遥感监测预测工作，并将甘蔗、油菜种植面积遥感监测纳入业务化试运行，还完成了第一轮全国水稻和东北三省玉米种植面积本底调查，全年形成各类专项遥感监测报告112期。山东各地为远洋渔船安装了北斗卫星定位系统，有效减少了渔业作业安全事故的发生。安徽肥东在农村土地承包经营权登记试点项目中成功应用3S技术进行土地测量，探索出了一条快速、精确、有效确定农村土地权属的新方式。重庆利用3S技术构建了动物卫生监督指挥平台，涵盖10余个子系统，为动物疫情的防范和应急处置提供了技术支撑。

4. 农业经营信息化水平显著提高。农业部在全国12个省对一批农民专业合作社开展经营管理系统建设和应用，有效提升了合作社经营信息化水平。农产品流通企业（批发市场）信息化程度明显提高，电子结算、网上竞价、中远期交易等模式得到更广泛应用。农业电子商务稳步发展，武汉“家事易”、上海“菜管家”、深圳布吉等在创新农产品流通方式方面进行了大量有益的探索并取得初步成效。

虽然农业信息化取得了一定成效，但整体发展水平仍然偏低，与现代农业和新农村建设的要求相比，与国民经济其他行业相比，农业信息化还有很大差距，社会各界对农业信息化的认识还不足，对信息技术及其应用发展了解不够，信息资源开发利用不足，信息技术在农业生产经营领域应用还不系统。农业部将贯彻落实十八大精神，全面推进农业信息化工作。围绕保供增收惠民生目标，着力推进农业生产经营信息化，继续深化农业政务信息化和信息惠农服务，促进信息化与农业现代化融合、与农民生产生活融合，全面支撑现代农业建设，助力城乡一体化发展。

农产品质量安全管理

（一）农产品质量安全总体保持稳中有升持续向好的发展态势 2012年，农产品质量安全监管取得显著成效，全年没有发生重大农产品质量安全事件。农产品质量安全水平稳中有升，蔬菜、畜禽产品和水产品例行监测合格率分别为97.9%、99.7%和96.9%，同比分别提高0.5、0.1和0.1个百分点。监管体系建设进一步加强，乡镇农产品质量安全监管机构基本覆盖全国所有涉农乡镇，基层监管能力快速提升。

（二）农产品质量安全专项整治成效明显 按照国务院部署，在全国范围继续开展6个专项治理行动，共出动执法人员432万余人次，检查相关生产经营单位317万家，查处问题5.1万起。一是强化投入品源头监管。启动实施农药监管与法制建设年活动及兽药经营清理规范行动，认真贯彻实施新修订的饲料管理条例，严格投入品审批、生产、流通和使用各环节的管理，严厉查处非法生产、销售和添加禁用物质行为。二是强化关键环节管理。“瘦肉精”整治突出抓好生猪出栏和屠宰两个重点环节的监管；奶站整治突出抓好两个“全覆盖”，生鲜乳抽检覆盖全国所有奶站，检测指标覆盖三聚氰胺、β-内酰胺酶等5种违禁添加物；水产品整治突出养殖环节执法交叉督查，对一些重点品种的禁用药物问题进行系统分析研究。三是强化违法案件查处。“瘦肉精”专项整治共侦破刑事案件160余起，端掉非法生产“瘦肉精”黑窝点28个，协调司法部门司法判决处理98人，清缴“瘦肉精”13吨、含“瘦肉精”饲料994吨，基本摧毁“瘦肉精”地下生产经营网络，是10年来打击成效最突出的一年。农资打假行动查处案件2.5万余起，为农民挽回直接经济损失11.7亿元，向社会公布了29起典型案例。四是强化制度机制建设。印发了关于加强农产品质量安全监管、推进“瘦肉精”监管等指导意见，建立了9部门协作、“瘦肉精”涉案线索移送与案件督办机制，出台了活畜出栏无“瘦肉精”承诺、生猪收购贩运经纪人备案登记等管理制度。江西、湖北等地把质量安全纳入政府年度考核内容；黑龙江、海南、浙江等地建立问责制度，进一步落实属地管理责任；山东大力推行农药经营登记备案和高毒农药定点经营制度，在全省实现全覆盖；辽宁、湖南、湖北推行生猪检疫与“瘦肉精”检测同步；河北建立了“瘦肉精”案件查办激励机制。

（三）基层监管体系建设取得突破性进展 全力推进乡镇监管机构建设。农业部建立了月报、定期通报和经验交流制度，组织召开现场交流会，采取督导检查和向省领导致函等方式予以督促，加快乡镇监管机构建设步伐。

各地积极落实“一个衔接、两个覆盖”政策，因地制宜采取不同方式，开展了大量卓有成效的工作。经过努力，全国94%的涉农乡镇建立了监管服务机构，共落实监管服务人员5万余人。启动农产品质量安全监管示范县创建活动。农业部研究制定了农产品质量安全监管示范县创建的指导意见，明确了监管示范县认定的基本条件。四川、北京、江苏、山东等地安排专门资金，选择了一批产业集中的县进行试点，有力提升县域的监管能力，为全面开展创建活动积累了经验。强化质检体系建设。农产品质检体系建设二期规划正式获批，总投资72亿元，重点支持地级市、农业县全部建立农产品质检机构。2012年中央投资15亿元，支持建设市县级检测机构494个，农业系统质检机构数量已达到2 235个，落实检测人员2.3万个。加强培训指导，农业部举办了7期检测人员培训班，江苏、辽宁、浙江等地开展了检测技术比武练兵活动，陕西、重庆等地组织开展基层质检机构与省级质检中心的学习交流活动，提高技术能力和管理水平。

（四）农产品质量安全风险监测和风险评估全面强化 完善监测制度。出台了《农产品质量安全监测管理办法》，正式启动国家农产品质量安全监测信息平台，切实加强监测资源统筹、信息共享和上下联动。深入开展检验监测。部级例行监测覆盖全国150个大中城市、102个品种、87种参数，共抽取样品6万个，获取有效数据128万个。每季度进行会商分析研判，发现一批问题和隐患，提升风险预警能力。加强监督抽查。农业部印发了加强农产品质量安全监督抽查工作的通知，启动开展了国家专项监督抽查。各地进一步加大投入力度，增加抽检批次，扩大抽检范围，对抽查发现的不合格农产品，及时下达整改通知书或立案查处。全面开展风险评估。组织对农产品质量安全风险隐患及“潜规则”问题进行系统排查，依托相关风险评估实验室和专家开展了蔬菜、茶叶等21个专项风险评估。通过排查评估，及时发现问题隐患，及时采取应对预案，及时指导监管工作，做到防患于未然。

（五）农产品质量安全突发问题得到及时有效处置 2012年农产品质量安全突发问题与以往相比呈明显加重、上升的态势。各级农业部门迅速反应，科学应对，有力有序有效地进行处置，及时控制了事态蔓延和扩散，把影响和损失减小到最低程度，没有对产业造成大的冲击。建立快速反应机制。搭建了预警信息平台，建立了舆情监测制度，创办了《农产品质量安全舆情快报》，每一起突发问题发生后都在第一时间做出安排，督促相关方面采取措施及时处置。科学有效应对。针对不同情况，实行分类处置。对于无中生有、恶意炒作的，组织专家适时适度回应，澄清事实，进行科普解读，消除不必要的恐慌；对于确有问题的，督促事发地及时有针对性地进行整治；对于暴露出的薄弱环节，及时采取有力措施加强监管；对于境外传导的，积极配合有关部门开展调查，并做好相关技术储备。有效引导舆论。组织开展了农业系统“食品安全宣传周”活动，在主流媒体刊发新闻稿50余篇，编印了《农产品质量安全消费指南》，特别是就茶叶农残、水产品安全、兽药残留、猪肉质量安全等热点问题连续在《人民日报》“求证”栏目进行正面解读，普及质量安全科普知识，有效遏制不良信息的扩散蔓延，营造了良好的社会氛围。

注重发挥专家作用。农业部增聘6位院士任农产品质量安全专家组专家，组建了第二届国家风险评估专家委员会，江西、安徽、吉林、广西等省份也都建立了农产品质量安全专家队伍，积极组织专家开展相关科普解读、热点回应、督导巡查和技术指导工作。

（六）农业标准化工作稳步推进 强化标准制修订。新制定农业国家标准和行业标准730项，农业标准总数已达到5 000项。完成了农药残留限量标准的清理整合，发布322种农药的2 293个最大残留限量，基本实现对常用农药和大宗农产品全覆盖，有效解决了农残标准并存、交叉、老化等问题。各地紧密结合产业发展实际，制定了一大批农产品生产技术要求和操作规程，在提升农业产业素质的同时，有力保障了农产品质量安全。加强标准化示范创建。支持创建“三园两场”和热作标准园2 676个、农业标准化整体推进示范县46个，不断加大标准化培训指导力度，扩大示范带动作用。强化“三品一标”监管。新认证“三品一标”1.8万个。修订了《绿色食品标志管理办法》，提高绿色食品准入门槛。开展全国“三品一标”品牌提升专项行动，以“着力强化产品质量监管，不断提升品牌公信力”为主题，严格产品认证，严格生产管理，严格证后监管，加强品牌宣传，推动“三品一标”持续健康发展。

专栏16

开展“瘦肉精”专项整治工作

为严厉打击“瘦肉精”违法行为，在2011年九部门联合开展专项整治取得显著成效的基础上，农业部印发了《关于深入推进“瘦肉精”专项整治工作的意见》，继续在全国开展“瘦肉精”专项整治，进一步强化关键环节监管，进一步完善工作机制，取得很好的成效。

一是落实监管责任有新举措。各地将各环节的监管职责明确到了具体处室，绝大多数地区明确了“瘦肉精”监督执法机构，健全了乡镇日常监管机构。辽宁、浙江等省将“瘦肉精”监管工作纳入了政府年度绩效考核范围，以政府签订责任状的形式逐级落实责任，推动地方政府重视和加强“瘦肉精”监管，取得了很好的效果。

二是改善工作条件有新进展。各级财政用于“瘦肉精”监管的总经费超过5亿元，在上年的基础上继续增加。山东、四川等省启动了畜产品质量安全监管示范县建设，江苏等省针对县级执法机构建立了工作经费奖补机制。一些市县将畜产品日常监管经费列入财政预算，如湖北省宜昌市宜陵区，按照公检法机关的标准为动物卫生监督人员安排工作经费。

三是健全工作机制有新突破。各地主动执行跨省案件通报协查、涉嫌犯罪移送、信息通报发布等工作机制，在推动及时查办案件、彻底追查源头、防止小问题扩散放大等方面发挥了重要作用。一些质检机构主动配合公安机关办案，无偿提供检测服务，展现了畜牧兽医系统的优良作风。

四是加强日常监管有新力度。2012年，各地累计出动执法人员266.4万人次，检查饲料、养殖、收购贩运和屠宰环节各类生产经营主体248.5万个次，发放各类宣传材料938万份，培训人员98.6万人次，抽检各类样品1 040万批次。与上年相比，做到了日常监督检查力度不减，普法宣传培训力度不减，关键环节抽检力度进一步强化。

五是查处违法案件有新成效。2012年，全国共立案查处与“瘦肉精”有关的违法案件124起，移送公安机关95起。辽宁等省及时查办注射沙丁胺醇案件，福建和江西两省根据浙江省的情况通报迅速查到外调生猪所含“瘦肉精”的源头。

据农业部例行监测，2012年，畜产品“瘦肉精”抽检合格率为99.7%，处于历史最好水平。各级畜牧兽医部门的1 040万批次样品中，检出不合格样品795批次，检出率0.01%，比上年进一步降低。

农作物种业发展

2012年，现代农作物种业发展取得显著成效，主要体现在：一是供种保障能力明显增强。2012年主要农作物种子供应总量充足。杂交稻、玉米种子质量抽检合格率保持在95%左右。种子价格总体平稳，“两杂”种子价格受成本推动上涨5%～10%。种子生产形势好于往年，玉米、水稻制种面积总体稳定，单产同比提高5%～10%，质量较好，能够满足生产用种需求。二是优良品种选育推广明显加快。分子标记、双单倍体、抗病虫检测等先进育种技术手段得到开发应用，育种效率明显提高。一批新审定优良品种迅速推广，国审玉米中单909、水稻Y两优1号、小麦济麦22等成为生产主导品种，国审品种推广面积占60%，有力支撑了粮食单产提高。三是种子企业竞争力明显提高。随着“两证”新办法实施，企业准入门槛大幅提高，持证企业数量明显减少、结构不断优化。全国有持证企业6 200多家，比2010年减少28.7%。截至2012年底，全国持证企业6 296家，比2010年减少28.7%。前十位企业销售额达107亿元，同比增长13%，市场集中度明显提高；农业部首批许可的32家育繁推一体化企业注册资本合计达48亿元，自有品种462个，年销售额146亿元，研发投入8亿元，企业综合实力明显增强。种子企业商业化育种能力明显增强，企业自主选育的国审玉米、水稻品种分别占全国国审同类品种的60%和30%。企业年度新品种权申请量超过科研单位。四是种子市场秩序明显规范。通过开展种子执法年活动，有效打击了制售假劣种子违法行为，种子市场环境明显改善。种子质量水平明显提高，杂交稻、杂交玉米种子质量抽检合格率分别比上年提高1.8和2.8个百分点。假冒侵权品种比例明显下降，由2010年的约30%下降到10%左右。种子案件明显减少，各地共立案种子案件7 904起，较上年减少10%。

专栏17

全国现代农作物种业发展规划（2012—2020年）

国以农为本，农以种为先。农作物种业是国家战略性、基础性核心产业，是促进农业长期稳定发展、保障国家粮食安全的根本。为贯彻落实《国务院关于加快推进现代农作物种业发展的意见》，2012年12月，国务院办公厅发布了《全国现代农作物种业发展规划（2012—2020年）》（以下简称《规划》）。《规划》共6个部分，主要内容包括：

（一）指导思想 以发展现代农业、保障国家粮食安全和促进农民增收为目标，以体制改革和机制创新为动力，加强政策扶持，加大农作物种业投入，整合农作物种业资源，强化基础性公益性研究，推进商业化育种等措施，构建具有国际先进水平的现代农作物种业体系，全面提高我国农作物种业发展水平。

（二）基本原则 坚持机制创新，坚持企业主体，坚持统筹兼顾，坚持扶优扶强。

（三）发展目标 到2015年，初步形成科研分工合理、产学研结合的育种新机制，科研院所和高等院校与其所办种子企业“事企脱钩”；初步建成国家级主要粮食作物种子生产基地，主要农作物良种覆盖率稳定在96%以上；培育一批“育繁推一体化”种子企业，前50强企业的市场占有率达到40%以上；种子法律法规更加完善，监管手段和条件显著改善等。到2020年，形成科研分工合理、产学研紧密结合、资源集中、运行高效的育种新机制；建成一批标准化、规模化、集约化、机械化的优势种子生产基地，主要农作物良种覆盖率稳定在97%以上，良种在农业增产的贡献率达到50%以上，商品化供种率达到80%以上；培育一批育种能力强、生产加工技术先进、市场营销网络健全、技术服务到位的“育繁推一体化”现代农作物种业集团，前50强企业的市场占有率达到60%以上等。

（四）重点任务 一是建立新型种业科技创新体系；二是加强种业基础性公益性研究；三是构建以企业为主体的商业化育种体系；四是做大做强种子企业；五是加强种子生产基地建设；六是严格品种审定与保护；七是强化种子市场监管；八是健全种子市场调控体系；九是提升农作物种业人才素质；十是加强种业国际交流与合作。

（五）发展布局 一是明确了主要粮食和重要经济作物种业科研目标和重点。要求以水稻、玉米等5种主要粮食作物和蔬菜棉花、油菜的功能15种重要经济作物为重点，开展相关种质资源的搜集等工作，挖掘高产等具有重大应用价值的功能基因，坚持常规育种与生物技术相结合，开展种子（苗）生产轻简化的功能相关技术研究。二是明确了农作物种子生产布局。按照“优势区域、企业主体、规模建设、提升能力”的原则，科学规划建设主要粮食作物和重要经济作物种子生产基地，打造种子生产优势区。

（六）重大工程 围绕现代种业重点任务，组织实施种业基础性公益性研究工程、商业化育种工程、种子生产基地建设工程、种子监管能力提升工程等4大工程，共21个重大项目。

（七）保障措施 一是健全法律法规；二是建立多元化投资渠道；三是强化政策支持；四是完善管理体系；五是加强组织领导。

（一）品种审定与退出 2012年，国家级审定主要农作物品种109个，其中水稻44个、小麦16个、玉米20个、棉花6个、大豆7个、油菜16个；年度退出国审品种257个，截至2012年，累计退出国审品种704个。省级审定主要农作物品种1 781个次，其中水稻448个次、小麦95个次、玉米622个次、棉花62个次、大豆111个次、油菜55个次、马铃薯39个次、其他主要农作物349个次；年度退出省审品种1 680个，截至2012年，累计退出省审品种7 324个。

（二）植物新品种保护 截至2012年12月，已累计受理植物新品种保护申请10 381件，授权4 035件。其中大田作物申请8 731件、授权3 574件，蔬菜申请585件、授权139件，花卉申请717件、授权99件，果树申请306件、授权68件；国内科研教学单位申请5 577件、授权2 412件，国内企业和个人申请4 150件、授权1 379件，国外机构和个人申请652件、授权89件。其中，2012年全国受理新品种保护申请1 361件、授权155件，年度申请量位居世界第二，其中国内企业和个人申请638件，已连续两年超过国内科研教学单位。

专栏18

农业植物新品种保护事业蓬勃发展

2012年，农业部认真贯彻中央1号文件和国务院8号文件精神，按照《2012年国家知识产权战略实施推进计划》工作要求，突出工作重点，狠抓措施落实，农业植物新品种保护蓬勃发展，取得了明显成效。

（一）农业植物新品种保护取得新进展 2012年，我国农业植物新品种保护呈现四个特点：一是新品种权申请量增加，突破万件大关。农业部累计受理国内外植物新品种权申请10 381件，2012年度我国农业植物新品种权申请量达1 361件，同比增加106件，再创历史新高，年申请量位居UPOV成员国第二位，标志着我国农业植物新品种保护事业发展进入到一个新的历史时期。累计授权品种达4 035个。二是种子企业申请量超过科研单位，创新主体地位加速形成。2012年，国内企业品种权申请量达到579件，再次超过科研单位的533件，企业正逐步成为我国植物新品种权创造的主体。三是粮棉油作物品种权仍是申请主体。2012年，包括水稻、玉米、小麦、棉花、大豆在内的五大主要作物申请量达到1 011件，占农作物年申请总量的近75%，主要农作物品种创新优势依然显著。四是国外品种权申请持续增长。2012年，包括花烛属、百合、玉米等作物的申请量为97件，是近5年平均申请量的103.6%，丰富了我国育种资源。

（二）规章制度进一步完善 为进一步加强品种名称的管理，有效解决一品多名、多品一名等问题，维护种子市场秩序，出台了《农业植物品种命名规定》；修订了《主要农作物品种审定办法》，强化了品种审定与品种保护相结合；制定了包括13个属或种的第九批农业植物品种保护名录，保护范围进一步扩大，新品种保护制度效益惠及到更多的作物育种工作者。

（三）技术支撑体系进一步加强 组织农业行业标准DUS测试指南审定工作，召开了6批测试指南标准审定会。审定了柑橘等84个植物新品种DUS测试指南，审定了普通小麦、大豆等14种植物品种DNA指纹图谱鉴定技术标准，完善了新品种保护玉米品种DNA指纹图谱标准样品库。建设《农业植物品种名称检索系统》，广泛收集了已知品种信息，进一步规范了农业植物新品种名称使用和管理。

（四）宣传培训进一步扩大 组织召开了《植物新品种保护条例》颁布实施15周年座谈会、品种权申请突破万件新闻发布会、农业植物新品种信息发布会，并在中央电视台、《科技日报》、《知识产权报》、《农民日报》、中国农业信息网等媒体上进行广泛报道。结合国际植物新品种保护联盟（UPOV）成立50周年，编印了《植物新品种保护在中国》宣传册。在北京、河南、湖南、陕西、海南等地举办植物新品种保护和DUS测试人员培训班，不断提高种子系统管理人员、科研教学人员、DUS测试人员的新品种保护专业理论与实践操作水平。

（五）国际（地区）交流合作进一步拓展 积极参加UPOV国际会议，吕波同志作为UPOV行政和法律委员会主席，成功主持了行政和法律委员会第65、66届会议。启动了与欧盟合作开展中国加入UPOV公约1991年文本研究。组织举办了国际植物新品种保护联盟（UPOV）果树技术工作组第43届会议、东亚论坛DNA分子测试技术国际培训班、中荷植物新品种测试技术培训。组织相关人员参加UPOV技术工作组会议。举办了中韩第四次工作组会议，签署了进一步合作备忘录。为落实海峡两岸知识产权保护合作协议，组织召开了两岸品种权工作组年度会议、新品种保护工作座谈会，组团赴台湾进行植物新品种保护考察和技术交流，研讨了将蝴蝶兰、玫瑰和印度枣等列入保护名录必要性、可行性等事宜。

（三）种子企业许可 《农作物种子生产经营许可管理办法》颁布后，种子企业多、小、散的状况得到进一步改善。截至2012年底，全国持有种子经营许可证的种子企业6 296家。农业部发证种子企业共计193家，其中育繁推一体化企业68家，进出口种子企业48家、外资种子企业25家。省级农业行政主管部门发证的企业2 404家，地市级农业行政主管部门2 149家，县级农业行政主管部门发证的企业1 954家。

（四）主要农作物种子生产 2012年，杂交玉米制种面积290千公顷，比上年增加6.1%，制种产量15.7亿千克，增加15.4%。杂交稻制种面积128千公顷，增加14.3%，制种产量3.45亿千克，增加19.0%。棉花繁制种面积94.67千公顷，比上年减少7.8%，繁制种产量1.9亿千克，增加21.8%。大豆繁种面积146.67千公顷，减少20.3%，繁种产量3.3亿千克，减少21.4%。冬小麦秋冬繁种面积800千公顷，减少6.8%，繁种产量47亿千克，减少6.0%。冬油菜种子秋冬繁种面积12千公顷，增加3.4%，繁种产量1 400万千克，减少1.3%。

（五）种子市场监管 2012年，农业部在全国范围内先后组织开展了冬季企业督查、春季市场检查、夏季基地巡查、秋季市场检查、张掖玉米制种基地专项整治等五大行动，累计派出38万多人，检查门市和企业近35万次，检查基地7 000多次，抽检样品7.3万份。各地共立案调查种子案件7 900多起，结案6 700多起，涉案金额5 000多万元，移交司法部门14件，捣毁制售假劣种子窝点7个，逮捕17人，有效打击了制售假劣种子违法行为。

（六）种子进出口贸易 2012年，我国向28个国家或地区出口农作物种子4 750万千克、29万株、670万袋，贸易额1.55亿美元。其中，杂交稻和杂交玉米种子分别为4 690万千克、57.5万千克，食用菌菌种670万袋。主要出口到越南、巴基斯坦、孟加拉、印度尼西亚等国家。

2012年，我国从44个国家（或地区）进口农作物种子1 394万千克，花卉、种苗等2 132万头（株），贸易额1.66亿美元。其中，大田生产、对外制种和试验用种分别为1 391.3万千克、1.4万千克和1.2万千克；花卉、种苗等用于大田生产、对外制种和试验用种的分别为2 129万头（株）、2.5万头（株）和0.4万头（株）。从作物种类看，向日葵种子216万千克，贸易额1 816万美元；甜菜种子112万千克，贸易额2 282万美元；蔬菜种子906万千克，贸易额11 233万美元；花卉种苗2 134万株、贸易额123万美元。广东、北京、福建分别进口种子777万千克、285万千克、178万千克，位居前三位。

专栏19

2012年种子执法年活动成效

为严厉打击品种假冒侵权违法行为，有效规范种子生产经营秩序，确保现代农作物种业健康发展，2012年农业部在全国范围内组织开展了种子执法年活动，按照“预防为主、标本兼治、检打联动、综合治理”的原则，强化市场监管，加强源头治理，下沉监管重心，取得了显著成效。

2012年，农业部组织全国种子管理部门，先后组织开展了冬季企业督查、春季市场检查、夏季基地巡查、秋季市场抽查、张掖制种基地专项整治等五大行动，累计派出38万多人，检查门市和企业近35万次，检查基地7 000多次，抽检样品7.3万份。各地共立案调查种子案件7 900多起，结案6 700多起，涉案金额5 000多万元，移交司法部门14件，捣毁制售假劣种子窝点7个，逮捕17人，有效打击了制售假劣种子违法行为。一系列措施有效推动了种子市场的好转：一是质量有了明显的提高。与上年相比，水稻种子抽检合格率提高了1.8个百分点，玉米抽检合格率提高2.8个百分点。二是侵权行为发生率明显降低。与2010年相比，假冒侵权品种数量由30%以上下降到10%左右。三是种子案件明显减少。截至2012年10月底，各地共立案种子案件7 904起，比上年减少10%。

国家现代农业示范区建设

2012年，各地积极加强国家现代农业示范区建设指导，加大政策支持，努力打造中国特色农业现代化建设的“突破口”，农业发展方式转变的“排头兵”，统筹城乡发展的“实验田”，推进示范区建设取得新成效、工作取得新突破。

（一）示范区建设取得新成效 153个国家现代农业示范区建设不断向纵深推进，在农业布局区域化、农业生产标准化、农业经营组织化、农业科技集成化、农业产品品牌化等方面取得了显著进展。

1. 农业布局区域化加快形成。各示范区根据自然资源条件，科学确定区域功能定位和发展重点，大力推进专业化、规模化、集约化生产，通过规划引导、项目支持、奖励补贴等多种方式，推动产业集聚，形成了一批优势突出、特色鲜明、布局合理、协调发展的优势产业带，努力将区域资源优势转化为产品优势和产业优势。江苏省无锡市统筹规划，建设宜南特色农业、宜北生态农业、环太湖都市休闲农业、惠澄精细果蔬农业和锡澄高效设施农业等五大农业功能区，并通过“十大园区组团+百家重点园区”带动五大功能区建设。浙江省慈溪市按照“东提升、南调控，西稳定、北发展，中调整”的发展方针，将全市分为近岸水产养殖区、北部现代农业综合开发区、中部都市农业功能区、南部林特粮经功能区等四大重点区域，稳定发展粮食战略产业，大力发展出口蔬菜、名特水果、特色水产、名优花木、生态畜牧五大主导产业。

2. 农业生产标准化全面推进。各示范区以保障农产品质量安全为目标，以完善执法体系、强化检验检测能力为手段，突出抓好关键产品和关键环节的标准化生产，大力推进“三品一标”认证登记，强化农产品质量安全全程控制，有力促进了农产品生产方式的转变。河南省永城市利用阳光工程、新型农民教育、“百名科技人员包百村”等项目，加强对农民的标准化生产技术培训，将单一技术推广转变为集成技术推广，将口头说教转变为现场示范，将季节性指导转变为全程式服务，有效促进了农业标准化生产技术的应用。湖北省武汉市黄陂区组织完善了农业标准化生产规程，健全了农产品检验检测体系建设，实现了乡镇、市场、基地和企业检测监测网络全覆盖，农业标准化生产面积达到20千公顷。

3. 农业经营组织化明显加速。各示范区大力培育种养大户、家庭农场、农民专业合作社等新型经营主体，引导发展土地流转、托管、股份合作等多种规模经营形式，加快推进适度规模经营，着力解决小生产与大市场不相适应的矛盾。安徽省宿州市埇桥区开展以农业企业为龙头、家庭农场为基础、农民专业合作社为纽带的一体化的现代农业产业联合体试点，联合体内部通过签订生产服务合同、协议，确立联合体各方的责权，降低了生产流通成本，提高了农产品附加值，实现了三方共赢。黑龙江五常市深入实施“百个合作组织带动工程”，推进土地向合作组织和种田大户集中，2012年示范区土地流转合同签订面积86.67千公顷，全市种植50亩以上耕地的大户耕种面积43.87千公顷，参加农民专业合作社的农户比重达到62%。

4. 农业技术集成化加快推进。各示范区加强与国内外农业科研院校的联系合作，支持高等院校、科研院所在示范区建立试验示范基地，推行专家大院、校市联建、院县共建等多种服务模式，推进农业科研院校与农业企业、合作社等新型经营主体集成、熟化、推广科技成果，加快成果转化推广和普及应用。宁夏贺兰县与中国农科院、水科院、中国农业大学等科研机构深入开展院县合作，48位农业首席专家和160名农业科技特派员常年蹲点指导，全县40个现代农业核心示范园区实现了“一个园区、一个首席专家、一个科技服务团队”的服务模式。山东省威海市举办了威海市农业产学研对接大会，邀请中国科学院、工程院、农业部产业技术体系首席专家等权威专家学者出谋划策，院士专家与龙头企业签订了建设院士工作站合作协议、技术成果转化合作协议15份，为现代农业发展提出前瞻性建议30多条，提供关键技术15项。

5. 农业产品品牌化迅猛发展。各示范区将打造农产品品牌作为加强农产品营销、提高产业链附加值和促进农民增收的关键举措，通过政府牵线搭桥、主体申报创建、举办展销活动、媒体宣传引导等方式，促进重点农产品品牌化，取得了良好效果。山东省寿光市积极引导龙头企业和农业园区开展有机食品、国家地理标志等品牌申报，全市“三品”基地认定面积达到48千公顷，国家地理标志产品达到13个，目前全市80%的园区蔬菜以自有品牌的形式进入北京、上海、青岛等20多个大城市的405家连锁超市。陕西省延安市以加工物流为先导，通过建设安塞—寿光农产品物流园、国家级洛川苹果批发市场和举办洛川国际苹果博览会，带动各类经营主体启动建设现代农业示范园区43个，新建千吨级果蔬储藏冷库73座，创建国家级品牌农产品2个，“洛川苹果”“延安红枣”等主导品牌的影响力和美誉度显著提升。

初步统计，2012年，153个国家现代农业示范区农业综合生产能力明显提升，各项指标走在了全国前列。农业总产值12 714亿元，比上年增长7.7%。粮食总产1 251.5亿千克，以占全国13%的耕地生产了全国21.2%的粮食，粮食单产平均为525千克，高出全国单产150千克以上。旱涝保收标准农田达到7 600千公顷，增长4.6%，占耕地面积的比重达到47.8%。耕种收综合机械化水平71%，提高6个百分点，比全国平均水平高14个百分点。农业科技进步贡献率平均为58.5%，提高1.6个百分点，比全国平均水平高4个百分点。农户参加合作社的比重达到33%，提高3个百分点。农业产业化国家重点龙头企业达到416家，土地适度规模经营比重达到30.3%。农民人均纯收入10 815元，增长10.5%，比全国平均水平高36个百分点。

（二）示范区工作取得新突破 2012年，农业部着力加强建设指导，谋划扶持政策，整合资源投入，推进改革创新，开创了示范区建设工作的新局面。

1. 工作指导明显加强。7月份，按照国务院部署，农业部在黑龙江佳木斯召开了全国现代农业建设现场交流会，回良玉副总理出席会议部署现代农业和示范区建设工作。全国20多个省（自治区、直辖市）召开专题会议部署示范区建设工作，近10个省份出台了加快推进示范区建设的意见，各示范区均编制了现代农业建设规划。

2. 科技服务更加到位。从2012年4月开始，农业部先后开展了征集示范区与科研院校结对需求、发布结对需求、开展自主对接和区域对接、举办5大部属科研院校与示范区专项对接等多项结对活动。各示范区与农业科研院校全年签订合作协议328项，拟定科技研究、技术推广、人才交流等合作计划700余项，初步构建了示范区与农业科研院校协同创新的机制，以及院县共建农业试验示范基地、集成熟化推广农业技术的服务模式。

3. 资金支持取得突破。农业部下发农业项目资金倾斜支持示范区建设的意见，要求对示范区建设项目优先谋划、优先支持、优先安排。财政部把示范区建设作为现代农业发展资金和综合开发资金支持重点，分别落实资金40亿元和15亿元。国家发展改革委把示范区建设专项投资规模由1亿元扩大到2亿元，支持示范区建设33.33千公顷旱涝保收标准农田。农业部与国家开发银行签订合作协议，联合下发关于开发性金融支持示范区建设的意见，全年共有26个省农业主管部门或示范区与开发银行分支机构签订合作协议，新增安排示范区开发性金融贷款42亿元。各省（自治区、直辖市）都加大了对示范区的倾斜支持力度，部分省市安排了示范区建设专项资金；各示范区也进一步加大投入力度，相继制定了加强农业项目资金整合统筹，同类项目统一规划、分类管理和集中使用的规定。

4. 改革创新扎实推进。农业部会同财政部、国家开发银行、中国农业发展银行和中国储备粮管理总公司，下发了《关于开展农业改革与建设试点的通知》，选择20个左右示范区开展试点工作。实行以建设促改革，对改革与建设试点示范区安排农业综合开发资金2 000万元、现代农业发展资金1 000万元，支持试点示范区在破解农业经营规模小、组织化程度低、融资难、保险发展滞后等方面先行先试，探索构建集约化、专业化、组织化、社会化相结合的新型农业经营体系。农业部会同国家开发银行开展农业融资服务创新试点，选择了50多个示范区开展了健全农业融资服务体系、创新农业融资服务模式、开发农业金融服务产品的试点。

通过各方面的共同努力，目前，示范区建设已呈现出“四个转变”的明显特征：一是从农业部门为主推动向党委政府为主推动转变，组织领导进一步加强，工作推进更加有力。二是从缺少发展规划向高层次编制总体规划及专项规划转变，发展思路更加清晰，规划引领发展的机制逐步建立。三是从注重设施装备条件建设向条件建设、机制创新并重转变，基础设施更加完善，体制机制不断优化。四是从主要抓点向由点及面、点面结合转变，示范作用更加显现，辐射带动区域现代农业发展能力明显提高。

专栏20

农业科技促进年活动

2012年中央1号文件下发后，农业部以“科技进村入户，助力增产增收”为主题，在全国开展了“农业科技促进年”活动，重点推广重大实用技术，着力加强基层农技推广体系改革与建设，全面提升农技推广服务能力，为实现粮食生产“九连增”、农民增收“九连快”作出重要贡献。

农业部相关司局制定了本行业科技促进年活动方案并积极组织实施，结合实际开展了重点标志性活动。《农民日报》《农村工作通讯》开设专栏加强活动宣传。国家水稻、玉米、小麦、大豆等产业技术体系组织2 000余名农业科技专家带领各主产县的农技人员开展科技促进年活动。全国农业展览馆举办了"十六大以来农业科技成就展"。

各省（自治区、直辖市）以大力推进"一个衔接、两个覆盖"为核心，以"农业科技促进年"活动为抓手，强化组织领导。先后有20个省（自治区）的省级领导对此作了重要批示，并积极开展地方财政配套工作，加速了基层农技推广体系改革与建设工作。江苏省安排了1.77亿元，支持乡镇农技推广综合服务中心建设，比2011年增加了75%。山西省投入3 686万元，为乡镇或区域农技站配发仪器设备和进行业务用房的新建和扩建。广西壮族自治区财政投入3 160万元用于支持乡镇站的条件建设。

在全国上下的共同努力下，"农业科技促进年"活动取得了显著成效：

一是强化农业科技项目持续稳定的投入，提高了农业科技创新能力。农业部依托公益性行业（农业）科研专项等科研项目和现代农业产业技术体系建设，围绕现代农业发展的需求，启动了近百个农业科研项目。天津市启动实施了10亿元的农业科技创新工程项目。浙江省财政新增6 000万元科研专项经费，用于加强水稻、油菜等12大产业的科技创新工作。北京市投资近亿元，加强现代农业产业技术体系北京市创新团队建设。河北省启动现代农业产业技术体系河北省创新团队建设专项，围绕11个产业先期投入3 500万元，此外，省财政拿出300万元，设立了省级农业技术推广奖。

二是强化科技持续助力增产增收活动，推进了科技支撑产业健康发展。农业部启动实施了东北地区玉米"双增二百"科技行动，并联合中化化肥有限公司开展了"中化杯玉米王挑战赛"活动。项目区148个县（场）全部实行了专家包县（场）制度，每个县都推介发布了主导品种和主推技术，大力开展农民技术培训及先进实用技术的推广，大大提高了技术的到位率，为实现2 623千公顷玉米亩均增产104千克，节本增效209.8元年度目标奠定了坚实基础。

三是强化基层农技推广队伍建设，提升了推广能力和农民的生产技术水平。农业部启动实施了万名骨干农技人员培养计划和新型职业农民培育试点工作。陕西省把培育新型职业农民作为破解现代农业发展的有效路径，省财政拿出5 000万元专项资金，在全省推进"职业农民塑造工程"。四川省出台了新型职业农民培育试点工作指导意见。福建省龙岩市全市整体推进了新型职业农民培育工作。据不完全统计，2012年全国农业系统共培训基层农技人员、合作社负责人、种养大户和普通农民超过9 000万人次。

四是强化长期稳定的农业科技试验示范基地建设，提升了农业先进技术规模展示能力和快速转化效率。农业部组织现代农业产业技术体系，重点依托负责农业新技术集成、试验、示范工作的1 144个综合试验站，建立了长期稳定的10 006个农业科技试验示范基地。每个示范基地由1个综合试验站牵头，由相关岗位科学家、站长、主产县技术骨干为主构成1个科研示范团队，同时建立了示范基地的基础数据库。通过示范基地建设，首次建立了以农产品为主线的全产业链高效示范模式，显著提高了示范的效率和生产技术的实用性。

农业科研、推广与教育

（一）农业科研项目实现新突破 一是转基因生物新品种培育重大专项取得重要进展。在基因克隆与功能验证、规模化转基因操作、新品种培育、生物安全评价等关键技术和转基因动植物新材料创制、品种培育及产业化方面取得重要突破。截至2012年6月底，培育抗虫转基因棉花新品种102个，累计推广14 067千公顷，使国产抗虫棉市场份额达到95%，实现经济效益210亿元。第二代转基因棉花纤维品质改良取得突破进展，衣分高达49%，比对照提高20%以上，皮棉产量提高25%～34%。转基因抗虫水稻、转植酸酶基因玉米新组合产量比对照显著增产，具备了产业化条件。新型抗虫转基因水稻、转人血清白蛋白基因水稻、抗虫玉米、新型抗虫棉花、抗除草剂大豆、抗病毒小麦、转基因奶牛、转基因猪等进入中试与示范阶段。获得了具有重要育种价值的抗病虫、抗逆、抗除草剂、理想株型、优质、高产等关键性状新基因61个，开发了具有自主知识产权和应用价值的新型转化载体316个。通过技术优化与集成创新，建成和完善了水稻等八种生物的规模化转基因技术体系，初步形成了高精度、高通量、高效率的转基因生物安全评价和检测监测技术体系。研制转基因生物环境安全和食用安全评价、检测监测新技术新方法190余项，完成了18项重要转化体的安全评价。转基因专项迈入以自主基因、自主技术、自主品种为核心的研发新阶段，为专项顺利实施奠定了坚实基础。二是公益性行业（农业）科研专项立项取得重要进展。公益性行业（农业）科研专项共立项85个，项目总经费14.5亿元，单个项目支持强度平均1 706万元。三是现代农业产业技术体系建设取得重要进展。依托体系综合试验站，建设了1万个示范基地。大力开展农业科技大培训，分体系、分季度提出培训任务，全年培训10万人次以上。系统梳理体系和行业科技的研发成果，在体系和行业科技研发成果中筛选出150项应用范围广、使用效果好、操作简便的轻简化实用技术，编印成技术手册和30项轻简化技术挂图，发放给农技推广体系改革示范县、产业技术示范基地和种养大户示范应用。大力推进体系管理创新，实行产业导向的立项机制，“十二五”期间共凝练454项重大研究任务，逐项提出针对的产业发展问题、核心技术、实施内容、具体考核指标、经济社会生态效益评价、管理机制和任务分工；实行自上而下的任务委托机制，农业部与首席科学家签订任务书，首席科学家将体系重点任务分解后与岗位专家、综合试验站站长签订任务委托协议，形成协作研究、层层落实的责任机制。实行经费投入的稳定支持机制，根据完成任务的实际需求进行经费预算，固定人员基本研发费，稳定渠道，足额支持，促进农业科技人员围绕体系目标协作攻关、安心工作；实行以解决实际问题为核心的评价机制，引进用户评价模式，吸收行业管理部门、技术推广单位和行业协会等技术用户参与体系评价。强化体系的产业服务职能，50个体系与农业农村经济中心工作紧密衔接，广泛参与各类产业政策、发展规划和生产标准等研究咨询，成为支撑农业发展和生产决策的核心技术力量。四是“948计划”实施取得积极成效。加大农业生物资源、重大产业转型技术、前瞻性高新技术、应对全球挑战技术、农业科研新理念新方法等的引进力度，拓展和深化农业科技国际合作与交流。会同水利部、国家林业局等部门召开了“948计划”实施经验交流会，交流了“十一五”期间“948计划”运行管理方面的经验做法。

（二）农业部重点实验室建设迈上新台阶 在完成30个学科群布局的基础上，2012年全面开展实验室挂牌建设、建设方案批复、经费投入试点等工作，完成了重点实验室体系所有学科群启动和所有重点实验室、实验站的挂牌工作，农业部重点实验室体系全面进入建设运行阶段。明确了学科群体系中综合性重点实验室、专业性/区域性重点实验室和科学观测实验站三个层次的研究方向和任务分工，有效提升了学科群协同创新能力。完成30个学科群工作规则和228个重点实验室章程的制定。编制《全国农业科技创新能力条件建设规划（2012—2016年）》，重点开展国家农业科技创新平台、农业部重点实验室和农业应用研究示范基地三类建设任务。“十二五”期间规划建设21个综合性重点实验室、148个专业性（区域性）重点实验室、211个农业科学观测实验站，建立一体化布局的农业实验室体系，明确各层级实验室研究方向和任务分工。

专栏21

深入推进测土配方施肥技术服务

针对我国化肥过量施用、化肥利用率低的问题，2005年国家启动实施了测土配方施肥补贴项目。围绕“测、配、产、供、施”五个环节，开展取土化验和肥效试验，科学制定施肥方案，推广应用配方肥，普及科学施肥技术。测土配方施肥补贴项目实施8年来，中央财政累计投入64亿元，基本覆盖所有农业县，测土配方施肥技术推广面积达到86 667千公顷，惠及1.8亿农户，累计减少不合理施肥800多万吨（折纯），项目区肥料利用率和农民科学施肥水平不断提升。

2012年，中央财政安排补贴资金7亿元，支持2 463个项目县（场、单位）开展测土配方施肥。农业部启动实施“百县千乡万村”测土配方施肥整建制推进行动，开展农企合作推广配方肥试点工作，确定了100家全国农企合作推广配方肥企业，为100个整建制县生产供应配方肥。省级、县级农业部门确定的农企合作推广配方肥企业为1 000个示范乡、10 000个示范村对接，生产供应配方肥。各地根据《农业部办公厅 财政部办公厅关于印发〈2012年全国测土配方施肥补贴项目实施指导意见〉的通知》《农业部办公厅关于印发〈2012年全国测土配方施肥技术普及行动方案〉的通知》和《农业部办公厅关于印发〈2012年全国农企合作推广配方肥试点实施方案〉的通知》等文件要求，细化实施方案，强化措施落实，大力实施整村整乡整县等整建制推进，在抓好粮棉油糖等大宗作物测土配方施肥的同时，向果树、蔬菜等园艺作物拓展，全面开展测土配方施肥普及行动，取得显著成效，为促进粮食稳定增产、农业节本增效和农民持续增收发挥了重要作用。

据统计，2012年累计采集、分析土壤样品132万个，采集、分析植株样品17万个。完成大量元素、中微量元素及其他指标等测试1 064万项次，植株养分测试65万项次。完成作物田间肥效试验3.5万个。举办技术培训班9.5万期次，培训技术骨干102.4万人次、肥料营销人员26.4万人次、农民2 679万人次，发放培训资料、施肥建议卡等2.2亿份。组织现场观摩2.2万次、科技赶集3.1万次、墙体宣传23万条、网络报刊宣传15万条、广播电视宣传2.9万次、手机短信宣传246万条。建立示范片12.1万个，技术示范面积达5 566.67千公顷，技术推广面积90 000千公顷，免费为1.8亿农户提供测土配方施肥技术服务。全国有831家肥料企业参与了农企合作推广配方肥工作，推广应用配方肥800多万吨（折纯），推广应用面积37 333千公顷。据汇总分析，2012年测土配方施肥示范区与农民习惯施肥相比，小麦、水稻、玉米分别增产5.6%、5.6%、6.3%，一般每亩减少不合理施肥量1～2千克（折纯），亩均节本增收超过35元。果树、蔬菜等园艺作物测土配方施肥技术推广取得突破，示范区亩均节本增收80元以上。全国减少不合理施肥150多万吨，据专家测算相当于节约燃煤400万吨、减少二氧化碳排放量约1 000万吨，节能减排效果明显。

为了深入推进测土配方施肥工作，充分发挥政策效应，各级农业部门采取积极措施，强化监督管理和组织实施，确保各项指标任务圆满完成。

一是开展取土化验，为农民进行耕地“体检”。按照“三年一轮回”的原则，开展取土化验，为农民免费进行了耕地“体检”，初步摸清了96 667千公顷耕地土壤养分状况，为农民实施配方施肥提供科学依据。

二是制定施肥配方，为庄稼提供“营养套餐”。在县级取土化验、田间试验的基础上，分区域、分作物研制施肥配方，方便农民按方施肥、肥料企业按方供肥。

三是开展农企合作，扩大配方肥推广应用。层层组织召开配方肥产需对接座谈会，落实供肥企业、供肥区域和供肥模式，为农民生产供应配方肥。引导大中型肥料企业建立乡村直销网点，开展配方肥连锁配送服务，方便农民购肥。引导企业建立乡村智能化配肥供肥服务网点，为农民开展现场智能化混配服务。

四是发展农化服务，帮助农民施肥到田。利用农机购置补贴政策，积极引导农民购买施肥机械，组建农机专业服务队或专业合作社，探索机械施肥专业化服务模式，帮助农民解决一家一户无人施肥、无机械施肥的难题。改进粗放施肥方式，推广化肥深施、种肥同播、水肥一体化等施肥技术，促进肥料高效利用。

五是强化监督指导，把实事办好办实。推动施肥方案上墙、示范方到村、培训班进田、配方肥下地，打通测土配方施肥技术进村入户到田“最后一公里”。开展工作督导和绩效考评，对各省目标任务完成情况、配方肥推广应用情况进行监督和考评，推动各项措施落到实处。

（三）农业科技推广服务取得新成效　一是围绕产业需求扎实开展全年全程科技服务。分农产品、分区域推介发布了2012年160个主导品种和100项主推技术，按照“专家定点联系到县、农技人员包村联户”的总体要求，组织全国农业科研、教学和推广单位的70万名科技人员，下乡进村，深入生产一线，查苗情、查墒情、查病虫情，因时、因地、因苗、因墒等落实好粮食生产管理措施。在全国实施科技人员包村联户行动，确保村村都有农技人员指导，大力推进农技人员与村户的责任对接，全力支撑粮食生产实现“九连增”。二是启动实施东北地区玉米“双增二百”科技行动。统筹玉米科技创新、转化推广和技术培训工作，以黑龙江、吉林、辽宁和内蒙古4省、自治区为重点区域，以玉米增产和节本增效协调促进为目标，强化优良品种、栽培技术和工程机械三大支撑，形成依靠科技支撑玉米产业发展的强大合力，推动玉米增产增效并重，良种良法配套，农机农艺结合，生产生态协调。召开了启动会议，落实了面积、主导品种、主推技术和责任专家。项目区148个县（场）实行专家包县（场）制度，每个县都推介发布了主导品种和主推技术，大力开展农民技术培训及先进实用技术的推广。实施“中化杯”玉米王挑战赛，开展高产竞赛，评选出6名“玉米王”。具备条件区域2 623.33千公顷玉米亩均增产104千克，节本增效209.8元。三是继续实施超级稻“双增一百”科技行动。以选育和推广优质、高产、广适、抗逆超级稻为核心，大力推广超级稻品种及配套高产栽培技术，构建科技与生产良性互动、产学研紧密衔接的超级稻技术创新与示范推广运行机制，促进超级稻生产技术进村入户，全年超级稻推广8 000千公顷以上，亩增产50千克、节本增效100元。

（四）农民教育和培训工作取得新进展 一是继续实施农村劳动力培训阳光工程。深入推进阳光工程转型，面向农业产前、产中、产后服务和农村社会管理领域的从业人员开展职业技能培训。2012年，中央财政安排阳光工程资金11亿元，全年培训农民330万人。其中，首次结合全国1.25万个粮棉油糖高产创建示范片开展农民培训，为每个示范片培训骨干农民100人。二是启动新型职业农民培育试点。在全国选择100个县启动新型职业农民培育试点工作，每个试点县围绕2～3个主导产业，培育新型职业农民500～1 000人。三是开展“全国冬春农业科技大培训行动”。建立了“政府主导、上下联动、多元参与、广泛培训”的大培训工作机制，全国各地共投入培训经费7.9亿元，培训农民6 175万人次，提供咨询服务2 730万人次，开展现场培训或指导56万场次，举办培训班25.4万期，发放技术资料8.5亿份。四是加强农科教合作人才培养基地建设。依托现代农业产业技术体系综合试验站，拓展试验站功能，建设了一批集人才培养、科学研究、成果转化与推广、农民培训和大学生创新创业实践为一体的农科教合作人才培养基地。

专栏22

新型职业农民培育试点

近年来，我国农村劳动力持续向外转移，一些地方农忙季节缺人手越来越突出，务农劳动力老龄化越来越明显，农业兼业化副业化越来越普遍，农业发展面临新挑战，未来“谁来种地”“谁来养猪”引发社会广泛关注，成为必须面对和解决的重大问题。同时，随着我国传统农业加快向现代农业转变，承包农户日益分化，专业大户、家庭农场、农民专业合作组织等新型农业生产经营主体不断涌现，对农业发展方式提出更高要求，破解农业劳动力结构性矛盾和后继乏人问题，培育和稳定现代农业生产经营者队伍，不断增强农村发展活力，迫切需要大力培育新型职业农民。

2012年中央1号文件提出大力培育新型职业农民，这是中央在“三农”领域贯彻落实科学发展观新的具体要求，也是当前和今后一个时期指导农民教育培训工作的行动指南，是一项重大制度创新。加快培育大批新型职业农民，一是有利于促进农民从身份向职业的转变，在推动城乡发展一体化中加快剥离农民的身份属性，使农民逐步走向具有较高的社会保障和社会地位的职业，解决有人愿意在农村留下来搞农业的问题。二是有利于促进农民从传统农业生产向现代农业生产经营的转变，在加大强农惠农富农政策力度中加快发展现代农业，使农民逐步走上专业化和规模化效益农业的路子，解决务农种粮不吃亏得实惠的问题。三是有利于促进农民从传统小农生产向社会化大生产的转变，在坚持和完善农村基本经营制度中加快培育新型生产经营主体，使农民逐步走入“家庭经营+合作组织+社会化服务”的新型农业经营体系，解决国家粮食安全和重要农产品供给的问题。

2012年8月，农业部印发《新型职业农民培育试点工作方案》，在全国选择100个县启动新型职业农民培育试点工作，每个试点县围绕2～3个主导产业，培育新型职业农民500～1 000人，力争通过三年试点，形成教育培养、认定管理、政策扶持等互相衔接配套的新型职业农民培育制度体系。一是教育培训制度。以“政府统筹、部门配合、社会参与”为目标，充分发挥农民教育培训机构特别是各级农业广播电视学校、农业院校、农业科研院所、农技推广部门、农业企业和农民专业合作组织的教育培训作用，构建职业教育与短期培训并重、系统培养和经常化培训结合的教育培训制度。二是认定管理办法。明确认定条件，充分尊重农民主体意愿，以农民自愿原则进行认优先认定那些年富力强，接受过系统教育培训，具有良好社会责任感和职业道德，已经具备一定生产规模的农民，对认定的新型职业农民要建立信息档案，实行动态管理。三是支持扶持政策。在土地流转、生产扶持、金融信贷、农业保险、社会保障等方面给予新型职业农民优惠扶持。

农业农村人才队伍建设

2012年，农业部认真贯彻落实党的十八大精神和中央关于人才工作的决策部署，以实施《农村实用人才和农业科技人才队伍建设中长期规划（2010—2020年）》为主线，以农业科研、推广和农村实用人才为重点，统筹推进农业农村人才队伍建设，取得明显成效，为发展现代农业提供了有力的人才支撑。

（一）人才规划贯彻落实迈出新步伐 一是进一步明确工作任务。研究出台了《农业部农业农村人才工作领导小组职责、工作规则和任务分工》，印发了《2012年农业部人才工作要点》，对当年的重点工作任务予以明确。二是在推动形成工作合力上下功夫。组织召开农业农村人才工作座谈会，对人才规划贯彻落实作出具体部署，对各地落实人才工作任务提出明确要求；加强与相关部门沟通，强化现代农业人才支撑计划各项培养任务的分工落实，形成各有侧重、互为补充的农业农村人才培养项目体系。三是落实资金。积极争取财政支持，落实现代农业人才支撑计划项目资金，支持农业科研杰出人才开展自主选题研究等工作。结合基层农技推广体系建设、农村劳动力培训等工程项目，支持开展农技推广骨干及农业产业化龙头企业负责人、农民专业合作组织负责人、生产能手和农村经纪人等各类人才培训。四是加大宣传力度。通过《农民日报》《农村工作通讯》等新闻媒体，通过编发《农业农村人才工作动态》，大力宣传农业农村人才工作的重大部署、重大举措、重大成效，大力宣传各地各部门创造的典型经验，大力宣传典型人物的先进事迹，着力营造尊重农业农村人才、重视农业农村人才工作的良好氛围。

（二）农村实用人才队伍建设取得新进步 一是继续开展农村实用人才带头人示范培训。全年共举办31期农村实用人才带头人示范培训班，示范培养各类农村实用人才带头人3 100名。二是大规模开展农民职业技能培训和农业职业教育。认真组织实施新型农民培训阳光工程，扩大培训规模，提高补助标准，全年中央财政安排培训资金11亿元，培训种植业生产服务、畜牧和渔业生产服务、兽医服务、农机服务、农业经营管理和农村社会管理、涉农企业服务、农业创业等七大类从业人员300万人。围绕农业技术指导、肥料配方、病虫害统防统治等重点职业领域，全年共培训鉴定技能型人才45.68万人次。组织实施农村实用人才培养“百万中专生计划”，全年招生培养10万人。三是支持农村实用人才创业兴业。探索农村实用人才创业兴业扶持机制，积极争取社会资金支持，启动实施“百名农业科教兴村杰出带头人资助项目”“全国杰出农村实用人才项目”和“贵州大学生村官创业资助项目”，支持一批群众公认、示范带动能力强的杰出农村实用人才创业兴业。

（三）农业科研人才队伍建设扎实有序推进 一是依托科研项目培养农业科研人才。充分发挥现代农业产业技术体系、转基因重大专项、行业科研专项的重要作用，加大资金投入，促进农业科研人才在创新实践中成长。通过自主举办理论业务培训班、联合举办高级研修班等方式，对农业科研人才进行培养教育。二是依托重大人才工程培养农业科研杰出人才。实施农业科研杰出人才培养计划，评选产生100名农业科研杰出人才及其创新团队，对首批150名农业科研杰出人才及其创新团队给予专项经费支持，用于开展自主选题、学术交流、学习培训和文献出版等。出台《农业科研杰出人才培养计划实施办法》，规范计划实施。举办农业科研杰出人才培训班，与国家外专局签署《现代农业人才出国（境）培训合作备忘录》，支持农业科研杰出人才及其创新团队开展国际学术交流和合作。三是大力引进农业科研领军人才。加强海外高层次人才创新创业基地建设，借助国家“千人计划”平台，大力引进农业领域海外高层次人才。开展第四届中华农业英才奖评选，积极推荐专家申报“万人计划”等人才项目。

（四）农技推广人才队伍建设工作力度不断加大 一是完善评价标准树立正确导向。与人力资源和社会保障部共同开展农业技术推广研究员队伍建设情况专题调研，调整完善农技推广人才评价办法，在推广研究员推荐评审工作中，强调以服务能力、工作业绩、实际成效、农民满意度等为重点，把推荐指标向基层一线倾斜，引导广大农技推广人员深入基层为民服务。二是强化培养培训提升能力素质。印发《万名农技推广骨干人才培养计划实施方案》，以农业大县为重点，选拔推广骨干参加学习研修、技术交流、观摩展示等，提升他们的科技水平和业务能力。全面开展基层农技人员知识更新培训，加快现有农技人员知识更新，全年培训20万人以上。积极推动实施“基层农技推广特岗计划”。

（五）部系统领导班子和干部队伍建设迈上新台阶　一是着力优化领导班子和干部队伍结构。坚持德才兼备、以德为先的用人标准，加强干部德的考核，强化干部思想理论武装，选优配强领导班子，提升领导班子整体功能和合力。突出“干什么考什么”，先后组织副局级、处级干部竞争上岗，促进优秀年轻干部脱颖而出。二是着力加大干部实践锻炼和教育培训力度。组织部系统123名干部开展为期一个月的进村入户调研，了解民情、把握农情、增进感情。组织50名青年干部深入10个整建制推进粮食高产创建试点县所属村，驻村开展调查研究和支农劳动锻炼。不断拓宽干部挂职锻炼渠道，选派优秀干部在“三农”主战场锻炼成才。组织举办青年干部学习贯彻十八大精神专题培训班、农业专题研究班、干部任职培训班、农牧渔业大县局长轮训班、地方农业科技创新与推广专题研究班、中青年领导干部境外专题培训班等，培训农业系统干部近2 100人次。

农业行政能力建设

按照建设服务政府、责任政府、法治政府和廉洁政府的要求，农业部深化农业行政管理体制改革，着力转变职能、理顺关系、提高效能，创新体制机制，提升履职能力。稳步推进事业单位改革，认真开展清理规范，优化结构布局，完善支撑服务体系建设，不断增强事业单位的生机活力。加强农业社团的建设和管理，引导社团围绕中心，服务大局，充分发挥其在农业农村经济发展中的作用。

（一）深入开展农业行政管理体制改革研究，着力强化履职能力

1. 开展农业行政管理体制改革研究。根据中央关于推进行政管理体制改革和政府职能转变的有关要求，全面梳理和汇总2008年以来农业部机构沿革、职能调整、行政审批及相关法律法规等基础情况，进一步梳理与相关部门的职责交叉问题，并研究提出深化农业行政管理体制改革的有关政策建议，为新一轮政府机构改革做好相关政策和理论储备。配合国家行政学院等单位开展“大部制改革”专题调研和座谈，逐步理清农业大部制改革思路。配合中央编办开展海上执法管理体制研究，形成中国海洋渔业执法工作情况报告。继续开展农药管理体制改革研究，协调推动《农药管理条例》修订工作。深入研究南繁科学化管理问题，进一步健全工作体制机制。

2. 完善农村改革试验区管理机构建设。为加大农村改革试验区的管理和服务力度，充分发挥试验区先行先试和辐射带动作用，在深入分析农村改革试验区管理现状、运行机制和发展趋势基础上，研究提出加强农村改革试验区管理机构的意见建议，协调中央编办在产业政策与法规司加挂“农村改革试验区办公室”牌子，并相应增加工作机构和领导力量，有力保障了农村改革试验区管理职责的有效履行，促进了农村改革试验工作健康发展。

3. 加强机关机构编制管理。开展加强和改进部机关纪检监察组织建设专题研究，积极探索加强纪检监察机构工作力量的有效途径，形成专题报告报送中央编办。围绕部机关军转干部接收安置和编制使用、司局级非领导职数配备、机关司局机构编制调整等重点难点问题开展深入调研，在形成专题报告基础上推动完善相关工作制度，进一步提升各项工作的科学化和规范化水平，为强化农业部履职能力提供了有力的组织保障。

4. 提升农业公共服务能力。截至2012年底，中央关于普遍健全乡镇或区域性农业技术推广、动植物疫病防控机构的任务基本完成，农产品质量安全监管机构建设扎实有效加快推进。目前，全国所有的省、63%的地市、48%的区县、94%的乡镇已建立农产品质量安全监管机构；农产品质量安全检验检测体系逐步完善，中央、省、地、县四级已投资建设质检机构2 273个，检测人员达2.72万人名。

5. 推动农业综合执法体系建设。截至2012年底，全国259个市（地、州）、2 295个县（市、区）开展了农业综合执法，县级覆盖率达到应建比例的99%。机构性质属于行政机关、参公管理单位或全额拨款事业单位的比例为96.7%。全国各级农业综合执法机构在岗执法人员为27 617人，其中公务员编制和参照公务员管理的比例为27.3%，上海、浙江、重庆、贵州、福建、新疆、湖南、四川8省（自治区、直辖市）各级综合执法机构在岗执法人员为公务员编制和参照公务员管理的比例达50%以上。

（二）稳步推进事业单位分类改革，着力强化支撑保障能力

1. 顺利完成事业单位清理规范工作。严格按照中央关于事业单位分类改革有关政策精神，按照强化农业事业单位公益服务属性、实事求是、完善功能、“大稳定、小调整”的原则和思路，深入研究部属事业单位的职能定位和发展方向，提出事业单位优化结构布局建议和清理规范意见，并于2012年8月获得中央编办批复，为稳步推进事业单位分类改革奠定了坚实基础。根据中央编办批复农业部的事业单位清理规范意见，研究落实农民日报社等7家部属单位编制调整事宜。

2. 深入开展事业单位分类改革及相关行业改革研究工作。组织开展对承担行政职能事业单位分类改革专题调研，科学分析单位性质，研判分类方向，提出意见建议，做好改革相关研究储备。配合中央编办组织召开地方农业事业单位改革调研座谈会，交流研讨地方农技推广、农村经管、农机推广、畜牧推广、动物疫病防控、动物卫生监督等体系建设与改革情况，反映行业诉求，提出意见建议。对中国农机安全报社等单位转企改制中涉及机构编制调整、人员聘用管理、社会保障等问题进行深入研究，稳步推进非时政类报刊出版单位改革工作。

3. 优化事业单位结构布局。根据中央编办批复要求，协调落实农业部农业生态与资源保护总站、农业部食物与营养发展研究所组建事宜，研究批复组建决定和“三定”规定，组建农业部食物营养与发展研究所理事会，健全法人治理结构。研究中国农业科学院成果转化局组建工作，强化部属研究院所促进产学研一体化能力。研究批复农业部东海区渔政局、农业部农业机械化技术推广总站、农民日报社、农业部农药检定所内设机构和领导职数调整工作，进一步优化事业单位布局，提升支撑保障和公共服务能力。继续深入推进聘用制，全面开展事业单位岗位设置管理，加强对事业单位实施岗位设置管理后人员聘用、工资管理、干部任用等有关政策研究，进一步提升事业单位活力。

（三）强化农业社团管理服务，着力推动健康发展

1. 加大社团监管力度。加强对部领导兼任社团职务事宜的统筹研究，协调落实兼职报批事项，进一步充实社团领导力量。配合纪检监察部门开展领导干部在社团兼职专项清理规范工作，规范机关工作人员兼职行为，强化社团兼职工作人员日常管理。组织部管社团参加评估工作，提升社团运行的规范化、科学化水平。会同有关司局协调解决中国杜仲综合开发协会有关历史遗留问题，推动协会撤销有关工作。

2. 推动重要社团筹备组建。积极推动中国远洋渔业协会、中国蔬菜协会、中国苹果产业协会、休闲垂钓协会等社团筹备成立工作，并指导开展负责人备案、章程核准、成立登记等审核工作。审核中国渔业协会、中国水产流通与加工协会、中国饲料工业协会、中国养蜂学会、中国合作经济学会、中国优质农产品开发服务协会分支机构设立或调整工作，进一步拓展社团业务范围，强化社团桥梁纽带作用。

3. 做好社团日常登记管理。组织完成业务主管社团、基金会和民办非企业单位的年检初审、汇总和上报工作，对年检结果进行梳理总结，并形成年度统计信息汇编。先后研究批复中国农学会等23家社团负责人换届及调整方案，审核办理中国渔业协会等20家社团登记变更事宜，指导中国乡镇企业协会等8家社团完成章程修订核准，协助海峡两岸茶业交流协会等3家社团办理相关票据申领工作。

农业灾害

（一）农业气象灾害 2012年，我国农业重大气象灾害发生总体偏轻，主要以干旱、洪涝为主，台风灾害偏重发生，全年农作物受灾面积24 962千公顷，比上年减少7 509千公顷，降低23%；其中，成灾面积11 474千公顷，减少967千公顷，降低7.8%；绝收面积1 826.3千公顷，减少1 066千公顷，降低36.9%。全年因灾损失粮食249.25亿千克，减少99.25亿千克，降低41.4%。其中，因干旱损失粮食70.49亿千克，因洪涝损失粮食106.8亿千克，因台风损失粮食29.95亿千克（图22、图23）。

1. 干旱。2012年，全国农作物因干旱受灾面积9 339.8千公顷，比上年减少6 964.4千公顷，其中成灾3 508.6千公顷，绝收374千公顷，分别减少3 090千公顷、1 131.4千公顷。

2. 洪涝。2012年，全国农作物因洪涝受灾7 729.6千公顷，其中成灾4 144.5千公顷，绝收889千公顷；分别比上年增加886.2千公顷、1 305千公顷和110.3千公顷。

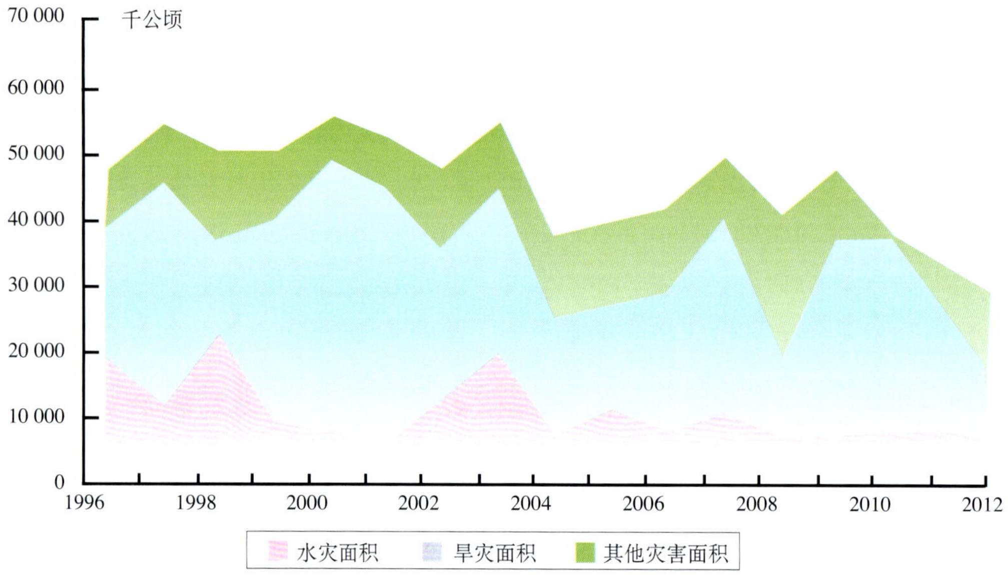

图22 1996—2012年农业受灾面积变动情况

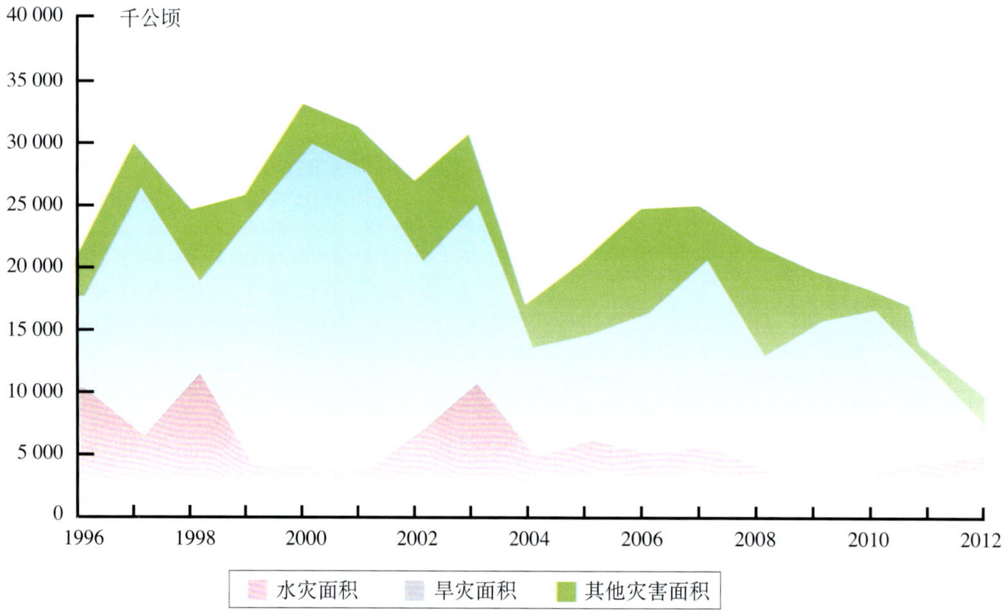

图23 1996—2012年农业成灾面积变动情况

3. 台风。2012年，全国农作物因台风受灾面积3 490.8千公顷，其中成灾1 657.9千公顷，绝收206.3千公顷，分别比上年增加1 944.3千公顷、1 293.5千公顷和124.6千公顷。

4. 风雹。2012年，全国农作物因风雹受灾面积2 780.8千公顷，其中成灾1 368.4千公顷，绝收213.4千公顷；分别比上年减少528.5千公顷、增加20.5千公顷和减少89千公顷。

5. 低温冻害。2012年，全国农作物因低温冻害受灾面积1 617.8千公顷，比上年减少2 829.3千公顷；其中成灾794.6千公顷，绝收142.9千公顷，分别减少496.3千公顷和68.2千公顷。

（二）农作物病虫草鼠害 2012年，全国农作物病虫草鼠害发生面积507 523.65千公顷次，比上年增加33 812.83千公顷次。造成粮食损失2 251.12万吨，比上年增加389.67万吨，损失棉花47.02万吨，损失油料91.89万吨。全年累计防治面积605 038.07千公顷次，比上年增加50 225.44千公顷次。通过防治挽回粮食损失11 052.51万吨，比上年增加1 911.49万吨，挽回棉花损失183.19万吨，挽回油料损失355.42万吨。

1. 蝗虫。2012年，全国蝗虫发生危害面积6 093.06千公顷次，其中东亚飞蝗1 357.67千公顷次，亚洲飞蝗70.66千公顷次，西藏飞蝗81.86千公顷次，农区土蝗2 309.8千公顷次，农牧交错区土蝗2 273.07千公顷次。全年防治蝗虫面积3 477.95千公顷次，其中东亚飞蝗911.43千公顷次，亚洲飞蝗20.87千公顷次，西藏飞蝗76.63千公顷次，农区土蝗1 731.05千公顷次，农牧交错区土蝗737.96千公顷次。飞蝗防治效果达到90%以上，土蝗防治效果达到85%以上。

2. 小麦病虫害。2012年，小麦病虫害发生面积71 844.96千公顷次，比上年增加13 089.46千公顷次，造成小麦损失495.99万吨，比上年增加241.1万吨。全年防治面积85 943.63千公顷次，比上年增加16 323.28千公顷次。挽回小麦损失2 008.43万吨，比上年增加709.57万吨。其中，小麦条锈病发生1 902.53千公顷次，比上年增加659.49千公顷次，防治小麦条锈病3 473.94千公顷次，比上年增加986.71千公顷次。挽回小麦损失59.14万吨。小麦赤霉病发生9 949.06千公顷次，比上年增加7 318.36千公顷次，造成损失207.96万吨，比上年增加197.63万吨。防治面积13 361.4千公顷次，比上年增加6 763.36千公顷次，挽回损失612.64万吨，比上年增加542.06万吨。小麦蚜虫发生18 234.24千公顷次，造成损失100.74万吨，防治面积22 485.68千公顷次，挽回损失634.73万吨。小麦吸浆虫发生2 329.58千公顷次，造成损失15.75万吨，防治面积3 129.8千公顷次，挽回损失69.52万吨。

3. 水稻病虫害。2012年，全国水稻病虫害发生104 869.56千公顷次，比上年增加7 960.11千公顷次，造成稻谷损失470.74万吨。全年水稻重大病虫害防治面积共计167 440.9千公顷次，比上年增加15 139.69千公顷次，挽回粮食损失3 840.74万吨。稻飞虱、水稻螟虫、稻纵卷叶螟、稻瘟病、纹枯病等“三虫二病”发生面积达到90 647.93千公顷次，比上年增加8 394.35千公顷次，造成稻谷产量损失414.48万吨。其中，稻飞虱发生面积32 050.47千公顷次；稻纵卷叶螟发生面积17 466.6千公顷次；二化螟发生面积14 286.69千公顷次；三化螟发生面积2 023.26千公顷次；大螟发生面积

2 243.86千公顷次，稻瘟病发生面积4 577.86千公顷次；纹枯病发生面积17 999.17千公顷次。水稻病毒病发生914.11千公顷次，比上年减少153.83千公顷次，防治面积4 508.84千公顷次，与上年持平。

4. 玉米病虫害。2012年，全国玉米病虫害发生面积81 017.83千公顷次，比上年增加9 361.05千公顷次，造成玉米损失595.35万吨，与上年持平。其中玉米大小斑病发生9 452.31千公顷次，玉米螟24 259.94千公顷次，玉米丝黑穗病1 710.90千公顷次。全年防治玉米病虫害72 304.74千公顷次，比上年增加10 973.58千公顷次。挽回玉米损失1 923.35万吨，比上年增加508.62万吨。

5. 棉花病虫害。2012年，全国发生面积22 079.34千公顷次，比上年减少2 856.41千公顷次，造成棉花损失43.43万吨，比上年减少1.68万吨。其中棉铃虫发生面积5 099.57千公顷次，比上年减少737.75千公顷次。全年防治棉花病虫27 936.88千公顷次，比上年减少2 476.41千公顷次。挽回棉花损失157.11万吨，比上年略有减少。

6. 农田鼠害。2012年，全国农田鼠害发生25 107.65千公顷，比上年增加1 078.36千公顷，造成粮食损失179.98万吨，农田鼠害防治面积达到19 687.62千公顷，占发生面积的78.42%，挽回田间粮食损失509.22万吨。

7. 农田草害。2012年，农田草害发生94 219.11千公顷，比上年增加3 602.85千公顷次。防治面积100 499.85千公顷，比上年增加4 853.73千公顷。

8. 马铃薯病虫害。2012年，全国发生面积7 325.19千公顷次，比上年增加672.78千公顷次，造成损失102.86万吨。全年防治面积7 032.46千公顷次，比上年增加1 753.44千公顷次，挽回损失244.41万吨。其中，马铃薯晚疫病发生2 651.53千公顷次，比上年增加935千公顷次。防治3 218.53千公顷次，比上年增加1 549.96千公顷次。挽回损失147.45万吨，实际损失58.31万吨。

（三）畜牧业灾害

1. 草原火灾。2012年，全国共发生草原火灾110起，其中一般草原火灾88起，较大草原火灾3起，特别重大草原火灾2起。受害草原面积为127 133公顷，死亡2人，受伤8人。与上年相比，草原火灾次数增加27起，受害草原面积增加109 659.6公顷，增加重特大草原火灾4起。

2. 草原鼠虫害。2012年，草原鼠害危害面积3 691.5万公顷，约占全国草原面积的9.2%，较上年减少4.7%。草原鼠害主要发生在河北等13个省（自治区）和新疆生产建设兵团，其中在青海、内蒙古、西藏、甘肃、新疆、四川6省（自治区）草原鼠害危害面积合计3 334.1万公顷，占全国鼠害危害面积的90.3%。2012年，草原虫害危害面积为1 739.6万公顷，占全国草原面积的4.3%，较上年减少1.5%。草原虫害主要发生在河北等13个省（自治区）和新疆生产建设兵团，其中内蒙古、新疆、青海、甘肃、四川、宁夏6省（自治区）草原虫害危害面积合计为1 443.6万公顷，占全国草原虫害危害面积的83%。危害严重的主要种类是草原蝗虫、叶甲类害虫、草原毛虫、夜蛾类害虫，危害面积总计1 582.6万公顷，占全国草原虫害危害面积91%。其中草原蝗虫危害面积1 145.5万公顷，占全国草原虫害危害面积的65.9%。

（四）动物疫病 2012年，全国疫情形势总体保持平稳，未发生区域性重大动物疫情。

1．高致病性禽流感。2012年，宁夏、辽宁、甘肃、新疆兵团、广东发生5起家禽高致病性禽流感疫情，发病禽49 635只，死亡禽18 633只，扑杀家禽1 588 118只。

2．口蹄疫。2012年，湖北、宁夏、西藏、辽宁、江苏发生5起O型口蹄疫疫情，发病畜365头，死亡43头，扑杀3 557头只。

2012年，全国未发生亚洲I型、A型口蹄疫疫情。

3．高致病性猪蓝耳病。2012年，全国未发生高致病性猪蓝耳病疫情。猪瘟、新城疫等其他疫情继续保持平稳。

（五）渔业灾害 2010年，各类自然灾害频发，台风、地震、洪涝、寒潮等自然灾害共造成1 335.8千公顷养殖面积受灾，水产品损失170万吨，死亡（失踪）205人，重伤37人，直接经济损失251.8亿元。

农业可持续发展

（一）农业面源污染防治监测进一步加强 在全面清查全国农业县（市、区）种植业源、畜禽养殖业源、水产养殖业源和重点流域农村生活源相关数据的基础上，选取一批代表性农业县（区、旗）、乡镇、村庄、农户开展典型调查工作。调整、充实了全国农业面源污染国控监测网，确定全国农业面源污染国控监测点共计160余个，监测小区1 200余个，初步搭建了覆盖全国的监测网络框架。新建了由300余个定位监测试验点组成的农田地膜残留污染国控监测网络。在太湖、滇池、巢湖等流域及三峡库区，建成了一批农业面源污染防治示范区，将农业生产与农村生活有机整合，在政策支持和技术应用等方面探索了切实可行的有效措施。

（二）农业清洁生产工作积极推进 农业部与国家发展改革委、财政部联合启动了农业清洁生产示范项目建设，下发了《农业清洁生产示范实施方案编制指南》，在甘肃、新疆、四川、湖南、河南、山东、河北、广西的71个县实施了地膜回收利用、生猪清洁养殖和蔬菜清洁生产示范项目，推动了农业生产废弃物清洁化处理、资源化利用。

（三）农产品产地重金属污染防治工作全面启动 开展全国农产品产地重金属污染底数调查，实现农产品产地分级管理。开展农产品产地安全区划，设立国控点，全面启动农产品产地动态监测，建立产地安全预警机制。对中、轻度重金属污染土壤，实施以农艺措施为主体修复技术示范，进行土壤污染修复治理，在不同类型地区典型污染区域建立土壤重金属综合防治技术示范区。开展禁止生产区划分试点，指导调整种植结构，探索补偿机制和方法。

（四）农村清洁工程示范进展顺利 重点支持24个省份建设137个农村清洁工程示范村，每个示范村补贴经费8万～10万元。建设内容主要包括生活污水收集处理设施、废弃物收集处理利用设施、农田废弃物收集设施和建设乡村物业站。截至2012年，全国已建成1 500多个农村清洁工程示范村，开发出了较为成熟的生活垃圾、污水、人畜粪便处理工艺与配套设备。示范村的生活垃圾、污水、农作物秸秆、人畜粪便处理利用率达到90%以上，化肥、农药减施20%以上，实现了生产、生活、生态的有机结合，实现了农业生产生活方式的转变，明显改善了农村环境，也有效控制了农村面源污染。

（五）农业生物资源保护步伐不断加快 组织开展25个省份重要野生植物资源调查，范围覆盖209个县以及重点山区、平原和河流，调查物种包括野生蔬菜、野生果树、野生花卉等41类植物的100多个物种，利用GPS对1 214个分布点进行了定位和信息采集，制作标本2 900多份，采集图像信息10 000多幅，查清了各类农业野生植物在各地的分布状况和生态环境特点，发现了新的野生植物分布点。抢救性收集农业野生植物资源1 257份，利用国家种质资源库和种质资源圃对重要农业野生植物资源进行了安全保存，并对野生稻、野大豆、野生苹果等农业野生植物资源优异性状进行了鉴定评价，发掘出了多份高抗材料。新建农业野生植物原生境保护点15个，保护对象涉及农作物近缘野生植物、野生花卉、野生果树、药用野生植物等多个物种。

（六）外来入侵生物防治扎实推进 发布《国家重点管理外来入侵物种名录（第一批）》，收录了对农林业生产和生态危害较为严重的52种外来入侵物种。采取点面结合的方法，对刺萼龙葵、少花蒺藜草、黄顶菊、野燕麦、薇甘菊等12种危险性农业入侵植物的扩散方式、危害性质、分布区域与面积、危害程度、各地控制技术和措施等开展了综合调查，完善了524种外来入侵物种的信息数据库。加强外来入侵监测预警体系建设，对银胶菊、长芒苋、刺苍耳、紫茎泽兰等已入侵生物跟踪监控，对其扩散趋势进行分析，及时发出预测预警信息。针对吉林刺萼龙葵、湖北福寿螺和江西水花生入侵暴发突发事件，及时组织专家赴现场进行指导，制定突发事件应急处理技术方案，落实中央应急资金1 533万元，启动应急机制，有效控制了外来入侵物种刺萼龙葵和薇甘菊的扩散和蔓延，降低了农牧业的损失。组织全国22个省、自治区、直辖市开展外来入侵物种灭毒除害行动，开展防治技术示范和“防毒、识毒”宣传，提高了基层农业干部参与外来入侵物种防治的工作水平，增强了群众识毒水平和防毒意识。

（七）农村沼气建设取得明显成效 2012年，中央安排沼气建设投资30亿元，建设户用沼气80多万户、小型沼气工程近5 400处、乡村服务网点8 600多个、大中型沼气工程610多处。到2012年底，全国农村沼气用户已达4 200多万户，农村沼气受益人口达1.5亿多人。组织召开了全国农村沼气工作会议，提出了今后一段时期内农村沼气建设“调结构、优布局、提标准、建体系、强能力、创机制”的新思路，进一步明确了下一步工作重点。

专栏23

推进节水农业发展

“十一五”以来，农业部认真贯彻落实中央领导有关发展节水农业的指示精神，通过发文件、开会议、建试点、搞活动，推动节水农业发展。各级农业部门积极响应，强化组织领导，不断增加投入，建立节水农业示范区，加大舆论宣传，营造社会氛围，引领农民开展节水农业技术的应用，成效显著，经验丰富，取得了显著的经济、社会和生态效益。

一是强化行政推动。为加快节水农业的发展，农业部下发了《关于推进节水农业发展的意见》，制定了《全国节水农业工作方案》《农田节水技术示范区建设规范》《地膜覆盖技术指导意见》《水肥一体化技术指导意见》《全国土壤墒情监测工作方案》等文件，连续6年召开全国农田节水会议，多年安排技术示范项目，推动了节水农业的发展。各级党委政府高度重视，将节水农业作为农业可持续发展的战略性措施，加强领导，增加投入，全面推进。

二是加快技术集成与推广。各级农业部门克服困难，集中力量，研发集成和推广了以地膜覆盖和膜下滴灌水肥一体化为代表的一批主推技术。各地紧紧围绕重点作物和优势产业，根据当地自然条件、经济水平、水资源状况等因素，顺天应时，主动抗旱、科学抗旱，研发了针对性强、实用简便、易操作、投入少、见效快的高效节水农业9大技术模式，建设了一批不同区域、不同优势作物、不同水资源条件下的农田节水示范区。尤其是全膜覆盖和膜下滴灌水肥一体化技术率先在西北地区突破，带动“三北”地区大面积推广，走出了一条干旱半干旱地区节水农业的新路子。近几年来，以地膜覆盖和膜下滴灌水肥一体化为代表的主推技术模式推广面积每年达到26 667多千公顷次。

三是着力示范区建设。为加快节水农业技术的推广应用，各省（自治区、直辖市）根据本区域农业发展优势，突出重点区域、主要作物和关键技术，建立了不同区域、不同作物、不同技术模式、不同管理方式的节水农业示范区100多个。实现主要作物与关键技术相结合、工程措施与农艺措施相结合、示范与推广相结合、成果展示与农民培训相结合，初步形成各具特色的区域节水农业发展新格局。“三北”旱作区形成了以玉米、马铃薯生产为主的全膜覆盖双垄集雨保墒主推技术格局；黄淮海冬小麦主产区形成了测墒灌溉节水主推技术格局；西南季节性干旱地区形成了以玉米、马铃薯生产为主的半膜覆盖和集雨补灌主推技术格局；在有灌溉条件的地区形成了以经济作物生产为主的膜下滴灌水肥一体化主推技术格局。

四是确保粮钱双收。近几年节水农业的发展，挖掘了增产潜力，大幅度增加了粮食产量，优化了种植结构，促进了相关产业发展和农民增收。玉米全膜覆盖技术亩增产150千克以上，水肥一体化技术亩节水100多立方米，增收500元以上。青海省民和县降水量低，不适宜种植玉米，从引进玉米全膜覆盖技术示范成功后，玉米单产为小麦的3倍，迅速扩大到全县，改变了种植结构，全面发展高产玉米种植，使全县粮食总产量从2008年的1.15亿千克增加到2010年1.85亿千克。2010年民和县农民人均收入，仅扩大玉米面积一项就增收533元，2011年推广20千公顷，人均增收提高到800元。甘肃省全膜覆盖玉米技术推广面积每年667多千公顷，占全省粮食播种面积的25%，用全省1/4的粮食播种面积生产了全省一半以上的粮食产量。

五是节水农业支撑作用强大。据有关专家测算，通过推广节水农业技术，在灌区小麦和水稻生产上具有节水360亿立方米的潜力，相当于新增灌溉面积5 467千公顷，由旱地变为水浇地，按每亩增产

150千克粮食计算，可新增粮食生产能力123亿千克。在旱作区提高自然降水利用率，具有260亿立方米的潜力。同时，通过推广节水农业技术，将灌溉水的粮食生产效率提高0.1千克/立方米，旱作区每毫米降水的粮食生产效率提高0.1千克/亩，可增加粮食生产能力500亿千克以上。

六是不断扩大资金投入规模。据不完全统计，每年投入节水农业的资金100多亿元，如国家"十二五"期间，在东北4省、自治区实施"节水增粮行动"，投资380亿元，建立高效节水技术面积2 533千公顷，吉林省投资80亿元、辽宁省投资60亿元，甘肃、新疆、内蒙古、山西、陕西、河北、广东、广西等省、自治区都加大了投资力度，大力推进节水农业发展。

为保障农业的可持续发展，实现节水农业"一个促进""两个缓解""三个提高"的总体目标，即：促进粮食增产和农民增收；缓解农业生产缺水矛盾，缓解干旱对农业生产的威胁；提高农业抗旱减灾能力，提高水分生产力，提高耕地综合生产能力，农业部力争在"十二五"期间新增节水农业技术推广面积6 667千公顷，灌溉水生产力和自然降水生产效率提高10%。

农业国际合作与交流

（一）积极参与多双边贸易磋商谈判和国际规则制订 参加世界贸易组织农业谈判和中澳、中瑞、中国—冰岛、中韩、中日韩自贸区启动准备工作，争取优势农产品出口的优惠市场准入条件，切实维护了我农业产业安全和农民利益。认真做好贸易政策审议和通报工作；先后参与国际食品法典标准、土地权属治理自愿准则和国际植物检疫措施等9项标准及规则的制订磋商和谈判。在国际食品法典农药残留委员会第44次会议审查中，我国提出的茶叶和水稻5项农药残留标准草案上升为国际食品法典标准。积极参与联合国粮农组织（FAO）《国家粮食安全范围内的土地、渔业及森林权属负责任治理自愿准则》和"负责任农业投资原则"的磋商进程，在征地、权属登记等重大问题上切实体现了我政策主张。

（二）务实推动农业"走出去"战略的实施 成功促成北京德青源公司与美国最大的养猪企业史密斯菲尔德公司就养殖场废弃物处理签订合同。组织百名企业家出席首届中美农业高层研讨会。组织10余家水产企业赴拉美国家开展企业投资推介活动，初步确定南美白对虾等水产领域的合作内容。组织企业赴拉美，落实时任总理温家宝关于加强中拉农业合作的政策主张。参与完成《中澳关于加强农业投资与技术合作的联合研究报告》。加强与商务部、发改委等部门的协调配合，积极争取国家对农业"走出去"的支持政策。

（三）大力开展优势农产品营销促销 统筹国际合作系统农产品国际营销促销资源，重点打造渔博会、薯博会、种博会等国际农业知名品牌展会，加强对地方农产品国际促销活动引导，打造国家级农业展团，推动优势农产品出口。成功组织举办了第二届广西、江西、陕西、山西、山东、新疆6省、自治区优质水果推介活动、中国—阿拉伯国家农业经贸论坛农业合作分会以及中阿农业经贸投资洽谈会等一系列活动，支持我企业在美国、澳大利亚等国参加主要农业展会。

（四）积极开展境外农业技术试验示范和跨境动物疫病防控合作 支持安徽袁氏农业、湖北种子集团等10余家种子企业和科研单位在印度尼西亚、柬埔寨等国开展优质高产农作物示范项目。各项目单位在亚洲国家示范农作物品种和组合243个，在国外成功注册农作物品种约50个，农作物试验示范面积10 741公顷，优良农作物品种推广面积75.6万公顷。通过开展优质农作物品种的试验示范，有效提高了亚洲国家农作物产量，增产幅度在30%以上；支持开展与周边国家的跨境动植物疫病防控工作，在越南建设4个水稻稻飞虱观测站，在柬埔寨、缅甸等国建设和完善4个重大动物疫病监测实验室，与哈萨克斯坦开展联合治蝗，都取得显著经济、生态和社会效益。利用FAO技术与资金支持，促成中蒙俄动物疫病防控合作。

（五）大力促进科技合作和技术引进 充分发挥多双边合作机制的作用，支持中美、中巴联合实验室建设，加强与发达国家的科技交流。成功引进嘉吉公司、杜邦公司、孟山都公司、沃尔玛公司、百事公司等跨国企业与中国开展研发合作。“中波农业科技中心”各项合作全面开展。着力推动“中国国际农业培训中心能力建设”项目执行，有效提高了我国对外输出农业技术和发展理念的能力。中英可持续农业创新协作网、中国—国际应用生物科学中心植物智慧项目在科研合作领域取得了成果；围绕农业农村中心工作争取外资外援，从联合国粮农组织争取到兽医现场流行病学培训、金银花生产和产后处理等技术援助项目，引进亚洲开发银行草原碳汇项目、世界银行人畜共患病防控能力建设三期项目，积极推动中国农业科学院等单位参加国际农业研究磋商组织的战略研究项目，深入参与全球科技资源的配置。中国农业科学院植保所与国际应用生物科学中心共同向欧盟申请的“湄公河次区域内玉米种植生物防治技术转移”项目获批准，欧盟资助282万欧元。

（六）积极参与国际粮农领域合作 正面宣传我国农业发展成就和经验。2012年10月，温家宝总理在人民大会堂接受了联合国粮农组织颁发的该组织最高奖——“农民”奖章；全面提升与农业国际机构的合作关系。与联合国粮农组织签署双方加强合作的谅解备忘录，使双方合作关系进一步得到提升。成功推荐中国农业科学院原副院长王韧竞聘成为联合国粮农组织助理总干事。积极推动国际马铃薯中心亚太中心筹建工作；积极参加联合国粮农组织亚太区域第30届大会、亚太经合组织第二届粮食安全部长会议、全球粮价波动政策研讨会等重要会议，推动出台促进区域合作与发展、符合我国实际和预期的成果；积极参与国际粮农事务管理。强化“南南合作”项目管理工作。编制了《农业部南南合作项目前期准备工作细则》《农业部南南合作人员选派及管理细则》和《农业部南南合作培训管理细则》等配套工作制度，进一步提升了“南南合作”管理的规范化、制度化、科学化，保障了项目实效。2012年，新启动了利比里亚、塞内加尔、乌干达三个国家的南南合作项目，共派出专家和技术员102人。

（七）进一步巩固和深化多双边和区域合作机制 积极深化中日韩农业合作机制，2012

年4月成功召开首届中日韩农业部长会议，签署《首届中日韩农业部长会议联合宣言》，建立三国农业合作新机制。积极参与中哈口岸和海关合作分委会第7次会议，推动中哈农产品快速通关“绿色通道”建设。积极参与中亚区域经济合作第11次部长会议，推动将农业纳入中亚区域合作框架。积极参与金砖国家领导人第四次会晤筹备工作、金砖国家农产品和粮食安全专家会议及农业合作工作组第二次会议，将我方关切纳入《新德里宣言》及其行动计划，为金砖国家农业合作打下了基础。召开第二次中英非农业合作会议，正式启动中英合作加快向低收入国家转让农业技术项目。积极参与世界动物卫生组织（OIE）第80届国际代表大会，推动农业部兽医局局长张仲秋当选OIE亚洲、远东和大洋洲区域委员会主席，促进我国更加广泛参与国际兽医合作。

2012年

农业和农村政策

2012年农业和农村政策

总体评价

2012年，党中央、国务院把稳定发展农业生产、确保农产品有效供给作为应对国内外复杂经济形势、赢得战略主动、促进国民经济平稳发展的基础支撑，继续大幅度增加农业农村投入，完善各项惠农政策，强化农业科技创新，为农业增产、农民增收、农村繁荣注入强劲动力。各地区、各部门认真贯彻中央决策部署，落实各项政策措施，围绕强科技保发展、强生产保供给、强民生保稳定，进一步加大强农惠农富农政策力度，积极推进改革创新，千方百计保证国家粮食安全和主要农产品有效供给，千方百计促进农民收入持续增长，努力促进农村各项社会事业发展，同步推进工业化、信息化、城镇化和农业现代化。

2012年，中央进一步增加农业农村投入，加大对农业的支持保护力度。中央财政共安排“三农”支出12 387.6亿元，比上年增长18%。“四补贴”资金进一步加大，全面启动农业防灾减灾稳产增产关键技术补助和草原生态奖补政策。强农惠农富农政策成效明显，我国农业科技进步和装备提升加速，为粮食生产实现连续“九连增”提供强有力支撑。

农村土地承包关系进一步稳定。土地承包经营权登记试点工作取得重要进展，土地承包经营权流转管理和服务试点积极开展，纠纷调解仲裁体系建设得到切实加强。农村集体资产管理工作进一步强化，农村集体产权制度改革取得了新进展。农民负担总体上保持在较低水平，由此引发的矛盾大幅减少，农村干群关系明显改善。

乡镇机构、农村义务教育、县乡财政管理体制和集体林权制度等改革继续深入推进，村级公益事业建设和一事一议财政奖补工作扎实开展，农村综合改革示范试点和国有农场办社会职能改革试点适时启动，农村改革试验区建设进展顺利。农村金融服务水平有所提升，涉农贷款财税激励政策力度加大，农村信用体系不断完善，新型农村金融机构数量增加，涉农企业直接融资和农业保险快速发展。

土地流转速度明显加快，规模经营发展取得明显进展。家庭农场不断发展壮大。国家对农民合作社支持力度加大，扶持政策进一步完善，农民专业合作社数量快速增长，经济实力逐步增强。国务院出台《支持龙头企业发展的意见》，龙头企业队伍不断壮大。各类新型农业经营主体在保障国家粮食安全和主要农产品供给等方面发挥着越来越重要的作用。

2012年小麦、稻谷最低收购价水平再次提高，部分小麦和稻谷主产区收购预案适时启动。国家继续对玉米、棉花、油料等重要农产品实行临时收储政策，并首次实施食糖临时收储政策。最低收购价政策和临时收储政策的实施，对稳定市场预期、保护和调动农民生产积极性起到了重要作用。生猪市场调控预案进一步完善，调控机制和调控手段更加丰富和完善。

2012年中央基层农业技术推广体系建设多项重大政策出台，农业部发布加快农业科技创新与推广的意见，基层农技推广体系建设实现重要突破。健全乡镇或区域性农业技术推广、动植物疫病防控等公共服务机构的任务基本完成，农产品质量监管机构建设加快推进。国家加大对乡镇农技推广机构条件建设，基本实现西部地区乡镇农技推广机构条件建设“全覆盖”和中东部地区乡镇农技推广机构仪器设备“全覆盖”。完成《农业技术推广法》修订，为农机推广体系建设提供了更有力的法制保障。

在继续推进春风行动、加强劳动管理的同时，国家开展了农民工工资清欠专项行动，农民工就业服务体系不断完善，劳动权益保护得到加强，工资拖欠问题得到缓解。国家以教育和医疗卫生为重点，加快推进农民工平等享受城镇基本公共服务。农民工随迁子女升学考试问题得到初步解决，农民工社保参保率稳步提高。

农业法制建设深入推进，农业法律法规进一步完善。《农业技术推广法修正案》审议通过并实施，《农业保险条例》公布实施。各地综合执法规范化建设扎实推进，执法能力加强，执法领域进一步拓宽，工作力度加大，有力维护了农民合法权益。

增加农业补贴

（一）政策主要内容 2012年，中央财政安排用于“三农”支出12 387.6亿元，比上年增加1 890亿元，增长18%。中央财政继续大幅增加农业补贴。主要政策内容包括以下几个方面：

1．农业“四补贴”规模继续增加。农业“四补贴”达到1 668亿元，比上年增加262亿元。其中，种粮直接补贴151亿元，与上年持平。农资综合补贴1 078亿元，比上年增加243亿元。农作物良种补贴安排224亿元，比上年增加4亿元，水稻、小麦、玉米和棉花等大宗粮棉作物实现全覆盖，大豆、青稞实行主产区全覆盖；油菜在长江流域冬油菜主产区实行全覆盖；花生良种补贴以黄淮海花生集中产区为主，适当兼顾其他主产区，包括河北、山东等12个省（自治区）；马铃薯原种生产补贴继续在内蒙古、黑龙江、甘肃等17个主产省（自治区、直辖市）实施。农机购置补贴安排215亿元，比上年增加40亿元，进一步扩大了补贴机具的种类，在11个省份启动了更新报废补贴试点。补贴实施工作总体启动早、措施实、进度快，效果显著。各级农机化主管部门与财政部门进一步完善管理制度，积极推进补贴操作方式创新，在江苏、湖南、浙江等17个省份开展全价购机、县级结算及重点机具敞开补贴等试点，强化督导检查，确保政策落实。

2．全面启动农业防灾减灾稳产增产关键技术补助。安排补贴资金63亿元，主要用于在小麦主产区全面实行“一喷三防”补助，在东北地区实施水稻大棚育秧补助，在南方早稻主要产区实施早稻集中育秧补助，在东北地区启动抗旱“坐水种”补助，在西南地区实行玉米地膜覆盖种植补助，在西北地区推广全膜覆盖沟播种植和膜下滴灌补助，对粮食主产区农作物病虫害专业化统防统治进行补助等。

3．全面实施草原生态奖补政策。中央财政安排资金150.6亿元，用于草原生态保护补助奖励，政策实施范围由内蒙古、新疆、西藏、青海、甘肃、四川、宁夏、云南8省（自治区）和新疆生产建设兵团扩展到河北、山西、辽宁、吉林、黑龙江5省的36个牧区半牧区县。

此外，中央财政安排畜禽良种补贴12亿元，用于生猪、奶牛、肉牛、绵羊良种补贴；安排重大动物疫病防疫经费42.9亿元，用于重大动物疫病疫苗经费补助、强制扑杀补助、病死猪无害化处理和基层动物防疫工作经费补助；安排能繁母猪饲养补贴28.5亿元。安排渔用柴油补贴240亿元，用于近海及内陆捕捞和养殖渔船、远洋渔船、港澳流动渔船柴油补贴。中央继续实施农业保险保费补贴政策。

（二）政策效果评价 农业补贴政策实施10多年来，取得了巨大的政治、经济和社会效应。

1．调整了工农、城乡关系，促进了社会稳定与和谐发展。农业补贴政策的启动实施，深入贯彻落实了中央提出的“多予少取放活”和“工业反哺农业、城市支持农村”等一系列关于“三农”工作的重大决策，实现了国家与农民由取到予关系的历史性转折，开始了工业化中期农业支持保护政策的全面转型。取消农业税并对农民直接补贴，得到了广大农民群众的热烈拥护，极大地改善了农村的干群关系、党群关系，为全面建成小康社会注入了强大动力。

2．调动了农民生产积极性，保障了粮食生产“九连增”。农业补贴不仅传递出国家确保粮食安全的强烈政策信号，而且使种粮农民的经济利益有了政策保障，大大提升了农民种粮的自觉性和积极性。是农业防灾减灾稳产增产关键技术补助政策的全面启动实施，弥补了技术应用补贴的“短腿”，大大加速了高产技术推广，对促进防灾减灾措施落实、稳定提高单产起到了重要作用。

3．拓宽了农民增收渠道，促进了农民增收“九连快”。2004年以来，农民转移性收入逐年增加，2011年转移性收入中的农业“四补贴”占农民人均纯收入的比重从0.7%增长到3%，成为农民增收亮点。特别是2011年三项粮食直接补贴相当于每亩收益的22%，对粮农增收作用显著。草原生态保护奖补和渔用柴油补贴对牧民、渔民增收意义重大。截至2011年，中央财政共拨付保费补贴264亿元，向5.6

亿户次农民提供风险保障1.78万亿元，有效减轻了灾害损失。

4. 促进了农业科技进步，提升了现代农业科技应用和装备水平。良种补贴、农机购置补贴和关键技术补助等政策的实施，推动了良种良法、农机农艺技术集成及推广应用，大大加快了我国农业科技进步和装备提升。2012年，我国农作物良种覆盖率达到96%以上；农业科技进步贡献率达到54.5%，比2002年提高了12.2个百分点；全国耕种收农业机械化综合水平达到57%，比2002年提高24.5个百分点。同时，通过补助累计培训农民3 000多万人次，大大提升了农民的科技水平。

5. 生态补偿政策破题，探索出农业生态资源保护与合理利用的有效模式。10年来退耕还林还草成果不断巩固扩大，实现了生态效益、经济效益和社会效益的统一，成效明显。草原生态保护奖补政策的全面实施，是国家支持草原和牧民补贴政策的历史性突破，开启了农业生态资源保护利用的新篇章。

农村土地承包管理

（一）政策背景及主要内容 2012年，中央要求在稳定农村土地承包关系基础上，引导农村土地平稳有序流转，发展规模经营。中共中央《关于加快推进农业科技创新持续增强农产品供给保障能力的若干意见》明确要求：加快修改完善相关法律，落实现有土地承包关系保持稳定并长久不变的政策；按照依法自愿有偿原则，引导土地承包经营权流转，发展多种形式的适度规模经营，促进农业生产经营模式创新；稳步扩大农村土地承包经营权登记试点；加快修改土地管理法，完善农村集体土地征收有关条款，健全严格规范的农村土地管理制度。

（二）政策执行情况及效果评价 按照中央要求，各级农业部门认真贯彻落实农村土地承包法律政策，农村土地承包关系进一步稳定，农村土地承包经营权登记工作取得积极进展，土地流转平稳有序，并呈现出向新型农业经营主体集中的趋势。

1. 农村土地承包经营权登记试点工作稳步推进。农业部召开农村土地承包经营权登记试点工作领导小组会议和农村土地承包经营权登记试点工作座谈会，以农业部办公厅名义正式印发登记试点工作规程（试行），举办了四期登记试点培训班，对提高登记质量发挥了积极作用。同时，还加强登记试点工作的宣传报道，组织开展登记试点工作督导。2012年，全国50个试点县（市、区）已有230个乡镇、1 642个村、18 170个村民小组基本完成土地承包档案清理、承包地块面积和空间位置确认等工作，初步健全了登记簿和土地承包管理信息系统，涉及承包农户65.3万户、耕地面积529.07千公顷。

2. 农村土地承包经营权流转管理和服务试点积极开展。按照国务院要求，农业部在全国30个省（自治区、直辖市）确定了33个县（市、区）作为流转规范化管理和服务试点单位，以农业部办公厅名义下发了农村土地承包经营权流转规范化管理和服务试点工作方案。各试点单位围绕探索建立工商企业租赁使用农户承包地准入制度和风险防范机制，建立健全土地承包经营权流转市场，扶持培育以农户为主的适度规模经营主体，发展多种形式的适度规模经营开展了多项工作。到2012年底，家庭承包耕地流转面积达到18 533.33千公顷，比上年底增长22.1%，占家庭承包经营耕地（合同）总面积的21.2%，比上年底提高3.5个百分点。在全部流转耕地中，农户之间流转占64.7%，流转合同签订率达到65%，800多个县（市）、13 000多个乡镇建立了流转服务中心。

3．农村土地承包经营纠纷调解仲裁体系建设得到加强。2012年，农业部围绕加强仲裁体系建设任务，开展仲裁基础设施建设和仲裁体系发展规划编制，加强仲裁员队伍建设，农村土地承包经营纠纷调解仲裁工作取得明显成效。截至2012年底，全国共设立农村土地承包仲裁委员会2 259个，其中县级设立仲裁委员会2 055个，占全国涉农县（市、区）总数的79.8%，聘任仲裁员20 776人，平均每个仲裁委员会聘任仲裁员9人。农村土地承包经营纠纷调解仲裁能力不断提高，截至2012年底，各地共化解农村土地承包经营纠纷54.51万件，其中，调解43.16万件，仲裁11.35万件。

农村集体资产与财务管理

随着农业农村改革发展的不断推进，特别是农村党风廉政建设力度的不断加大，农村集体资产管理工作不断强化，从单纯抓财务管理向民主管理、民主监督转变，从重点抓资金管理向全面加强资金、资产、资源管理转变，从注重指导集体直接经营资产向承包、租赁、股份合作等现代经营方式转变，村级集体经济运行机制探索取得了新的进展。

（一）主要政策措施

1．加强农村集体“三资”管理。按照农村党风廉政建设的总体布局，进一步加强农村集体“三资”管理，指导各地严格落实有关资产清查、资产台账、资源登记簿、资产和资源招标投标、资产处置以及经济合同管理等方面的规章制度。开展第一批全国农村集体“管理示范县”创建活动。指导各地稳步开展农村集体经济组织清产核资，在规范和完善村级会计委托代理服务的基础上，加强农村集体“三资”监督管理平台建设。积极开展农村集体“三资”管理人员培训。

2．稳步推进农村集体经济组织产权制度改革。加大产权制度改革工作力度，推动尚未启动改革的省（自治区、直辖市）有计划地开展试点；已经开展试点的地方，进一步深化改革，建立健全各项制度，形成激励约束有机结合的现代管理体制和运行机制。鼓励有条件的地方将招标投标和公开竞价机制引入农村集体产权交易，以农村土地承包经营权流转服务中心、集体“三资”服务中心为依托，构建农村集体产权交易平台。

3．深入开展农村集体财务管理规范化建设。认真贯彻落实农业部监察部颁布的《农村集体经济组织财务公开规定》，进一步强化集体财务公开、民主管理和民主监督。不断推进和完善村级会计委托代理服务，把会计代理服务向村务公开“难点村”和经济“薄弱村”延伸，完善委托代理程序，规范代理机构业务流程，健全代理机构内部管理制度。贯彻落实《农村集体经济组织审计规定》，搞好集体财务收支审计和专项审计，研究建立农村审计违纪问题移交制度和责任追究制度。抓好农村财会人员、农村审计人员和民主理财人员师资培训，提高从业人员业务素质和管理水平。

（二）取得的主要成效 目前农村集体资产财务管理由部门工作纳入了农村党风廉政建设总体布局，成为党委政府的重要工作内容，改革创新，农村集体资产与财务管理制度化、规范化、信息化建设迈上新的台阶。

1．“三资”管理跨出新的步伐。2012年，农业部推出155个农村集体“三资”管理示范县，推进了全国农村集体“三资”管理的制度化、规范化、信息化建设。吉林、福建、山东、江苏等省依托乡镇经管站或会计委托代理中心，组建了农村集体“三资”监管中心，全面管理农村集体资金、资产和资源；北京、上海两市已经实现“三资”管理市、县、乡、村四级联网，率先步入“三资”管理信息化时代。据统计，目前全国有51个地（市）、1 060个县（市）建立农村集体“三资”信息化监管平台。

2．农村集体产权制度改革稳步推进。目前，全国有27个省份开展了农村集体产权制度改革试点，3.2万个村实施了产权制度改革。其中，有2.4万个村完成了改革，量化资产总额3 618.6亿元，设立集体股东9.4万个、社员个人股东3 403.9万个，累计股金分红达812.8亿元。

3．财务会计管理工作迈上新的台阶。村级民主监督、乡镇会计监督、政府审计监督、网络实时监督、责任落实监督“五位一体”的农村集体资产财务监管体系得到全面加强。农业部组织了两次全国农村集体财务管理规范化示范单位评选，确定了326个示范单位，推动村级财务管理向经常化、规范化、制度化迈进。目前，全国村集体财务公开的比例达到98%，超过80%的村实行会计委托代理。

减轻农民负担

（一）政策背景和主要内容 近年来，随着国家强农惠农富农政策实施力度的逐步加大和农民负担监管工作的不断加强，农民负担总体上保持在较低水平，由此引发的矛盾大幅减少，农村干群关系明显改善。但最近一个时期以来，一些地方对减轻农民负担工作重视程度有所下降，监管力度有所减弱，涉农乱收费问题不断出现，向农民集资摊派现象有所抬头，惠农补贴发放中乱收代扣问题时有发生，一事一议筹资筹劳实施不够规范，部分领域农民负担增长较快。为进一步做好减轻农民负担工作，切实防止农民负担反弹，国务院办公厅印发了《关于进一步做好减轻农民负担工作的意见》，主要内容包括：

1. 总体要求。2012年，全面贯彻落实科学发展观，以维护农民合法权益为中心，以规范涉农收费为重点，以强化监督检查为手段，将农民负担监管工作融入到统筹城乡发展、加强农村社会管理、落实强农惠农富农政策中，将农民负担监管领域向农村基础设施建设、农村公共服务、农业社会化服务等方面延伸，确保农民负担继续控制在较低水平，促进农村社会和谐稳定。

2. 主要任务。一是严格管理涉农收费和价格。严格执行涉农收费文件“审核制”，全面推进涉农收费和价格“公示制”。二是规范实施村民一事一议筹资筹劳。开展一事一议筹资筹劳，要充分尊重农民意愿，严格规范议事程序，准确界定适用范围，合理确定限额标准。完善一事一议筹资筹劳操作程序，规范组织实施。加大专项检查力度，坚决纠正层层下放限额标准权限等违规问题。三是深入治理加重村级组织和农民专业合作社负担问题。加强对向村级组织收费事项的日常审核监管，严禁将应由政府承担的建设和服务费用、部门工作经费转由村级组织承担，严禁地方有关部门或单位委托村级组织向农民收取费用。加强农民专业合作社负担监管，深入治理乱收费、乱罚款和集资摊派等问题。四是建立和完善农民负担监管制度。抓紧建立健全涉及农民负担政策文件会签、信息公开和备案制度。全面推行农村基础设施建设项目审核制度。建立农民参与农村基础设施建设项目管理机制。进一步完善农民负担监督卡制度，及时更新内容，标明举报电话。建立和完善农民负担监测制度，扩大监测范围，提高监测质量，为政府决策提供科学依据。

（二）政策执行情况及效果评价

1. 突出重点，深入开展农民负担专项治理。2012年，按照国务院部署，农业部、发展改革委、国务院纠风办在全国组织开展了涉农乱收费专项治理活动，治理工作取得阶段性成效。全国50.6万个村开展了专项治理，治理面达84.3%，共取消向农民的收费项目594个，降低收费标准711个，清退农民款项0.72亿元，查处相关责任人502人，减轻农民负担6.74亿元；查处向村级组织违规收费的案件5 879件，查出违规收费金额0.81亿元，清退违规资金0.57亿元，制定长效机制文件883件，追究责任人192人；纠正不按规定履行开展一事一议筹资筹劳审核程序的县（市、区）33个，查处超范围筹资筹劳项目174个，查处超标准筹资筹劳项目76个，查处违规向农民筹集资金978.45万元，退还农民款项703.87万元，查处相关责任人22人。农业部与7省联合选择农民负担问题较为突出的8个县（市、区）开展综合治理，为农民减负2 868万元，退还农民款项406万元。

2. 强化协作，积极实施农民负担大检查。国务院减轻农民负担联席会议七部门对辽宁、河南、湖南、宁夏4省（自治区）农民负担情况进行了重点检查，检查组随机抽查了18个县的79个村、280多个农户和58个涉农收费单位，检查发现少数地方减负惠农政策仍然落实不到位，农民负担出现了一些新情况新问题，4省（自治区）对检查出的问题进行了深入整改，切实维护了农民利益。

3. 强化领导责任，保持减负工作的整体合力。根据中央要求，地方各级适应农民负担状况变化的形势，继续实行减负工作责任制。坚持党政一把手负责制和“谁主管、谁负责”的专项治理部门责任制。地方各级政府多数健全了减负工作领导机构和办事机构，完善了多部门协作机制。一些地方层层签订责任状，实行了农民负担目标管理和“一票否决”制度。

2012年全国农民直接承担的费用（包括上交集体各种款项、各种社会负担、一事一议筹资及以资代劳）人均45.63元，比上年增加1.48元，增长3.35%。农民负担继续保持较低水平，减轻农民负担形势总体平稳。但是，一些地方涉农乱收费问题不断出现，向农民集资摊派现象有所抬头，减负惠农政策在少数地方仍然落实不到位，一事一议筹资筹劳实施不够规范，农民负担反弹压力仍然存在。

发展多种形式规模经营

（一）政策背景及主要内容 土地是农业生产的基本要素，农业规模经营的核心是土地规模经营。2012年中央1号文件提出，“按照依法自愿有偿原则，引导土地承包经营权流转，发展多种形式的适度规模经营，促进农业生产经营模式创新。”发展土地适度规模经营，要从我国基本国情和现代农业发展规律出发，以提高农业劳动生产率和土地产出率为目标，坚持农村基本经营制度和家庭经营主体地位，大力培育专业大户、家庭农场，大力发展农业社会化服务，积极稳妥地推进多种形式的适度规模经营发展。

（二）政策执行情况及效果评价 近年来，随着农村劳动力向二、三产业转移，土地流转速度明显加快，土地规模经营取得积极进展。截至2012年底，全国耕地流转面积达到18 533.33千公顷，占家庭承包耕地总面积的比重超过20%，超过40%的已有4个省份。各级农业部门认真贯彻土地承包政策法律，完善流转管理制度，健全流转服务体系，强化纠纷仲裁队伍建设，为促进农村土地规范有序流转发挥了重要作用。目前全国已有800多个县（市）、13 000多个乡镇建立了土地流转服务中心，有2 000多个县（市）设立了土地承包仲裁委员会，有400个县（市、区）组织实施了西部地区仲裁基础设施建设规划。按照经营主体和土地流转方式不同，规模经营可分为以下五种形式。

一是在农户承包地不流转、经营规模不扩大的情况下，发展多种形式的社会化服务，使分散农户在部分生产经营环节实现规模经营。依托合作社、龙头企业、协会等服务组织，实现农资供应、农产品销售等统一服务，在一定区域内实现专业化、标准化、规模化生产经营，降低了生产成本，提高了土地产出率。截至2012年底，全国经营性专业服务组织超过100万个。由于这类规模经营建立在农户分散经营基础上，虽然可以提高区域性规模经营水平，但难以解决单个农户经营规模小、劳动生产率低和兼业化经营的问题。

二是在农户自愿前提下，通过互换解决土地细碎化问题，实现承包地的集中经营。随着农村交通、水利等基础条件改善，地力差异逐步缩小，一些地方特别是平原地区，农民群众通过互换，把原来零碎、分散的承包地并成大块，提高了农机作业水平和土地利用率，降低了农业生产成本，促进了农业增产增效。截至2012年底，全国以互换形式流转土地达到1 200千公顷，占流转总面积的6.5%。但该做法对土地平整度、地力相近度要求较高，推广范围受到限制。

三是通过承包地在农户间的流转，发展专业大户、家庭农场，实现家庭经营规模的扩大。随着越来越多的农村人口进入城镇，部分农户通过流转土地形成较大规模的专业大户、家庭农场，采用良种、良法，既降低了生产成本、提高土地产出率，也提高了劳动生产率，提升了家庭经营收入水平。截至2012年底，全国经营面积在50亩以上的专业大户超过270多万户。农业部2012年确定的33个农村土地承包经营权流转规范化管理和服务试点地区已有家庭农场6 670多个。

四是通过农户土地入股，组建土地股份合

作组织，开展农业合作生产。一些农村劳动力转移程度较高的地区，在地方政府引导和支持下组建了许多土地股份合作组织，把土地集中整治后再出租给企业、专业大户、家庭农场或以合作农场的方式直接经营，提高土地的规模化经营水平。截至2012年底，全国股份合作流转土地达到1 093.33千公顷，占流转总面积的5.9%。

五是工商企业租赁农户承包地，直接从事土地的规模经营。截至2012年12月底，流入到工商企业的承包耕地面积1 866.67千公顷，占土地流转总面积的10.3%，比上年增长48.5%。工商企业投资开发农村“四荒”资源、小规模租赁农户承包地建立示范推广基地，可以发挥资金、技术和管理等方面的优势，带动农民增收致富；但工商企业长时间、大面积租赁农户承包地，会导致土地单产水平下降、挤占农户就业空间、加剧“非粮化”“非农化”经营趋势等问题。

专栏24

创新和完善国有农场农业经营体系

改革开放以来，农垦国有农场普遍建立了以职工家庭分散经营为基础，以农场统一经营为主导，通过土地承包关系形成的大农场套小农场、统分结合的双层经营体制，支撑了农垦现代农业建设水平的显著提升。近年来，国有农场坚持双层经营体制不动摇，根据农业生产力发展实际，不断创新和完善农业经营体系，为农垦系统率先实现农业现代化提供了有力的制度保障。

（一）提高家庭农场的集约化水平　职工家庭承包经营是农垦农业生产的最基本经营组织形式，也是国有农场农业经营体系的基础。截至2012年底，职工家庭承包及个人承包经营单位共计190.68万个，占全国农垦农业经营单位的84.8%，经营面积占农业经营总面积的91.9%。在创新农业经营体制过程中，各垦区始终尊重职工家庭经营的主体地位，通过延长土地承包期，规范承包合同等，赋予职工更加充分而有保障的土地承包经营权。同时，国有农场积极推动农机产权改革，扩大家庭农场生产自主权，推进土地依法、自愿、有偿流转，把家庭农场培育成真正的生产、投入、利益和风险主体，充分调动了农业职工的积极性和创造性，解放和发展了农垦农业生产力。

（二）提升农业经营的组织化程度　各垦区在保障家庭农场经营自主权的基础上，充分运用市场的手段，通过统一经营管理国有资产、统一制定实施农业耕作制度、统一组织实施农业技术措施、统一提供公共农业技术服务，统一管理安排农机作业，统一组织农业社会化服务等，强化了国有农场的统一经营功能。国有农场的统一经营管理，在不改变职工家庭经营的前提下，使千家万户的小生产，融入合作化、产业化、集团化、社会化大生产，降低物资采购和产品销售等环节的交易成本，提升了国有农场农业生产经营的综合效益。

（三）完善国有农场土地配置方式　近年来，不少垦区实行了“两田制”，将农场土地划分为“基本田”和“规模田”。“基本田”比照当地农村规模平均分配给农业职工，只收取社保金等自身受益费用；“规模田”体现效益，引入竞争机制，实行租赁承包。“两田制”在保障农业职工充分享受国有农场税费改革政策的基础上，有利于推进土地向种田能手集中，提高了土地资源的配置效率。

（四）培育壮大新型农业经营主体 通过采取行政引导、典型带动、政策驱动等措施，发展各类专业合作组织、股份合作组织和公司制农场。截至2012年底，农业股份合作经营组织和农业公司制经营发展到1.3万家。黑龙江农垦经工商部门注册登记的各类专业合作社达到1 563家，合作社成员总数18 629户，出资总额达到34.16亿元。江苏、广东、宁夏等垦区整合垦区优势农业资源，组建专业公司或农产品加工龙头企业，大力推进农业产业化经营，形成“专业公司＋合作经营组织＋农户”等多种利益联结方式，提高国有农场农业生产经营的规模效益。

（五）构建新型农业社会化服务体系 各垦区着力构建以农技推广、农机服务、农资供销、动植物疫病防疫、农产品质量安全、农产品流通等为重点的农业社会化服务体系，为农业生产提供的产前、产中、产后全过程综合配套服务。解决职工一家一户办不了、办不好、办了不合算的问题，化解小生产与大市场之间的矛盾。各垦区还通过场县共建、窗口展示、科技服务和跨区作业等社会化服务，加快先进技术扩散、生产服务输出和产业链条衔接。2012年，国有农场为周边农村累计培训农民近100万人次，完成农机跨区作业3 962千公顷，供应良种9.5亿千克、冷冻精液675万支、种猪32万头，有效促进了周边农业生产的新发展。

培育新型经营主体

中央对培育和发展家庭农场、农民专业合作社等规模经营主体高度重视，2008年党的十七届三中全会就明确提出，“有条件的地方可以发展专业大户、家庭农场、农民专业合作社等规模经营主体。”

（一）家庭农场 家庭农场是指以家庭成员为主要劳动力，从事农业规模化、集约化、商品化生产经营，并以农业收入为家庭主要收入来源的新型农业经营主体。家庭农场是随着农村劳动力转移和农业生产分工分业不断发展的必然产物，既发挥了农业家庭经营的独特优势，又克服了小规模分散经营的弊端，是实现农业经营集约化、规模化的有效组织形式，代表着现代农业的发展方向，具有旺盛的生命力。

近年来，在浙江宁波、上海松江、湖北武汉、吉林延边和安徽郎溪等农村劳动力转移程度较高的地区，开始按照“明确标准、审核认定、政策扶持”的原则，培育以集约化、专业化、机械化、规模化经营为特征的示范性家庭农场，取得了明显效果。2012年，农业部确定的34个农村土地流转规范化管理和服务试点地区，有家庭农场6 670个。据农业部初步调查，截至2012年底，全国已有种植、养殖和种养结合型等各类家庭农场近90万家，经营土地面积11 666.67千公顷，在确保国家粮食安全和主要农产品供给等方面发挥着越来越重要的作用。

（二）农民专业合作社 2012年，我国农民专业合作社保持持续健康发展，已经成为我国农村重要的现代农业经营组织。数量快速增长，到2012年底，全国工商登记合作社数达到68.9万家，实有成员5 300万户，占全国农户总数的

20.3%。产业分布广泛，涉及种养、加工和服务业，其中种植业约占45.8%，养殖业占28.5%，涵盖粮棉油、肉蛋奶、果蔬茶等主要产品，并逐步扩展到农机、植保、民间工艺、旅游休闲农业等多领域。能力逐步提升，越来越多的专业合作社从简单的技术、信息服务向农资供应、统防统治服务延伸，由产前产中服务向产后的包装、储藏、加工、流通服务拓展，有的还开始兴办内部资金融通业务。

我国农民专业合作社正由数量扩张向数量增长与质量提升并重转变，由注重生产联合向产加销一体化经营转变，由单一要素合作向劳动、技术、资金、土地等多要素合作转变，在构建新型农业经营体系、发展现代农业、促进农民增收、建设社会主义新农村中的作用日益显现。

1. 提高了农业规模化水平。截至2012年底，合作社转入的土地面积达2 930.67千公顷，占到全国耕地流转总面积的15.8%，专业合作社为成员提供购销服务产品总值达7 228亿元。

2. 提升了农业整体素质。全国约5万家专业合作社注册了商标，3万多家通过了无公害、绿色、有机等产品质量认证。

3. 增加了农民收入。一方面，专业合作社统一采购农业投入品和销售农产品，帮助成员实现了节本增效。另一方面，专业合作社自办或参股农产品加工流通企业，增加了产品加工流通环节的增值收益，并按交易量和入社股份向成员返还盈余，进行二次分配。2012年，农业部开展“农社对接”试点，已有7 612家合作社在63个大中城市设立12 176个直销店（连锁店），覆盖社区11 428个，消费人群6 496万人，年销售额达167.5亿元。

4. 创新了农村社会管理机制。据统计，目前约有1.6万家合作社内部建立了党组织，合作社正在成为新形势下党领导农业农村经济工作的重要组织载体。

推进农村综合改革

（一）政策背景和主要内容 2011年12月，回良玉副总理主持召开农村综合改革工作座谈会，全面总结了农村税费改革和农村综合改革取得的成就和经验，深入分析面临的形势和任务，安排部署了下一步农村综合改革工作。2012年根据中央1号文件精神和中央关于深化农村改革的统一部署和安排，农村综合改革工作围绕巩固农村税费改革成果、推动城乡基本公共服务均等化和促进城乡一体化发展，继续深入推进乡镇机构、农村义务教育、县乡财政管理体制和集体林权制度等改革，扎实开展村级公益事业建设一事一议财政奖补工作，稳步推进公益性乡村债务清理化解，适时启动了农村综合改革示范试点和国有农场办社会职能改革试点，着力推动乡镇财政建设和农村财政财务管理，为农村经济社会持续健康发展提供了动力源泉和制度保障。

（二）政策执行情况和效果评价

1. 乡镇机构改革基本完成。乡镇机构改革历时8年多，由点及面扎实推进，已全面完成改革任务。各地积极探索取消农业税后乡镇政权组织架构的有效形式，推动乡镇政府由管理型为主向服务型为主转变，精简乡镇机构和人员编制，初步建立了精干高效的乡镇行政体制，改革了事业站所管理体制，创新了基层政府管理，切实加强和巩固了农村基层政权。

2．农村义务教育改革进一步深化。2012年，中央财政安排农村义务教育经费保障机制资金864亿元，全国约有1.2亿名农村义务教育阶段学生免除了学杂费和教科书费，中西部地区有1 333万多名农村家庭经济困难寄宿生获得资助，农村中小学日常运转经费得到有效保障。中央财政安排农村义务教育薄弱学校改造计划专项资金180亿元，安排特岗教师工资性补助资金45亿元，安排中小学教师国家级培训计划专项资金12亿元，推进义务教育均衡发展。继续实施农村义务教育阶段学生营养改善计划，国家试点县699个，并有13个省份461个县开展了地方试点，受益学生达3 000多万，中央财政2012年下达了补助资金151亿元。

3．县乡财政管理体制改革稳步推进。指导督促地方进一步理顺省以下政府间财政分配关系，推进省直管县财政改革，强化乡镇财政管理，充分发挥乡镇财政职能作用。进一步健全县级基本财力保障机制，健全对地方的激励约束机制。中央财政2012年预算安排奖补资金1 075亿元，加大了对基层财政的财力倾斜和支持力度，逐步提高县级财政基本财力保障水平，增强基层政府提供公共服务的能力。

4．集体林权制度改革全面深化。全国确权集体林地180 000千公顷，占集体林地总面积97.7%，发证面积171 867千公顷，占确权林地的95.5%，8 949万农民拿到林权证，累计调处林权纠纷110多万起，基本落实了农民家庭承包经营权。大力推进林下经济发展，出台了《国务院办公厅关于加快林下经济发展的意见》(国办发［2012］42号)，提出扶持林下经济发展的政策措施。积极推进农民林业专业合作组织建设，着力推进林权管理服务工作，为林业发展搭建服务平台。

5．村级公益事业建设一事一议财政奖补工作扎实推进。国务院农村综合改革办公室下发了《关于开展村级公益事业建设一事一议财政奖补工作“规范管理年”活动的通知》(国农改［2012］9号)，全面部署启动了“规范管理年”活动。经过各地共同努力，逐步规范了民主议事、规划编制、政府投入、制度建设等方面工作，研究制定了考核评价办法并组织实施，完善了信息监管系统，加强了督导检查，确保奖补工作取得实效。据统计，2012年各级财政共完成一事一议财政奖补资金647.83亿元（含兵团、中央直属垦区），其中，中央财政预算安排218亿元，比上年增长36%。2012年全国有3 007个县（含兵团、垦区）、275 539个行政村开展了一事一议财政奖补工作，覆盖全国45%的行政村。各类财政奖补建设项目共37.42万个，其中村内道路项目18万个，村内小型水利项目9.8万个。

6．公益性乡村债务清理化解工作稳妥推进。全面完成农村义务教育债务化解工作，全国累计偿还农村义务教育债务974亿元，惠及农村债权人约280多万人。中央财政累计拨付化解农村义务教育债务补助资金407亿元，其中2012年拨付23.2亿元。农村义务教育化债工作促进了农村社会和谐稳定，推动了农村教育健康发展，得到了社会各界的高度关注和充分肯定。全面部署了清理化解乡村垫交税费等公益性乡村债务试点工作，研究完善化解乡村垫交税费债务中央补助办法，中央财政拨付了18.86亿元补助资金，鼓励和引导地方积极统筹化债。在深入调研基础上，研究提出化解普通高中债务的综合性治理措施和工作方案。

7．农村综合改革示范试点开局良好。7月，工作小组下发了《关于开展农村综合改革示范试点工作的通知》（国农改［2012］］12号），选择河北、山西等10个省份开展农村综合改革示范试点工作，力争在城乡一体化发展体制机制的重点领域和关键环节取得实质性突破。中央层面着重主导启动了村级公共服务运行维护机制建设试点和农业社会化服务体系建设试点等。中央财政研究制定了农村综合改革示范试点奖励资金管理办法，下达了2012年奖励资金9亿元。

8．国有农场办社会职能改革试点顺利启动。3月，工作小组下发了《关于开展国有农场办社会职能改革试点工作的意见》（国农改［2012］4号），确定在内蒙古、辽宁等8个省份开展国有农场办社会职能改革试点，并力争用三年左右时间在全国开展改革试点工作。中央财政制定出台了地方国有农场办社会职能改革奖励资金管理办法，下达了2012年奖励资金8亿元。

9．乡镇财政建设和村级经费保障工作进一步加强。财政部、中央编办、国家公务员局联合印发《关于加强乡镇财政队伍建设的意见》（财农改［2012］1号），对健全乡镇财政机构、完善乡镇财政管理体制、加强队伍建设等提出了明确要求。

农村改革试验区建设

2012年，按照中央1号文件加强农村改革试验区工作要求，各试验区切实加强组织领导，着力完善工作机制，按照批复的试验方案和试验内容，不断加大试验项目实施力度，改革试验工作全面展开。

（一）合力共建农村改革试验区

1．各地各部门全力推动。试验区所在省（自治区、直辖市）大多出台了支持改革试验区的政策文件，并先后建立了农村改革试验区工作联席会议制度等组织协调机制；普遍成立了由主要领导牵头、有关部门参加的试验区工作领导小组和办事机构，落实了人员编制，具体负责试验项目的组织实施；一些试验区将改革试验工作纳入党政干部绩效考核，确保试验区工作扎实推进。

2．农业部强化指导协调。作为联席会议牵头单位，农业部为强化工作指导，经中编办批准，在农业部产业政策与法规司加挂了“农村改革试验区办公室”牌子，专门增设了相关职能处室，配备了人员和工作经费，努力为改革试验工作创造良好条件。

（二）改革试验项目进展顺利

1．稳定和完善农村基本经营制度。相关试验区围绕稳定农村土地承包关系、发展土地规模经营、创新现代农业经营组织体系等相关主题，积极推进农村土地确权登记颁证工作，建立健全农村土地流转机制，构建新型农业经营主体认定和扶持政策。

2．农村金融改革。一是相关试验区积极引进或探索建立不同类型、不同层次的金融机构和金融组织，丰富农村金融业态，金融供给渠道不断拓宽；二是积极引导和鼓励金融机构探索扩大贷款有效担保物范围，推出了灵活多样的金融产品，为增加农村信贷投放提供了重要载体；三是发挥政府主导作用，搭建农村金融服务平台，加强农村金融基础设施建设，推动农村征信体系建设，为改善农村金融生态环境创造了有利条件；四是积极鼓励和引导保险机构创新符合当地农业发展需求的保险品种，扩大农业保险覆盖范围，有效支持农业生产发展，提升了农业抗风险能力。

3．推进农村集体产权制度改革。相关试验区积极探索开展农村集体经济组织成员身份界定、农村集体资产股份制改造、建立健全农村产权交易市场体系等，收到了集体资产增值、农民增收和社会稳定的良好效果。

4．完善城乡一体化体制机制。相关试验区立足于构建城乡一体化发展政策体系，在深化户籍制度改革、推进新型城镇化进程、形成城乡平等要素交换关系、实现城乡基本公共服务均等化等方面进行了有益探索。

5．完善农业支持保护制度。相关试验区积极建立健全财政支农资金管理制度，探索整合财政支农资金办法，提高了财政支农资金使用效率。

推进农民专业合作社发展

（一）政策背景和主要内容 为引导和推动农民专业合作社规范健康发展，各地各有关部门按照中央要求，采取有效措施，完善扶持政策，强化指导服务，为专业合作社的快速发展提供了良好条件。

1．建立健全法规制度。为推动农民专业合作社法的贯彻落实，国务院出台了农民专业合作社登记管理条例，16个省（自治区、直辖市）制定了地方性法规。农业部、财政部、国家工商总局制定了专业合作社示范章程、财务会计和登记管理制度，使农民专业合作社走上了依法发展的轨道。

2．强化政策扶持。财政部和国家税务总局专门下发通知，明确了合作社增值税、印花税的税收优惠政策。银监会和农业部制定了对专业合作社的信用评定、信贷支持、信用合作、创新产品和服务方式等金融支持措施。农业部、国家发改委、财政部等7部门联合下发意见，支持有条件的农民专业合作社承担国家有关涉农项目。2007年以来，中央财政逐年加大投入力度，累计安排专项资金31.5亿元。据统计，2012年，各级财政扶持资金总额达54.8亿元，共扶持合作社3.2万个。2012年全国农机购置补贴资金215亿元，其中约30%用于支持合作社购置农机装备。各省（自治区、直辖市）出台了支持和促进合作社发展的具体政策措施。

3．推进规范化建设。2009年，农业部、国家发改委、财政部等部门联合开展了示范社建设行动，制定了创建标准，指导专业合作社健全规章制度，完善运行机制，开展规范管理。评定了6 663家全国示范社，表彰了600家全国优秀示范社。各地因地制宜开展“四有”“五好”等示范社创建活动，多数省份制定了规范化建设指导意见，明确了规范化建设标准，认定了一大批示范社。截至2012年底，全国各级示范社已突破10万家，形成了以全国示范社为龙头、省级示范社为骨干、县市级示范社为基础的示范社建设格局。

4．开展人才培养。《国家中长期人才发展规划纲要（2010—2020年）》明确要求加快培养农民专业合作社带头人，农业部将专业合作社人才培养纳入了《农村实用人才和农业科技人才队伍建设中长期规划（2010—2020年）》，命名了196家专业合作社人才培养实训基地。各级农业部门依托阳光工程、新型农民培养等项目，采取专题培训、学历教育、交流考察等多种方式，开展专业合作社带头人、经营管理人员和辅导员培训。2007年以来全国共培训了150多万人次。

5．组织产销对接。有关部门采取项目支持、资金补助、费用减免等优惠措施，组织专业合作社参加"农社对接""农超对接""农校对接""农企对接"等多种类型的产销对接活动，帮助专业合作社拓宽了销售渠道。各地也组织了形式多样、内容丰富的合作社产品推介活动。2012年，农业部在13个省（直辖市）的63个较大城市开展了"农社对接"试点，"农社对接"覆盖社区11 428个，消费人群达6 496万人，参加"农社对接"的专业合作社有7 612个，建立直销店（点）12 176个，年销售额达167.5亿元，直销店的农产品价格低于市场价10%以上，有的甚至低30%～40%。

（二）政策执行情况及效果评价 2012年，农民专业合作社持续健康发展。

1．数量快速增长。截至2012年底，全国在工商部门依法登记的农民专业合作社达68.9万家，比上年同期增长32.1%；出资总额11 018亿元，同比增长52.1%；实有成员5 300万户，占农户总数的20.3%。

2．覆盖产业逐步增多。涉及种养、加工和服务业，其中种植业约占45.8%，养殖业达28.5%，涵盖粮棉油、肉蛋奶、果蔬茶等主要产品生产，并逐步扩展到农机、植保、民间工艺、旅游休闲农业等多领域。据各地上报统计，截至2012年底，5.59万个粮食生产合作社经营耕地4 812千公顷，粮食产量485.5亿千克，以全国4%的耕地生产了全国8.2%的粮食，成为发展粮食生产的生力军。

3．能力不断增强。越来越多的专业合作社从简单的技术、信息服务向农资供应、统防统治服务延伸，由产前产中服务向产后的包装、储藏、加工、流通服务拓展，有的还开始兴办内部信用合作业务。有近50%的专业合作社为成员提供产加销一体化服务，约5万家专业合作社注册了商标，3万多家通过了无公害、绿色、有机等产品质量认证。2012年，专业合作社为成员提供购销服务产品总值达7 228亿元，当年可分配盈余625亿元，社均9.07万元。

当前，我国农民专业合作社正由数量扩张向数量增长与质量提升并重转变，由注重生产联合向产加销一体化经营转变，由单一要素合作向劳动、技术、资金、土地等多要素合作转变，在推进农业现代化、促进农民增收、建设社会主义新农村中发挥着越来越大的作用。

1．成为稳定和完善农村基本经营制度的重要途径。在坚持家庭承包经营的基础上，发展专业合作社，扩大了农户间的联合与合作，逐步形成了多元化、多层次、多形式的经营体系，为农民提供产前、产中、产后各个环节的服务，解决了一家一户办不了、办不好、办了不合算的问题，进一步稳定和完善了农村基本经营制度。

2．成为解决现代农业发展人力资源约束的重要手段。专业合作社的快速发展，既为农户提供了低成本、便利化、专业化的生产经营服务，解决了农户劳动力、技术、产品销售等方面的困难，又为有文化、有技能的青壮年农民在农村发展提供了平台，有力地推进了现代农业建设的步伐。

3．成为促进农民收入持续增长的重要渠道。发展专业合作社，提高了农民的市场谈判地位，实现了优质优价、节支增收；组织起来发展农产品加工流通，延长了产业链条，使农民不断分享产业发展收益；促进富余劳动力转移就业，增加了农民工资性收入；促进集体资产保值增值，扩大了农民财产性收入来源。

4．成为稳定农产品市场和价格的重要载体。专业合作社通过组织农民根据市场需求调整生产规模和产品结构，通过“农社对接”“农超对接”等直供直销形式，减少流通环节、降低流通成本，对于农产品均衡供给、保持价格基本稳定、提高质量安全水平发挥了重要作用。

5．成为加强和创新农村社会管理的重要组织。专业合作社秉承互帮互助、民主平等、公平团结的价值观，引导农民参与农村社会事务管理，不断增强农民的合作意识、民主意识、责任意识，弘扬互助团结、诚信友爱、邻里和睦的社会风范，逐步成为反映农民诉求的途径，化解矛盾的抓手，促进和谐的桥梁。

深化农村金融改革

（一）政策背景与主要内容　2012年中央1号文件要求：加大农村金融政策支持力度，持续增加农村信贷投入，确保银行业金融机构涉农贷款增速高于全部贷款平均增速。完善涉农贷款税收激励政策，健全金融机构县域金融服务考核评价办法，引导县域银行业金融机构强化农村信贷服务。大力推进农村信用体系建设，完善农户信用评价机制。深化农村信用社改革，稳定县（市）农村信用社法人地位。发展多元化农村金融机构，鼓励民间资本进入农村金融服务领域，支持商业银行到中西部地区县域设立村镇银行。有序发展农村资金互助组织，引导农民专业合作社规范开展信用合作。完善符合农村银行业金融机构和业务特点的差别化监管政策，适当提高涉农贷款风险容忍度，实行适度宽松的市场准入、弹性存贷比政策。继续发展农户小额信贷业务，加大对种养大户、农民专业合作社、县域小型微型企业的信贷投放力度。加大对科技型农村企业、科技特派员下乡创业的信贷支持力度，积极探索农业科技专利质押融资业务。支持农业发展银行加大对农业科技的贷款力度。鼓励符合条件的涉农企业开展直接融资，积极发展涉农金融租赁业务。扩大农业保险险种和覆盖面，开展设施农业保费补贴试点，扩大森林保险保费补贴试点范围，扶持发展渔业互助保险，鼓励地方开展优势农产品生产保险。健全农业再保险体系，逐步建立中央财政支持下的农业大灾风险转移分散机制。

（二）政策执行情况及效果评价　截至2012年底，全部金融机构本外币农村（县及县以下）贷款余额为14.5万亿元，同比增长19.7%，占各项贷款余额的21.6%；农户贷款余额为3.6万亿元，同比增长15.9%，占各项贷款余额的5.4%；农林牧渔业贷款余额为2.7万亿元，同比增长11.6%，占各项贷款余额的4.1%；全口径涉农贷款余额为17.6万亿元，占各项贷款余额的26.2%，同比增长20.7%，高于本外币各项贷款平均增速5.1个百分点。

1．涉农贷款财税激励政策力度不断加大。2012年，中央财政拨付农村金融机构定向费用补贴资金23.27亿元，同比增长125%；中央财政拨付县域金融机构涉农贷款增量奖励资金23.53亿元。在2013年底前，对5万元以下的小额农户贷款免征营业税，利息收入减按90%记入应纳税所得额。在2015年底前，对县域的农村合作金融机构和新型农村金融机构的金融保险收入也减按3%征收营业税。对农村信用社、农村合作银行、农村商业银行、三类新型农村金融机构以及农业银行“三农金融事业部”免征银行工业监管费。

2．农村信用体系不断完善。人民银行组织商业银行建设的全国征信系统已基本覆盖农村地区所有从事信贷业务的金融机构，信息网络遍布农村地区银行类金融机构的信贷营业网点，已将大部分农村地区居民和企业的信息纳入。截至2012年底，全国共为1.48亿多农户建立了信用档案，并对其中9 784万农户进行了信用评定。已建立信用档案的农户中获得信贷支持的近8 524万户，贷款余额1.76万亿元。全国50多个地区（市、县）开展了农村信用体系试验区建设工作。

3．农村信用社改革不断深化。2012年，农村信用社和农村合作银行改制组建农村商业银行125家。截至2012年底，全国共有农村信用社2 411家，其中农村商业银行337家，农村合作银行147家；农村信用社发放的农户贷款余额2.64万亿元，占其全部贷款余额的33.7%，占全部金融机构农户贷款余额的72.96%；农村信用社发放的农林牧渔贷款和农村（县及县以下）贷款余额分别为1.94万亿和4.73万亿，分别占其全部贷款余额的24.8%和60.3%，分别占全部金融机构农林牧渔贷款和农村（县及县以下）贷款的71.29%和32.55%。

4．新型农村金融机构快速发展。截至2012年底，全国250家银行业金融机构共发起设立939家新型农村金融机构，其中村镇银行876家（已开业800家，筹建76家，其中，东部地区340家，中部地区268家，西部地区268家），贷款公司14家（已开业14家），农村资金互助社49家（49家）。新型农村金融机构累计吸引各类资本571亿元，存款余额为3 066亿元，各项贷款余额为2 347亿元，其中小企业贷款余额为1 121亿元，农户贷款余额为860亿元，两者合计占各项贷款余额的84.4%。

5．引导民间资本进入农村金融服务领域的力度加大。2012年相关部门引导银行业金融机构加大对民间资本的引进力度，明确支持民间资本以多种方式进入银行业，包括支持民营企业参与农村信用社股份制改革，鼓励和引导民间资本参与农村金融机构的重组改造，支持民营企业参与村镇银行发起设立或增资扩股，并将村镇银行主发起行的最低持股比例由20%降低至15%。截至2012年底，农村金融机构中，民间资本占比超过90%，其中，村镇银行股本中，民间资本占比为73.3%。

6．涉农企业直接融资发展较快。截至2012年，涉农行业有180家企业在银行间债券市场发行非金融企业债务融资工具449只，共计3 973.15亿元；2012年累计发行1 293.34亿元，年末余额为1 970.71亿元。截至2012年底，涉农企业在交易所债券市场发行各类债券27只，共计147.17亿元。

7．农业保险快速发展。2012年，我国农业保险保费收入达到240.13亿元，同比增长38%；为1.83亿户次农户提供风险保障9 006亿元，承保户数同比增长8%，保险金额同比增长38%；向2 818万农户支付赔款148.2亿元，同比增长67%。覆盖面快速扩大，承保主要农作物64 666.67千公顷，占全国播种面积的40%。承保林木748 000千公顷，牲畜6.75亿头（羽），其中承保能繁母猪3 276万头，占全部存栏总量的70%。农房保险、农机具保险、渔业保险等试点稳步推进，其中农房保险在近20个省份开展，浙江、福建、广西等地基本实现了全覆盖。

农产品市场调控

2012年，国家在坚持市场机制在资源配置中的基础性作用的同时，继续强化宏观调控政策，尤其是进一步完善粮棉油糖等重要农产品的价格支持和临时收储等政策，为调动农民生产积极性、推动农业生产持续稳定发展、增加农民收入和促进农产品市场总体平稳运行发挥了重要作用。

（一）粮食 2012年，为稳定粮食生产，实现粮食安全的战略目标和持续提高农民收入水平，国家继续对包括小麦、稻谷和玉米在内的重要粮食作物实施价格支持政策。

1. 小麦。为稳定农民种麦积极性和引导市场预期，国家在综合考虑成本收益、供求关系和市场价格等因素的基础上，决定继续提高2012年小麦最低收购价水平，并于2011年9月冬小麦播种前向社会发布，同时取消白小麦与红小麦、混合麦的差价，统一将白小麦、红小麦和混合麦（国标三等小麦标准品）的最低收购价提高到每50千克102元，比上年分别提高7.4%、9.7%和9.7%。2012年5月25日正式向社会发布《2012年小麦最低收购价执行预案》（以下简称《小麦预案》），明确提出，2012年5月21日至9月30日，继续在河北、江苏、安徽、河南、山东、湖北6个小麦主产省实施最低收购价政策。从实际情况看，湖北、河南、江苏、安徽4省局部地区夏粮上市初期价格较低，4省及时启动了《小麦预案》。从实际效果看，最低收购价政策的启动较好支撑了主产区小麦收购价格。据国家粮食局统计，2012年9月下旬，全国小麦每50千克收购价格比开秤初期上涨3～5元，同比上涨4～7元；截至9月30日，河南、江苏等11个小麦主产区各类粮食企业累计收购当年新产小麦5 762.5万吨，比上年同期增加30.9万吨；中储粮委托收储库点在河南、江苏等6省按最低收购价收购小麦共2 325.4万吨，占总收购量的40.4%。

2. 稻谷。2012年2月2日，国家向社会发布了当年最低收购价政策，明确早籼稻、中晚籼稻和粳稻（国标三等标准品）最低收购价分别为每50千克120元、125元和140元，同比分别提高17.6%、16.8%和9.4%。2012年7月2日向社会发布了《2012年早籼稻最低收购价执行预案》，明确在7月16日至9月30日期间，在安徽、江西、湖北、湖南、广西5省（自治区）执行早籼稻最低收购价政策。2012年8月28日发布了《2012年中晚稻最低收购价执行预案》，明确在2012年9月16日至12月31日期间，国家继续在江苏、安徽、江西、河南、湖北、湖南、广西、四川8省（自治区）；2012年11月16日至2013年3月31日在辽宁、吉林、黑龙江3省执行中晚稻最低收购价政策。稻谷最低收购价政策的实施，对稳定市场预期、保护和调动农民生产积极性起到重要作用。据国家粮食局统计，2012年9月下旬早籼稻收购价格比开秤价每50千克高3～5元，同比高8～10元。

3. 玉米。针对当年玉米丰收但市场需求相对偏弱的情况，国家于2012年11月15日发布《关于2012年国家临时存储玉米收购等有关问题的通知》（国粮调［2012］212号），继续在黑龙江、吉林、辽宁、内蒙古4省（自治区）对玉米实行临时收储政策，玉米挂牌收购价格（国标三等质量标准）在内蒙古、辽宁为每50千克107元，吉林106元，黑龙江105元，同比均提高7元，执行期截至2013年4月30日；同时，明确提出了不限收、不拒收，切实做到敞开收购，保护农民利益的要求。此外，针对东北玉米水分普遍偏高等情况，国家及时出台了“玉米降水后出现色变粒不属于不完善粒，可按正常玉米收购”的政策，并将收购期延至2013年5月31日。截至2013年4月30日，中储粮委托收储库点在内蒙古、辽宁、吉林、黑龙江4省（自治区）累计收购国家临时存储玉米2 770.2万吨。

（二）棉花、油料和食糖 2012年，国家继续对棉花、油料等重要农产品实行临时收储政策，并首次对食糖实行临时收储政策。

1. 棉花。针对2011年下半年以来，国内棉花产业下游需求不旺、农民种植积极性不高等情况，为稳定棉花生产、经营者和用棉企业的市场预期，保护棉农利益，2012年国家继续对棉花实施临时收储政策，并于3月1日棉花春播前向社会发布《2012/2013年度棉花临时收储预案》（以下简称《棉花预案》），明确了2012/2013年度（2012年9月—2013年8月）临时收储政策的执行时间、区域和标准等。与2011/2012年度相比，2012/2013年度《棉花预案》主要有三个特点：一是收储价格有所提高。临时收储价定为每吨20 400元，比上年提高600元；对应的籽棉收购参考价约为每500克4.2～4.35元，比上年高约0.1元。二是收储范围适度扩大。除继续在天津、河北、山西、江苏、安徽、江西、山东、河南、湖北、湖南、陕西、甘肃、新疆原有的13省（自治区、直辖市）实行棉花临时收储政策外，其他产区需要纳入收储范围的，经有关部门研究后另行公布。三是收储质量标准酌情放宽。针对2012年局部地区因遭遇严重自然灾害导致大部分棉花等级达不到4级以上的情况，在山东等受灾地区将棉花收储质量标准放宽到5级。从实际情况看，棉花临时收储政策的提前公布，调动了农民种植积极性，有力促进了棉花生产稳定发展。国家统计局数据显示，2012年棉花产量684万吨，同比增3.8%。据中储棉总公司统计，截至2013年1月25日，国家累计收购2012年产棉花595.1万吨，超过当年产量的85%。

2. 大豆和油菜籽。2012年国家继续对大豆和油菜籽两大油料作物实行临时收储政策。国标三等大豆临储价为每50千克230元，油菜籽250元，分别比上年提高30元和20元并实行敞开收购，收购期限截至2013年4月30日；油菜籽临储政策于2012年5月份夏季油菜上市前公布，明确收储数量为500万吨，冬播油菜产区收储期限为当年6月1日—9月底，春播油菜产区为2012年9月1日—2013年2月底。在油料上市后，各收购主体积极入市，国有粮食企业积极落实国家临时收储政策，充分发挥了收购主渠道的作用，对促进市场平稳运行和保护农民利益发挥了积极作用。据国家粮食局监测，

2012年9月下旬油菜籽收购价格与开秤初期基本持平，每50千克收购价格同比涨18～20元。截至9月30日，中储粮总公司委托收储企业在湖北、四川等11省累计收购国家临时存储油菜籽375.7万吨。

3. 食糖。自2011/2012榨季开始，我国食糖生产开始进入增产期，但消费逐步进入淡季，国内外价格倒挂，国内糖价下行压力持续加大。为保护农民种植积极性以及主产区发展食糖生产的积极性，2012年2月国家首次对食糖实施临时收储政策，在2011/2012榨季，分两批收储国产白砂糖100万吨，GB-2006一级白砂糖的临时收储价格为每吨6 550元（南宁车板交货价，含税），第一批计划于2月10日收储50万吨，第二批收储计划于9月20日下达；同时，明确广西地方储备50万吨。此外，2011/2012年度的食糖临时收储在北京华商储备商品交易所通过公开竞价方式进行。从实际情况看，食糖临时收储政策避免了国内糖价的过度下跌，促进食糖行业的平稳运行和蔗农的丰产增收。据有关部门统计，2011/2012年度全国糖农出售糖料收入478亿元，比上年增加68亿元。

（三）生猪 为贯彻落实《国务院办公厅关于促进生猪生产平稳健康持续发展防止市场供应和价格大幅波动的通知》（国办发明电[2011]26号）精神，2012年5月，国家发展改革委等6部门对2009年发布的《防止生猪价格过度下跌调控预案（暂行）》进行了修订和完善，形成了《缓解生猪市场价格周期性波动调控预案》（以下简称《新预案》）。《新预案》以猪粮比价为指标，将调控区域划分为绿色区域（猪粮比价在6：1～8.5：1，价格正常）、蓝色区域（猪粮比价8.5：1～9：1或6：1～5.5：1，价格轻度上涨或下跌）、黄色区域（9：1～9.5：1或5.5：1～5：1，价格中度上涨或下跌）、红色区域（猪粮比价高于9.5：1或低于5：1，价格重度上涨或下跌）和其他情况（生猪价格异常上涨或下跌的其他情况）五个预警区域，建立了不同预警区域的调控响应机制。《新预案》的突出特点是将调控目标由“防止猪价过度下跌”调整为“既防止过度下跌，又防止过快上涨”。同时明确将猪粮比价6：1作为生猪养殖的盈亏平衡点，将猪粮比价8.5：1作为防止猪价过快上涨的预警点。总的看，《新预案》在坚持充分发挥市场机制作用的基础，强化了政府宏观调控的作用，进一步完善了缓解生猪市场波动的调控机制、丰富了调控手段；从实践情况看，《新预案》的实施起到了缓解生猪市场价格周期性波动、促进生猪产业平稳健康发展的作用。

此外，国家进一步加强了新一轮“菜篮子”工程建设工作，保障“菜篮子”产品有效供给和市场价格的基本稳定；继续深化流通体制改革，推动和加强鲜活农产品流通体系建设，进一步完善“绿色通道”政策，将免缴车辆通行费范围扩大到所有整车合法装载运输鲜活农产品的车辆。与此同时，地方政府也在积极探索不同形式的稳定农产品价格调控措施，如上海的蔬菜价格保险制度等，这些政策措施的出台实施对稳定蔬菜生产、确保市场供给、促进价格平稳和保护农民利益发挥了重要作用。

基层农业技术推广体系改革与建设

2012年中央1号文件聚焦农业科技，在基层农业技术推广体系建设方面出台了多项重大政策。一年来，各地区各部门认真贯彻落实中央的部署和要求，积极行动、扎实工作，因地制宜、大胆创新，推动基层农技推广体系建设实现重要突破，取得积极进展。

（一）组织领导进一步加强 农业部出台了《加快农业科技创新与推广的意见》，将农技推广体系建设情况纳入对省级农业部门绩效管理延伸考核，有效推动了工作落实。全国31个省（自治区、直辖市）出台了指导农业科技创新与推广工作的专门文件，一些省份召开专题会议，制定具体意见和实施方案。针对基层农技推广体系改革与建设存在的问题，农业部和一些省份开展了督导。在各地各部门的共同努力下，2012年，十七届三中全会要求的三年普遍健全乡镇或区域性农业技术推广、动植物疫病防控等公共服务机构的任务基本完成，农产品质量监管机构建设扎实有效加快推进。

（二）投入保障进一步增强 国家安排乡镇农技推广机构条件建设项目中央投资38亿元，是近年投入力度最大的一年。2010—2012年中央累计投入50亿元，加强乡镇农技推广机构条件建设，基本实现西部地区乡镇农技推广机构条件建设“全覆盖”、中东部地区乡镇农技推广机构仪器设备“全覆盖”。中央财政安排基层农业技术推广体系改革与建设专项补助26亿元，支持基层农技推广机构开展技术推广服务，支持范围基本覆盖农业县，并向粮食、畜牧和水产养殖大县倾斜。一些地方出台了相应的扶持政策，江苏省安排1.77亿元，支持乡镇农技推广综合服务中心加强条件建设；吉林省根据种养规模和服务绩效，按照每个乡镇不低于5万元的标准落实推广工作经费；江西省财政安排1 000万元，专门奖励改革到位、服务成效显著的先进县。

（三）队伍素质进一步提高 组织实施万名农技推广骨干人才培养计划，围绕种植业、畜牧业、渔业和农机技术推广等领域，开展1万名农技推广骨干人才的全员轮训和1 800名农技推广骨干人才实地培养工作，使其成为本地农技推广工作的首席专家。加强基层农技人员业务培训，全年共培训农技人员15万人次。完善农技人员公开招聘、竞争上岗等制度，专业技术人员在推广队伍中所占比例进一步提高。四川、湖北等省份探索推行资格准入制度，规范农技人员上岗条件。浙江省建立农技人员定向培养机制，甘肃、福建等省招录几千名高校毕业生到县乡推广队伍，为农技推广队伍补充了新生力量。

（四）体制机制进一步完善 广西、四川等省份明确乡镇农技推广机构由县农业部门直接管理，全国“三权归县”比例进一步提高。大力推广“专家—农技人员—科技示范户”工作机制和“包村联户”等服务模式，各级农业科研院所、农业大学积极组织专家服务团队深入基层开展技术推广服务，农民专业合作社以及植保、农机、沼气等专业化服务组织成为农技推广的重要参与力量。

（五）法制保障进一步增强 《农业技术推广法》完成修订，并于2013年1月1日正式实施。法律修订中把中央近年来对农业技术推广工作的决策部署、各地区各部门的工作实践、农业系统探索出的行之有效的做法经验上升为法律规范。修订后的法律，针对性、约束性、可操作性显著增强，为进一步加强农技推广工作、促进农业科技成果转化与应用提供了更为有力的法制保障。

农村劳动力转移

（一）政策背景及主要内容 2012年，我国实施了更加积极的就业政策，尽管经济增长速度略有下滑，但全国就业形势总体保持了平稳。农民工就业形势较好。根据人力资源和社会保障部对全国100多个城市劳动力市场的监测，2012年前三季度外来务工求职人数总体呈增长趋势，这主要得益于中西部地区投资增长较快，消化外出农村劳动力较多。但同时，企业用工需求与劳动力供给结构失衡的矛盾仍然存在，为此，国家继续加大工作力度、强化服务举措，多渠道、全方位促进农村劳动力转移。一是继续开展春风行动。以乡镇为单位，开展需求普查，全面了解本地区重点企业的招聘需求。组织政策宣传，做到应知尽知，正确引导社会认识职业供求形势。以县为单位，组织开展“县乡招聘会”“送岗位下乡”等活动，把合适的岗位信息直接送到村、送到户、送到人。搭建信息平台，强化对接服务。二是加强劳动管理。以建筑业、采矿业、制造业、住宿和餐饮业、居民服务业为重点，督促企业特别是小型微型企业加快提高农民工劳动合同签订率和履约质量。多部门形成合力，共同制定实施方案，对重点行业开展劳动用工排查，摸清用工底数并登记造册，督促企业与农民工签订并履行劳动合同。对重点行业企业实施劳动合同制度的指导和管理，深入招用农民工比例大且劳动合同签订率低的建筑业、采矿业、住宿和餐饮服务业等企业开展指导和服务，继续制定并推广简易劳动合同示范文本，帮助企业依法与农民工签订劳动合同。大力推进劳动用工备案制度建设。加大劳动保障监察执法和劳动争议调处力度。三是开展农民工工资清欠专项行动。2012年起，我国全面开展治理拖欠农民工工资问题专项行动，着眼源头综合治理，计划用3年左右时间集中攻坚，努力实现农民工工资基本无拖欠。四是改善农民工公共服务。2012年，国家以教育和医疗卫生为重点，加快推进农民工平等享受城镇基本公共服务。国务院办公厅转发教育部等四部委《关于做好进城务工人员随迁子女接受义务教育后在当地参加升学考试工作的意见》，解决农民工随迁子女升学考试问题。

（二）政策执行情况 随着近年来城乡平等就业政策的实施，外出务工的农民工总量逐年增长。2012年全国农民工总量达到26 261万人，比上年增长3.9%。其中，外出农民工16 336万人，增加473万人，增长3.0%。

1．就业服务不断改善。据不完全统计，“春风行动”期间，全国共发放春风卡等宣传资料近4 000万份，组织专场招聘会近2万场；提供免费咨询等就业服务2 000多万人次；实现跨地区有组织劳务输出730万人，实现本地企业吸纳农村劳动者就业742万人；组织参加职业技能培训160万人，其中创业培训20万人，享受培训补贴的有71万人；提供劳动维权服务和法律援助222万人，全国各地共推荐诚信服务机构1万家。人力资源社会保障部继续与中国移动通信集团公司合作，在“春风行动”期间为办理中国移动“两城一家”业务的手机用户免费提供招聘会信息和相关就业政策信息的手机短信息服务。各地也积极探索就业服务的新形式、新途径。北京市、湖北省武汉市和宜昌市开通官方微博，及时发布岗位信息、招聘会信息、公共就业和人才服务机构名录、维权机构名录以及“春风行动”专项活动的动态信息。山东省开展“十大就业服务进企业”活动，对有招聘需求的企业进行就业形势宣讲，帮助企业合理制定用工计划、岗位培训计划和劳动用工管理办法。安徽省马鞍山市对200家重点监控企业和重点商贸企业展开调查，推出就业服务系列活动。

2．农民工劳动权益保护得到加强。继续开展小企业劳动合同制度，实施专项行动计划和集体合同制度实施“彩虹计划”。有25个省份根据经济发展情况适时适度调整最低工资标准，平均增幅为20.2%。23个省份发布2012年度工资指导线，基准线普遍提高14%左右。及时处理争议案件，2012年各地调解仲裁机构共处理争议151.2万件，同比增长6.4%；涉及劳动者人数195.9万人，同比增长7.9%；结案涉及金额237.7亿元，同比增长16.7%；仲裁结案率为94.7%。劳动保障监察“两网化”管理已覆盖26个省会城市和50%地级城市。建立了劳动保障监察执法与刑事司法衔接制度，将“打击非法用工等违法犯罪活动”纳入国家社会管理综合治理工作目标考核体系。

3．农民工工资拖欠得到缓解。2012年元旦、春节期间共为129万名农民工清回被拖欠的工资及赔偿金59.24亿元。2012年“两节”期间基本实现农民工工资无拖欠，多地开辟农民工工资争议案件“绿色通道”，涉及拖欠农民工工资的劳动争议案件在春节前基本办结，因拖欠工资问题引发的群体性事件总体稳定。

4．社保参保率有所提高，公共服务水平不断提高。2012年底，全国农民工参加基本养老、基本医疗、失业、工伤保险人数分别为4 543万人、4 996万人、2 702万人、7 173万人，分别比上年底增加403万人、355万人、311万人、345万人。农民工公共服务水平不断提高。北京市实现了农民工医保制度与城镇职工基本医疗保险制度并轨。与北京市行政区域内用人单位建立劳动关系的农民工，将按照城镇职工标准参保缴费，由单位和个人共同出资，享受北京市职工基本医疗保险待遇。广东省调整了农民工积分入户政策，适用对象不断扩大，门槛逐步降低，吸引了更多符合条件的农民工申请入户广东。

农业法制建设

2012年，各级农业部门按照党中央、国务院的部署，深入推进农业法制建设，农业法律法规进一步完善，农业执法水平进一步提高，农业普法教育进一步加强，农业依法行政工作取得了新的进展。

（一）农业立法 《农业技术推广法修正案》于2012年8月底由全国人大常委会审议通过并公布，自2013年1月1日起实施。法律修正案明确了国家农业技术推广机构的公共服务机构定位，规定县、乡镇国家农业技术推广机构的工作经费由各级财政共同承担，中央财政对重大农业技术推广给予补助，解决了困扰农业技术推广队伍多年的定位不清、保障不力等问题，强化了国家对农业技术推广工作的支持和保障，对于加强农业技术推广工作具有重要意义。

《农业保险条例》于2012年10月24日国务院常务会议通过并公布，自2013年1月1日起实施。条例将互助合作保险组织纳入农业保险机构范围，明确农机、渔船保险等涉农保险参照适用条例，对强化农业保险扶持政策、发展互助合作保险组织、完善农业保险制度具有深远意义。

积极推进《农药管理条例》《畜禽养殖污染防治条例》《植物新品种保护条例》《农作物病虫害防治条例》《渔船渔港管理条例》等行政法规的制修订工作。围绕推进农业依法行政、加强农产品质量安全监管和保障农业产业安全，出台了《农业部规范性文件管理规定》《农业植物品种命名规定》《饲料和饲料添加剂生产许可管理办法》《新饲料和新饲料添加剂管理办法》《饲料添加剂和添加剂预混合饲料产品批准文号管理办法》《农产品质量安全监测管理办法》《绿色食品标志管理办法》《中华人民共和国渔业船舶登记办法》等9件农业部规章。

各地农业部门结合本地实际深入推进农业立法工作，北京、河北、湖北、江西、浙江、福建、宁夏、甘肃、新疆、吉林等省（自治区、直辖市）围绕农民专业合作社、农村土地承包、农业机械化、农业废弃物处理与利用、种畜禽、草畜平衡、茶叶发展等方面，出台了10多件地方性法规和政府规章。

（二）农业综合执法 截至2012年底，全国已有259个市（地、州）、2 295个县（市、区）开展了农业综合执法，县级覆盖率达到应建比例的99%。河北、山西、江苏、浙江、湖北、湖南、广西、四川、贵州、甘肃10个省（自治区）已实现市、县两级综合执法全覆盖。总体上看，2012年的农业综合执法呈现出以下特点：

1．规范化建设扎实推进。一是加大市（地、州）级综合执法工作力度。2012年市级农业综合执法覆盖率达到应建比例的79.4%，较上年提高近7个百分点。市级综合执法机构在直接查办大要案的同时，加大对县级综合执法工作指导力度，统筹解决机构性质、执法服装等问题，发挥了较好的示范带动作用。二是首次组织开展农业综合执法示范窗口创建活动。农业部评选出10个“全国农业综合执法示范窗口”，浙江、湖南、四川、山西、黑龙江等省开展了省级示范窗口创建活动，推动了农业综合执法创先争优。三是统一发布农业综合执法标识。为提升农业执法形象，便于社会公众监督，农业部设计并发布了农业执法标识，自2012年10月1日起在全国农业综合执法机构中统一使用。江苏在全省推行农业执法标识、执法胸牌、执法持证、执法着装“四统一”，进一步树立“严格、规范、公正、廉洁、文明、高效”的农业执法形象。四是加强制度保障。山西开展示范执法，贵州、江西、重庆、湖南等省份组织开展交叉执法检查，促进了基层综合执法工作开展。

2．能力建设得到加强。2012年，各级农业综合执法机构工作经费和部、省两级投入资金合计3.45亿元，比上年增长7.9%。浙江实现全部农业综合执法机构执法经费纳入财政预算。福建各级农业综合执法机构的执法经费同比增加31.87%。为提升执法人员素质，2012年部、省两级共培训农业综合执法人员10 119人次，比上年增加24.3%。江苏组建了全省农业执法办案人才团队，河北建立了省级执法培训师资库，湖南、山西、宁夏、内蒙古等省、自治区组织开展法律知识竞赛、执法技能比武等活动，有效激发了执法人员学习热情，促进了执法人员素质提升。

3．执法领域得以拓宽。截至2012年底，全国各级农业综合执法机构除承担种植业领域种子、农药、肥料等执法职能外，有74%的机构同时承担了农产品质量安全监管执法职能；有34%的机构承担了畜牧兽医执法职能；有15.8%的机构承担了农机执法职能。此外，基层综合执法机构与法律法规授权的植物检疫机构、动物防疫监督机构、渔政监督机构合署办公的比例分别达到33.7%、10.4%和16.5%。

4．执法力度不断加大。2012年，全国各级农业综合执法机构共出动执法人员149.97万人次，检查各类门店101.5万个，办案63 791件，办案数量较2011年增加24%，为农民挽回经济损失12.84亿元。其中，办理农药案件22 877件，占35.9%；种子案件16 452件，占25.8%；肥料案件9 044件，占14.2%；兽药案件2 971件，占4.7%；饲料案件1 766件，占2.8%；农产品质量安全案件1 684件，占2.6%。农业投入品和农产品质量安全案件合计占办案总数的83.3%。在查处的案件中，大要案比例增加，共吊销许可证照304件，是上年的2.3倍；移送司法机关301件，比上年增加89%；罚没款达1.4亿元，比上年增加25%。在大力查办违法案件的同时，各级农业综合执法机构强化为民服务，积极调处涉农纠纷，全年共调处纠纷16 503起，协议赔偿额达2.03亿元，有力维护了农民合法权益。

（三）农业普法宣传教育 2012年，各级农业部门认真贯彻落实“六五”普法规划，组织开展了形式多样、内容丰富的普法活动。司法部、中宣部、民政部、农业部等五部门联合出台了《关于进一步加强农民学法用法工作的意见》，对新时期农民学法用法工作作了全面部署。浙江开展了“农业法律进千企入千社”活动，湖南选择一定数量的村开办农民法制夜校，宁夏举办了农业综合执法大比武活动，山东、山西、内蒙古等省份举办了农业法律知识竞赛，北京市主动上门向广大经营户发放“明白纸”，宣讲法律法规，取得了较好的普法效果。

2012年

农业发展与国民经济

2012年农业发展与国民经济

总体评价

2012年，面对日趋严峻的国际经济形势和国内改革发展稳定的繁重任务，各地区、各部门深入贯彻党中央、国务院的战略部署，坚持以科学发展为主题，以加快转变经济发展方式为主线，按照稳中求进的工作总基调，把稳增长放在更加重要的位置，经济社会发展呈现稳中有进的良好态势。经济运行总体平稳，物价涨幅稳步回落，农业基础地位进一步稳固，社会大局保持稳定。转变经济发展方式有新进展，科技创新有新成绩，改革开放有新突破，改善民生有新成效。全年实现国内生产总值519 322亿元，比上年增长7.8%。分产业看，第一产业增加值52 377亿元，增长4.5%；第二产业增加值235 319亿元，增长8.1%；第三产业增加值231 626亿元，增长8.1%。第一产业增加值占国内生产总值的比重为10.1%，与上年持平；第二产业增加值比重为45.3%，下降1.5个百分点；第三产业增加值比重为44.6%，上升1.5个百分点。固定资产投资增长加快，全社会固定资产投资总额为374 675.7亿元，比上年提高20.5%，增幅比上年提高了8.6个百分点。全年社会消费品零售总额210 307亿元，增长14.3%，扣除价格因素，实际增长12.1%。对外贸易增速持续放缓，全年货物进出口总额38 668亿美元，增长6.2%。其中，出口20 489亿美元，增长7.9%；进口18 178亿美元，增长4.3%。全年财政收入117 210亿元，增长12.8%。

2012年，面对全球粮食因灾减产、国际农产品市场大幅波动以及宏观经济运行复杂多变的严峻形势，各地区、各部门坚决贯彻落实党中央、国务院的部署要求，圆满完成了“两个千方百计、两个努力确保”的目标任务，粮食产量实现“九连增”，农业综合生产能力迈上新台阶。农民增收实现“九连快”，农村贫困人口生存和温饱问题基本解决。农村民生加速改善，办了许多深得民心的大事好事。农村综合改革和集体林权制度改革取得重大进展，城乡分割的体制障碍加快破除。农村党群干群关系明显改善，农村社会保持和谐稳定。农业农村发展的成就，为促进国民经济的持续较快发展作出了重要作用。

2012年，农业、农村和国民经济关系呈现一些新的特点。一是农业对国民经济的增长贡献、产品贡献与市场贡献继续有所增强，而随着农产品出口增速的持续下降，外汇贡献有所降低。在“四化”同步推进过程中，农业的基础地位更加凸显。二是农村非农产业发展、基础设施与公共服务建设加强。推动全社会二、三产业发展的作用持续增强，从而带动农村劳动力就业，促进农民收入增长。三是在城乡关系中，农村居民收入增速连续3年快于城镇居民，城乡居民收入的相对差距有所缩小，但绝对差距仍在进一步扩大；城乡居民人均消费支出继续增长，但增速降低，农村居民消费支出增速继续高于城镇居民，但城乡居民消费水平的绝对差距还在扩大，城镇居民的消费结构明显优于农村居民。四是从不同区域来看，以地区生产总值衡量，中部、西部增长加快，特别是西部地区与其他三个地区的差距明显缩小，区域经济发展趋于协调；在农业增加值占比中，与上年相比，东、中、西部地区占全国的比重分别出现下降，东北部地区则继续上升，东北地区与其他三个地区差距有所扩大。东部地区农村非农产业再度提速，与其他地区的发展差距拉大；此外，东部地区与其他三个地区相比，农民收入差距和消费水平差距均有所扩大。

农业、农村和国民经济关系中需要关注的问题是：一是与快速推进的工业化、城镇化相比，农业现代化滞后的问题仍很突出，农业劳动生产率和比较效益低，制约了农业现代化进程。二是城乡交换不平等导致在国民收入初次分配中，农村居民得到的份额持续偏低，在国民收入再次分配中，城乡投资差距与城乡公共服务供给差距等依然较大。三是随着资源环境约束日益增强，人口总量不断增长，消费结构逐步升级，保障国家粮食安全和重要农产品供求平衡压力增大。四是农产品市场国际化程度日益加深，重要农产品对外依存度不断提高，农产品市场与价格波动趋于加剧，影响产品贡献和市场贡献的不稳定因素增多。五是加快完善城乡发展一体化体制机制，形成以工促农、以城带乡、工农互惠、城乡一体的新型工农、城乡关系依然任重而道远。

2013年是全面贯彻落实党的十八大精神的开局之年，是实施“十二五”规划承前启后的关键一年。我国发展仍处于可以大有作为的重要战略机遇期，经济社会发展具备很多有利条件和积极因素，也面临不少风险和挑战。国际金融危机深层次影响持续显现，世界经济复苏充满不确定性、不稳定性。实现经济社会发展“稳中求进、扎实开局”，首先要稳住农业，稳中求进抓落实，稳粮增收带全局，在更高起点上推动“保供增收”取得新进展，在全面推进中提高农业现代化建设水平，努力实现农业农村经济持续较快发展。为此，一是抓好强农惠农富农政策落实和完善，推动政策落实机制创新，保护和调动农民生产积极性；二是稳定发展粮食等重要农产品生产，强化农业生产风险防控，持续提高农业综合生产能力；三是创新农业生产经营体制，培育新型农业经营主体和新型农业服务体系，增强现代农业发展活力；四是扎实推进农业科技进步，提升农业物质装备水平，加快农业发展方式转变；五是强化农产品市场体系建设，完善农产品市场调控机制，推进农业信息化服务；六是加强农业资源利用和生态保护，发展资源节约型、环境友好型农业，建设美丽乡村；七是稳步提高农民家庭经营收入与外出务工收入，完善城乡要素平等交换关系，保持农民收入持续稳定增长。

农业对国民经济的贡献

2012年，农业发展受宏观经济紧缩影响较小，增长依然平稳。在国家加强农田水利设施建设和强化现代农业科技支撑等强农惠农政策扶持下，又遇气象条件总体好于往年，农业获得丰收。

（一）增长贡献 2012年，国民经济运行总体平稳，各项社会事业取得新的进步，为全面建成小康社会奠定了良好基础。据初步核算，全年国内生产总值519 322亿元，比上年增长7.8%。农林牧渔业生产呈现全面发展的好势头，全年粮食产量58 957万吨，比上年增产3.2%，连续第9年丰收，全年实现农业增加值52 377亿元，增长4.5%，增速比上年提高0.2个百分点。农业增加值占国内生产总值的比重为10.1%，与上年持平，农业增长对国民经济增长的贡献份额为10.6%，比上年上升0.4个百分点（图24）。

（二）产品贡献 2012年，我国大宗农产品市场供求基本平衡，全国城市食品类商品零售价格比上年下降6.7%，其中粮食零售价格下降8.3%，全年城镇居民人均食品消费支出6 041元，占当年生活消费支出的36.2%，比上年下降0.1个百分点。

（三）市场贡献 2012年，我国农民人均纯收入增长10.7%，实现了“九连快”。2012年乡村消费品零售总额为27 893亿元，比上年增长14.5%，占全社会消费品零售总额的比例为13.3%，比上年上升0.1个百分点（图25）。

相对于农民收入的增长，2012年农业生产资料价格也有上升，农业生产资料价格总水平比上年上升5.6%，其中化肥价格上升6.6%，农用机油价格上升4.2%，饲料价格上涨5.7%，农药及农药械价格上涨2.4%，农机价格上涨2.1%。全年农民人均家庭经营费用支出2 626元，比上年上升8.0%。其中，人均购置生产性固定资产支出272.6元，上升2.6%。

（四）外汇贡献 2012年，我国对外贸易全年实现进出口总额38 668亿美元，比上年增长6.2%。其中，出口20 489亿美元，增长7.9%；进口18 178亿美元，增长4.3%。贸易顺差2 311亿美元，比上年增加762亿美元。

2012年我国农产品进出口总额为1 757.7亿美元，同比增长12.9%。其中，出口632.9亿美元，同比增长4.2%；进口1 124.8亿美元，同比增长18.6%。贸易逆差为491.9亿美元，同比扩大44.2%。

农产品进出口贸易总额占全国进出口贸易总额的4.6%，比上年上升0.3个百分点。其中，农产品出口总值占全部出口总值的3.1%，下降0.1个百分点；农产品进口总值占全部进口总值的6.2%，比上年上升了0.8个百分点。

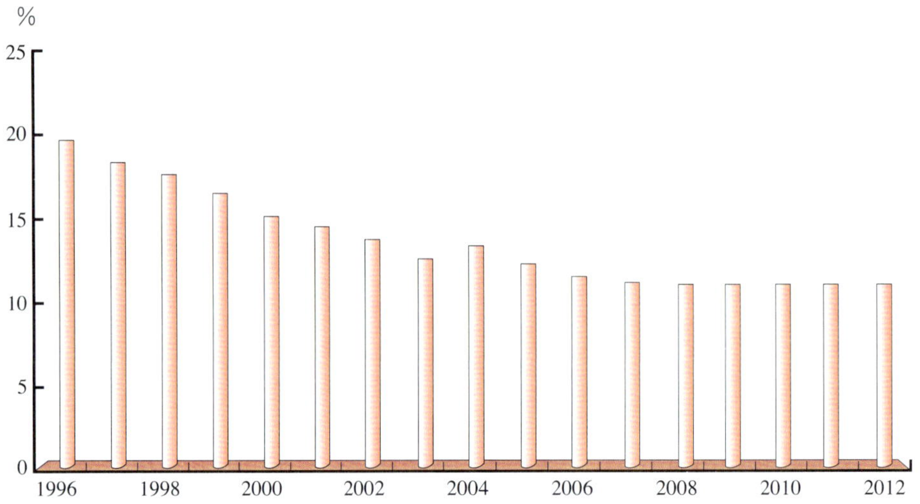

图24 1996—2012年农业增加值占国内生产总值比重变动情况

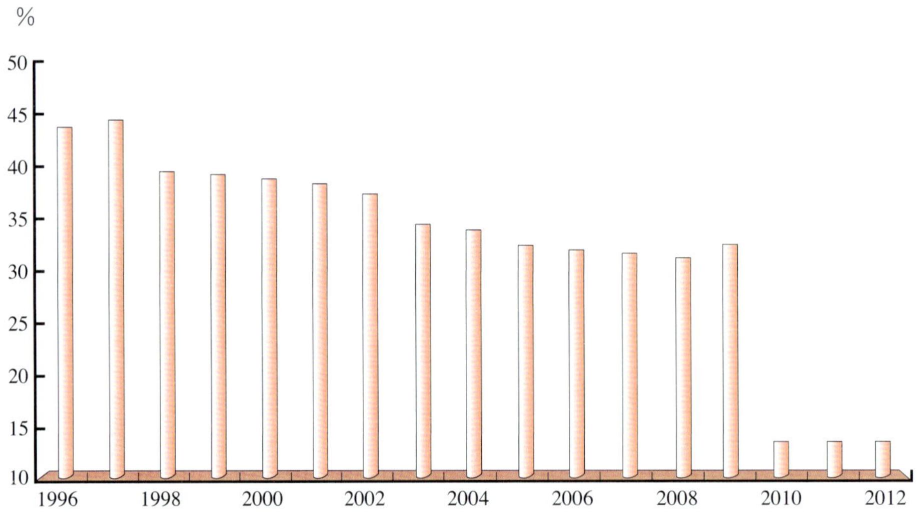

图25 1996—2012年农村消费品零售额占社会消费品零售额比重变动情况

注：根据新颁布的《统计上划分城乡的规定》，2010年及以后农村消费品零售额的统计范围由原来的“市、县、县以下”调整为“乡及乡以下”。

农业与国民收入分配

在2012年的国内生产总值中，农业的比重为10.1%，与上年持平，第二产业在国内生产总值中占的比重为45.3%，比上年下降了1.5个百分点，第三产业在国内生产总值中占的比重为44.6%，比上年提高了1.5个百分点。

（一）在国民收入初次分配中，农业对农民人均纯收入增长的贡献继续下降，农民纯收入总量在国内生产总值中所占的比重继续下降 2012年，农村居民家庭人均纯收入为7 916.6元，比上年增长13.5%，增长幅度比上年下降了4.4个百分点。在农民人均纯收入中，来自家庭经营收入的部分为3 533.4元，比上年增加311.4元，占农民人均纯收入的44.6%，比上年下降1.6个百分点。

2012年，全国乡村人口为64 222万人，全国农民纯收入总量为50 842.0亿元，占当年国内生产总值的9.8%，比上年下降0.1个百分点。2012年城镇居民人均可支配收入为24 565元，比上年增长12.6%，当年城镇居民人口为71 182万人，全国城镇居民可支配收入总量达到174 858.6亿元，占国内生产总值的33.7%，比上年提高1.8个百分点。

2012年，城镇居民收入是农村居民收入的3.1倍，在收入增长速度上，农民居民快于城镇居民，但城乡居民收入差距仍然很大，增加农民收入仍是一项长期、艰巨的任务。

（二）在国民收入再分配过程中，城乡投资呈现严重不平衡状态，2012年财政支农力度进一步加大，对实现粮食生产“九连增”和农村发展做出贡献 2012年，全社会固定资产投资总额为374 675.7亿元，比上年提高20.5%，增幅比上年提高了8.6个百分点。全社会固定资产投资占国内生产总值的比重为72.1%，投资率比上年提高6.1个百分点，全社会固定资产投资增长率高于国内生产总值增长率10.3个百分点，投资率增幅出现明显扩大。在全社会固定资产投资中，用于城镇的为364 835.1亿元，比上年增长20.8%，增长率比上年下降4.3个百分点；用于农村的为9 840.6亿元，比上年增长8.3%。城镇得到的固定资产投资是农村的37.1倍，比上年提高了3.9倍，农村固定资产投资虽然扭转了上年增长率为负数的局面，但是城乡固定资产投资差距拉大十分明显，呈现严重的不平衡状态。

2012年，中央财政对“三农”的投入达到12 287亿元，同比增长18.0%。粮食直补、农资综合补贴、良种补贴和农机补贴“四补贴”政策的资金规模达到1 668亿元，比上年增长18.6%。国家安排产粮（油）大县的奖励资金280亿元、农业综合开发资金达到290亿元、高产创建资金20亿元。草原生态奖补政策覆盖全部牧业、半牧业县。测土配方施肥补贴项目累计投入57亿元，项目县（场、单位）达2 498个。

2012年，中央财政继续增加对农村基础设施建设和民生的支出，确保了农业持续增产，农村民生进一步改善。除支持农村土地整治重大工程外，中央财政还通过中央分成新增费重点支持高标准基本农田建设。国土资源部启动500个高标准基本农田示范县建设。新农合继续大病保障范围得到扩大，进一步提高重大疾病医疗保障水平。2012年，我国实现农村新型社会养老保险制度全覆盖。

工农业发展比例关系

（一）2012年工农业发展比例关系 2012年，工业增加值达到199 859.6亿元，比上年实际增长7.9%，增速下降2.5个百分点；农业增加值为52 377.0亿元，增长速度为4.5%，增速提高了0.2个百分点。工业增加值增速降到10%以内，工业增加值与农业增加值增长速度之比为1.8∶1。

（二）对2012年工农业发展关系的评价 2012年的工农业发展比例关系显示，工业增加值增长速度出现下降，农业增加值增速略有提高。规模以上工业增速比上年放缓，全国规模以上工业企业实现利润55 578亿元，比上年下降9.5%。整体上看，宏观经济形势不容乐观。在我国工农业之间均衡增长和良性循环的机制正在逐步建立的过程中，宏观经济出现波动将不利于工农业发展形成良性互动的关系。2012年，我国城乡投资差距不平衡现象进一步加重，表明农业、农村在资源配置和国民收入分配中的地位仍需要不断提高，我国迫切需要建立农业农村投入持续增长的长效机制，以实现全面建设小康社会的目标。

农村非农产业发展与国民经济增长

2012年，全国乡镇企业加快转变经济发展方式，企业转型提升取得新进展，发展质量进一步提升、结构进一步优化，发展态势缓中趋稳，为国民经济增长和提高农民收入水平作出了重要贡献。2012年全国乡镇企业总产值607 154万元，比上年增长8.08%。

（一）吸纳农村劳动力就业 2012年乡镇企业从业人员16 407万人，比上年增加221万人；乡镇企业从业人员占全国就业人员比例为21.4%，比上年提高0.2个百分点。其中，乡镇企业二、三产业从业人员16 184万人，比上年增加约199万人；占全国二、三产业就业比例为31.8%，比上年下降0.3个百分点。在全国当年新增的就业人员中，有78%被乡镇企业吸收；在全国当年新增的二、三产业就业人员中，有18%被乡镇企业吸收。

（二）增加农民收入 2012年，非农产业发展为农民收入增长做出了重要贡献，工资性收入仍然是农民收入增长的重要来源。农民从事非农产业家庭经营的人均收入811元，比上年增加109元，增长15.5%；工资性收入人均3 448元，增长16.3 %，增幅比上年下降5.6个百分点。在当年农民人均纯收入中，来自家庭经营第一产业的收入占34.4%，比上年下降2.7个百分点；工资性收入以及来自家庭经营非农产业的纯收入占53.8%，比上年上升1.3个百分点。

城乡居民收入差异

2012年，农村居民收入增速高于城镇居民，城乡居民收入相对差距继续缩小，但绝对差距仍在扩大（图26）。

（一）农村居民收入增速高于城镇居民 2012年，全国农村居民人均纯收入比上年实际增长10.7%，增速比上年降低0.7个百分点；城镇居民人均可支配收入比上年实际增长9.6%，增速比上年提高1.2个百分点；农村居

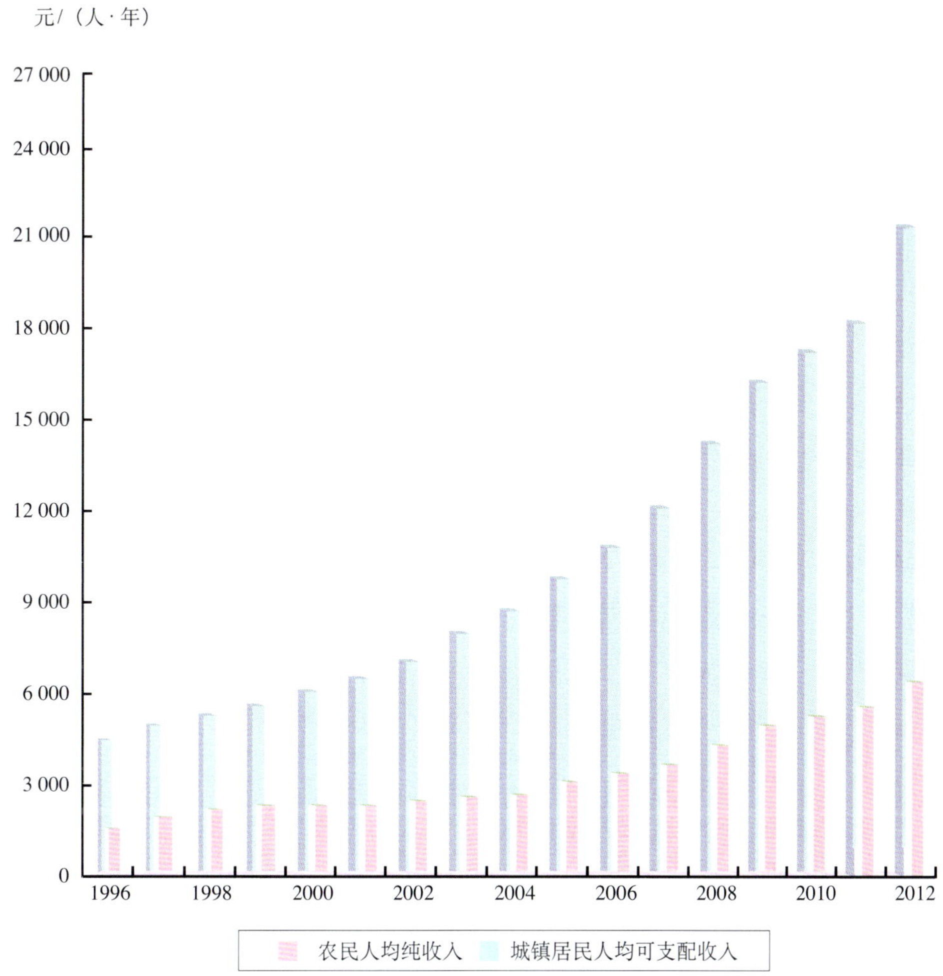

图26　1996—2012年城乡居民收入变动情况

民收入增长速度比城镇居民高1.1个百分点。

（二）城乡居民收入增长的主要原因　2012年，影响城镇居民收入增长的主要因素有：①绝大多数地区提高最低工资标准，部分地区继续规范落实津补贴制度，部分企业提高了职工工资和奖金，工薪收入继续增长。全年城镇居民人均工薪收入17 336元，比上年增长12.5%，增速提高0.1个百分点。②经济运行平稳，但经济增长放缓，个体工商户增值税和营业税起征点提高，税赋降低，经营净收入继续增长。城镇居民人均经营净收入2 548元，比上年增长15.3%，增速降低13.7个百分点。③国家继续提高企业退休人员基本养老金水平，上调最低生活保障标准，转移性收入稳步增长。城镇居民人均转移性收入6 368元，比上年增长11.6%。④财产性收入继续增长。城镇居民人均财产性收入707元，比上年增长8.9%，但增速大幅降低15.8个百分点，主要是金融市场股票红利减少。

影响农村居民收入增长的主要因素有：①家庭经营纯收入继续提高。2012年农村居民人均家庭经营纯收入3 533元，增长9.7%，增速比上年降低4.0个百分点，对农民全年增收的贡献率为33.2 %，拉动人均纯收入增长4.5个百分点，其中第一产业纯收入比上年增长8.0%。家庭经营纯收入较快增长主要是由于粮食丰收，同时粮食、蔬菜等主要农产品价格上涨。②工资性收入较快增长。农村居民人均工资性收入3 448元，增长16.3%，增速比上年降低5.6个百分点。工资性收入对全年农民增收的贡献率为51.5%，拉动人均纯收入增长6.9个百分点。工资性收入较快增长主要是由于农民工人数继续增加，农民工工资水平保持较快上涨。③财产性收入保持增长。农村居民人均财产性收入249元，增长9.0%。④转移性收入继续快速增长。农村居民人均转移性收入687元，增长21.9%，增速连续两年保持在20%以上。转移性收入继续快速增长主要是由于农村社会保障政策覆盖范围进一步扩大和保障水平进一步提高，以及各地农业及草原生态补贴等政策的实施和力度加大。

2012年，全国居民消费价格总水平比上年提高2.6%。其中城镇上涨2.7%，农村上涨2.5%，农村物价上涨幅度小于城镇0.2个百分点。消费价格水平变化对城乡居民收入增长差异的影响继续存在。

（三）城乡居民收入差距问题依然突出 2012年农村居民收入实际增长速度连续3年超过城镇居民，城乡居民收入相对差距进一步缩小。城镇居民人均可支配收入与农村居民人均纯收入的比例由上年的3.13∶1继续缩小到3.10∶1；农村居民人均现金收入9 787元，相当于城镇居民人均可支配收入的39.8%，比上年提高0.2个百分点。但城乡居民收入不平衡的问题依然突出，主要表现在城乡居民收入的绝对差距继续扩大，由上年的14 833元继续扩大到16 648元。

城乡居民收入增长的稳定性和持续性仍然存在较大差异。城镇居民收入增长在很大程度上依靠国家政策性因素的推动，具有较强的连续性和稳定性。农村居民收入增长受到市场因素和自然因素的双重制约，虽然国家对农业的支持保障体系在进一步完善，各项支农、惠农政策逐步到位，但农业生产的不确定性和农产品价格的波动性，使农民增收的基础仍比较薄弱，增收的渠道仍比较缺乏，促进农民持续增收的长效机制尚未完全建立，农民增收的不确定性因素增加。此外，现有的财政支出结构使城乡居民在享受公共服务和社会福利等方面仍然存在着巨大差异，城乡居民收入不平衡问题在较长时期内依然突出。

城乡居民消费差异

2012年，城乡居民人均消费支出继续增长，但增速降低，农村居民消费支出增速继续高于城镇居民，但城乡居民消费水平的绝对差距还在扩大，城镇居民的消费水平大幅高于农村居民，消费结构明显优于农村居民。

（一）城乡居民消费水平的差异 2012年，城镇居民人均生活消费支出16 674元，增长10.0%，增速比上年降低2.5个百分点；农村居民人均消费支出5 908元，增长13.2%，增速比上年降低6.0个百分点。城乡居民消费水平的相对差距略有缩小，城乡居民人均生活消费支出比由上年的2.90∶1下降到2.82∶1。城乡居民消费水平的绝对差距继续扩大，2012年城镇居民人均生活消费支出比农村居民多

10 766元，与上年相比扩大826元。

（二）城乡居民恩格尔系数的差异 2012年，城乡居民收支继续稳定增长，而食品消费价格涨幅明显回落。受此影响，城乡居民人均食品支出占生活消费支出的比重（恩格尔系数）均有所下降。2012年城镇居民人均食品消费支出6 041元，恩格尔系数36.2%，比上年降低0.1个百分点；农村居民人均食品消费支出2 324元，恩格尔系数39.3%，比上年降低1.1个百分点，农村居民的生活水平改善得更快一些。城镇居民恩格尔系数低于农村居民3.1个百分点，差距比上年缩小1.0个百分点（图27）。

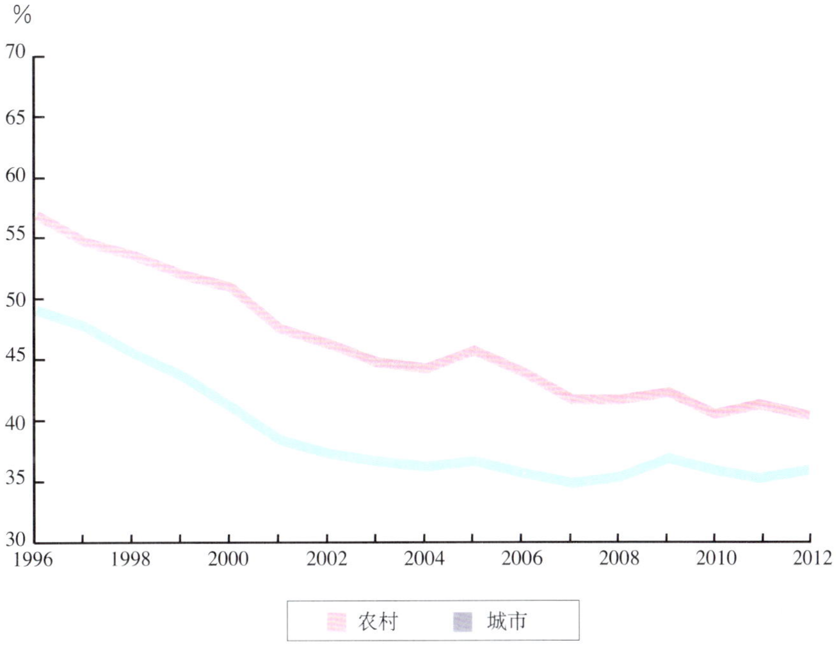

图27 1996—2012年恩格尔系数变动情况

（三）城乡居民消费结构的差异 随着城镇居民收入的稳定增长，城市建设和社会公共事业的不断发展，以及扩大内需政策的进一步实施，城镇居民的消费水平继续提高，消费结构进一步优化。2012年，城镇居民人均各类消费占消费总支出的比例依次是：食品（36.2%）、交通和通讯（14.7%）、教育文化娱乐（12.2%）、衣着（10.9%）、居住（8.9%）、家庭设备及服务（6.7%）、医疗保健（6.4%）。城镇居民消费结构继续向发展型和享受型消费升级。主要表现在：①用于吃、穿等满足基本生活需要的消费支出继续增长，但增速降低，人均7 864元，增长9.5%，增速比上年降低5.4个百分点，占生活消费支出的比重降低0.2个百分点。②医疗保健支出增速有所回落，人均1 064元，增长9.8%，增速比上年降低1.3个百分点，占消费支出的比重没有变化。③交通通讯消费和教育文化娱乐消费增速升降不一，人均交通通讯支出2 456元，增长14.2%，增速提高5.8个百分点，用于教育、娱乐方面的支出2 034元，增长9.8%，增速降低4.0个百分点；从占消费支出的比重看，交通通讯支出增加0.5个百分点，而教育娱乐支出没有变化。④居住支出增速略有提高，占生活消费支出的比重继续降低。城镇居民人均居住支出1 484元，增长5.6%，增速提高0.1个百分点，在消费支出中所占比重降低0.4个百分点。

随着农民收入持续较快增长，农村居民消费信心同步增强，消费水平不断提升，生活质量进一步改善。2012年，农村居民人均各类消费占生活消费总支出的比例依次是：食品（39.3 %）、居住（18.4 %）、交通和通讯（11.5%）、医疗保健（8.7%）、文化教育娱乐及服务（7.5%）、家庭设备用品及服务（5.8%）。农村居民的消费逐步向享受型、发展型结构转变，主要表现在：①用于吃穿等基本生活消费继续增长，占生活消费支出的比重减少0.9个百分点。②居住条件进一步改善，居住支出继续增长，增速回落。人均住房面积37.1平方米，增加2.3%；人均居住支出1 086元，增长13.0%，增速降低2.1个百分点。③交通及通讯消费较快增长。人均交通、通讯费用支出653元，增长19.3%，增速提高0.7个百分点。④文化教育娱乐支出和医疗保健消费支出继续增长。文化教育娱乐支出人均446元，增长12.4%，增速提高4.3个百分点，占生活消费支出的比重略有减少；人均医疗保健支出514元，增长17.6%，增速大幅回落16.4个百分点，占生活消费支出的比重降低0.3个百分点。

2012年，城乡居民消费结构变化趋势依然呈现较强的趋同性，但两者之间绝对消费水平差异仍在扩大，城镇居民消费层次明显高于农村居民。

（四）城乡居民食品消费的差异　2012年，城乡居民食品消费水平和结构仍呈现较大差异。城镇居民消费不仅品种丰富，营养全面，更加追求食物的安全健康和方便快捷，而农村居民营养性食品消费稳定增加。从主要食品的消费量来看，城乡居民人均粮食直接消费量分别为78.8千克和164.3千克，与上年相比分别减少1.9千克和6.4千克；蔬菜消费量分别为112.3千克和84.7千克，分别减少2.3千克和4.7千克；猪牛羊肉消费量分别为24.9千克和16.4千克，分别增加0.3千克和0.1千克；禽蛋消费量分别为10.5千克和5.9千克，分别增加0.4千克和0.5千克；食用植物油消费量分别为9.1克和7.8千克，分别减少0.2千克和增加0.3千克（图28、图29）。

（五）城乡居民家庭耐用消费品消费的差异　2012年，城乡居民家庭耐用消费品数量继续增加。城镇居民家庭中普通家电的拥有量基本处于饱和状态；中档家电和高档耐用消费品的消费继续增长，但增速降低。2012年底，平均每百户城镇居民家庭拥有彩色电视机136.1台，比上年增长0.7%；洗衣机98.0台，增长0.9%；电冰箱98.5台，增长1.3%；空调126.8台，增长3.9%；微波炉62.2台，增长2.5%；移动电话212.6部，增长3.6%；家用计算机87.0台，增长6.2%；家用汽车21.5辆，增长15.6%，摄像机10.0台，增长6.7%。农村居民主要传统耐用消费稳定增加，时尚新型的耐用消费品需求较旺。2012年底，平均每百户农村居民家庭拥有彩色电视机116.9台，比上年增长1.2%；电冰箱67.3台，增长9.4%，洗衣机67.2台，增长7.3%；移动电话197.8部，增长10.1%；摩托车62.2辆，增长2.1%。城乡居民拥有耐用消费品的数量仍存在较大差距，农村居民的消费层次和消费结构明显落后于城镇居民。

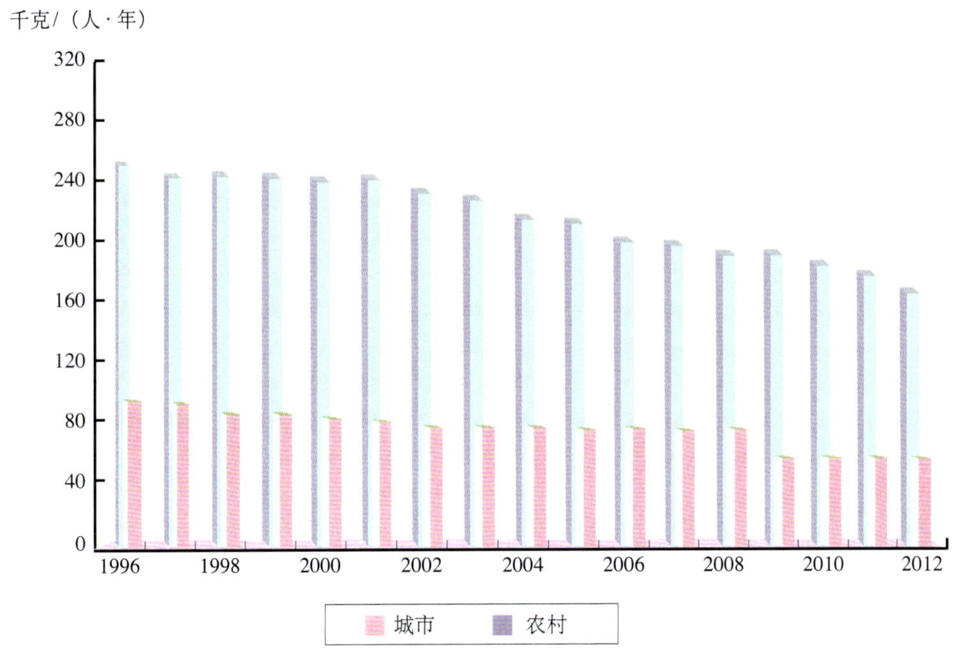

图28　1996—2012年城乡居民人均粮食消费变动情况

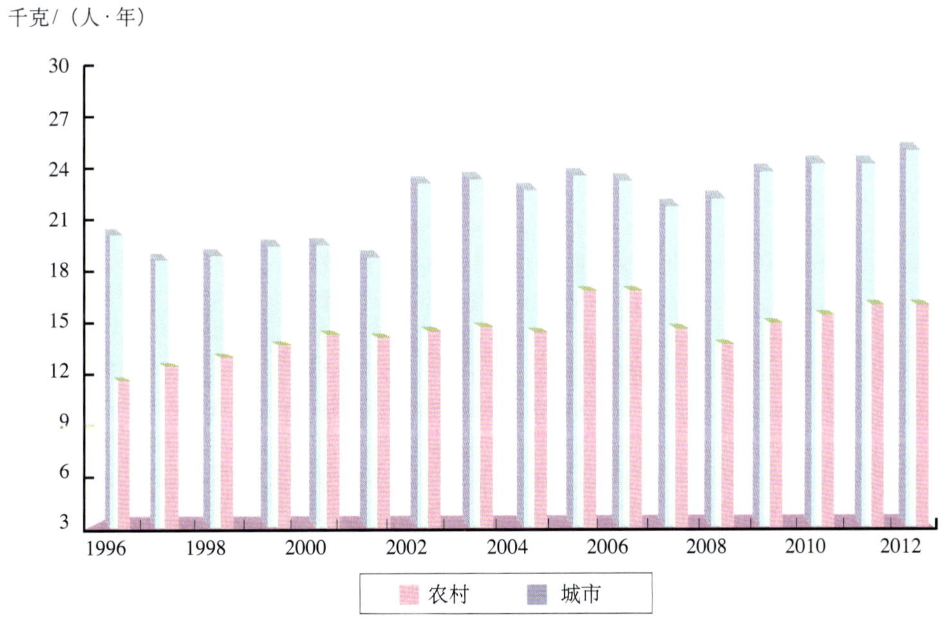

图29　1996—2012年城乡居民人均猪牛羊肉消费变动情况

区域经济发展差异

在区域经济结构中，东部地区农业比重较低，中、西部和东北地区的农业比重高；东、中、西部地区农业增加值占国内生产总值的比重继续呈下降趋势，东北地区有所提高；在乡镇企业发展方面，东部地区与其他三个地区差距有所扩大；在农村居民收入和消费水平方面，区域差距有所扩大。

（一）东、中、西部和东北地区经济结构与农村经济发展水平的差异 在2012年全国实现的国内生产总值中，东、中、西部和东北地区分别占51.3%、20.2%、19.8%和8.7%，与上年相比，东部地区下降了0.7个百分点，中部地区上升了0.1个百分点，西部地区上升了0.6个百分点，东北地区与上年持平。东部、中部、西部和东北地区实现的国内生产总值之比为5.86∶2.31∶2.59∶1，与上年的5.98∶2.31∶2.21∶1相比，西部地区与其他三个地区的差距明显缩小。

从全国农业增加值的构成来看，2012年东、中、西部和东北实现的农业增加值分别占全国的35%、26.8%、27.4%和10.8%，与上年相比，东部地区下降了0.6个百分点，中部地区上升0.3个百分点，西部地区上升0.5个百分点，东北地区上升0.5百分点。东、中、西部和东北地区农业增加值占国内生产总值的比重分别为6.2%、12%、12.6%和15.3%，与上年相比，东、中、西部地区分别下降0.1、0.3、0.2个百分点，东北部地区上升4.4个百分点。东、中、西部和东北地区农业增加值之比为3.23∶2.47∶2.52∶1，与上年的3.17∶2.40∶2.29∶1相比，东北地区与其他三个地区差距有所扩大。

2012年，东、中、西部和东北地区乡镇企业总产值分别占全国乡镇企业总产值的62.5%、17.6%、11.1%和8.8%，与上年相比，东部地区上升了5个百分点，中部地区下降了2.6个百分点，西部地区下降了1.6个百分点，东北部地区下降了0.7个百分点。东、中、西部和东北地区乡镇企业总产值之比为7.09∶2∶1.26∶1，与上年的6.03∶2.12∶1.33∶1相比，东部地区与其他三个地区差距有所扩大。

（二）东、中、西部和东北地农村居民收入和消费水平的差异 2012年，东、中、西部和东北地区的农民人均纯收入分别为10 817元、7 435元、6 027元和8 846元，东、中、西部和东北地区的农民人均纯收入之比为1.22∶0.84∶0.68∶1，与上年的1.23∶0.84∶0.67∶1相比，东部地区与其他三个地区的收入差异有所扩大（图30）。

从东、中、西部和东北地区农村居民消费差异看，2012年东、中、西部和东北地区农村居民人均生活消费支出分别为7 683元、5 469元、4 798元和5 941元，分别比上年增长12.1%、13.9%、14.9%和13.6%。以东北部地区农村居民的消费支出为1，东、中、西部和东北地区农村居民生活消费的比率为1.29∶0.92∶0.81∶1，与上年的1.28∶0.89∶0.78∶1相比，东北部地区与其他三个地区的消费水平差异有所扩大。

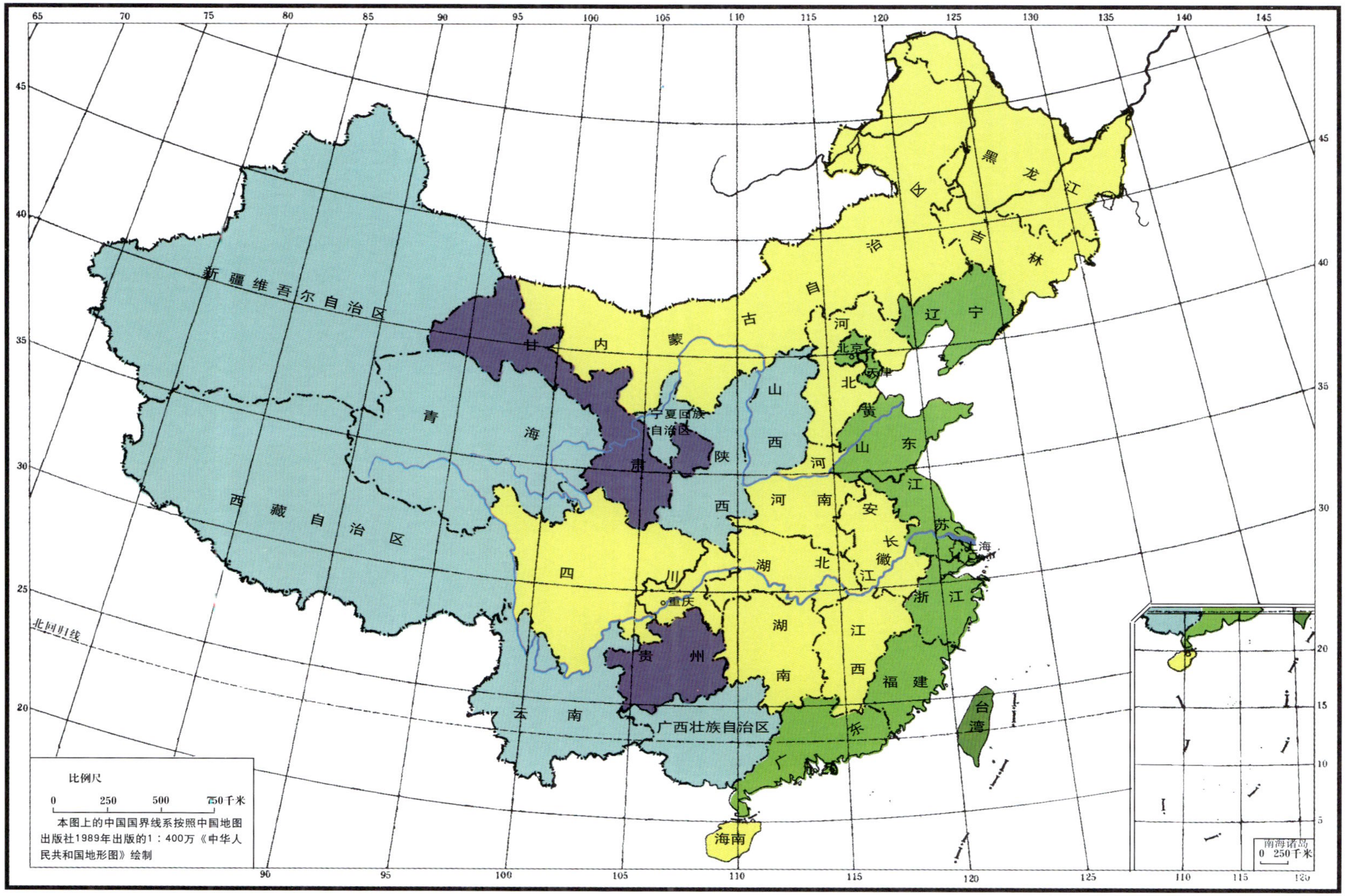

纯收入＞9 000元
纯收入7 000～9 000元
纯收入5 000～7 000元
纯收入＜5 000元

图30　2012年全国农村居民人均纯收入按省、自治区、直辖市分布情况

2013年

农业发展趋势

2013年农业发展趋势

发展目标和任务

2013年是全面贯彻落实党的十八大精神的开局之年，继续做好“三农”工作，对实现经济社会发展“稳中求进、扎实开局”具有重要意义。

2012年底召开的中央农村工作会议指出，当前，我国现代化建设中最薄弱的环节仍然是农业现代化滞后，经济社会体制中最突出的矛盾仍然是城乡二元体制障碍明显，全面建成小康社会进程中最严重的制约仍然是城乡发展和居民收入差距过大。会议强调，要准确把握党的十八大关于“三农”发展的战略部署，确保国家粮食安全和农产品有效供给，积极创新农业生产经营体制机制，加大统筹城乡发展力度，在“收入倍增”中着力促进农民增收。会议指出，2013年农业农村工作的目标任务是：保供增收惠民生、改革创新添活力，确保粮食等重要农产品再获丰收，确保农民收入增长势头不减弱，继续改善农民生产生活条件，进一步消除制约农业发展的体制障碍，激发农村发展活力。

按照中央的总体部署，农业部提出，2013年要牢牢把握加快发展现代农业的重大任务，以确保国家粮食安全和重要农产品有效供给、促进农民持续较快增收为核心目标，以推进农业经营体制机制创新为动力，着力强化政策、科技、设施、装备、人才和体制支撑，坚持“巩固基础、突破难点、管控风险、推进改革”，千方百计使粮食产量稳定在10 500亿斤以上、农民收入增幅保持在7.5%以上，努力确保不发生重大农产品质量安全事件和区域性重大动物疫情，持续提高农业科技进步贡献率和农业资源利用率，促进农业农村经济又好又快发展，为经济社会发展提供有力支撑。重点做好以下十方面工作：①抓好强农惠农富农政策落实和完善；②稳定发展粮食等重要农产品生产；③创新农业生产经营体制；④强化农业生产风险防控；⑤扎实推进农业科技进步；⑥提升农业物质装备水平；⑦强化农产品市场体系建设；⑧做好农业资源利用和生态保护工作；⑨保持农民收入持续稳定增长；⑩加强农业系统自身建设。

农业发展面临的条件

2012年我国粮食实现“九连增”，农业农村形势大好，为经济社会稳定健康发展打下了基础。2013年，伴随工业化、城镇化的深入推进，我国农业农村发展正在进入新的阶段，将面临新的机遇和挑战。一方面，中央对“三农”工作高度重视，农村改革力度进一步加大，政策扶持力度继续加强，科技驱动力度不断增强，农业农村制度环境持续改善，有利于巩固和发展农业农村大好形势；另一方面，农业综合生产成本上升，农产品供求结构性矛盾突出，农村社会结构加速转型，人多地少水缺矛盾加剧，农业资源要素流失加快，城乡发展加快融合，加上国内国际经济不确定性强、周边国际形势复杂，不利于农业农村持续稳定健康发展。

（一）有利条件

1. 中央将更加坚定地加强农业支持与保护，加大强农惠农富农政策力度。中央明确指出要在稳定完善强化行之有效政策基础上，着力构建“三农”投入稳定增长的长效机制，确保总量持续增加、比例稳步提高。完善主产区利益补偿、耕地保护补偿、生态补偿办法，加快让农业获得合理利润、让主产区财力逐步达到全国或全省平均水平。2013年，中央财政用于“三农”的支出拟安排13 799亿元，比上年增长11.4%。继续增加农业补贴资金规模，新增补贴向主产区和优势产区集中，向专业大户、家庭农场、农民合作社等新型生产经营主体倾斜。继续落实好对种粮农民直接补贴、良种补贴政策，扩大农机具购置补贴规模，推进农机以旧换新试点。完善农资综合补贴动态调整机制，逐步扩大种粮大户补贴试点范围。继续实施农业防灾减灾稳产增产关键技术补助和土壤有机质提升补助，启动低毒低残留农药和高效缓释肥料使用补助试点。完善畜牧业生产扶持政策，落实远洋渔业补贴及税收减免政策。增加产粮（油）大县奖励资金，继续实施生猪调出大县奖励政策，研究制定粮食作物制种大县奖励政策。增加农业综合开发财政资金投入，现代农业生产发展资金重点支持粮食及地方优势特色产业加快发展。切实加大商业性金融支农力度，充分发挥政策性金融和合作性金融作用，确保持续加大涉农信贷投放。加强财税杠杆与金融政策的有效配合，落实县域金融机构涉农贷款增量奖励、农村金融机构定向费用补贴、农户贷款税收优惠、小额担保贷款贴息等政策。扩大林权抵押贷款规模，完善林业贷款贴息政策。支持社会资本参与设立新型农村金融机构，鼓励社会资本投向新农村建设，各行各业制定发展规划、安排项目、增加投资要主动向农村倾斜。完善农业保险保费补贴政策，加大对中西部地区、生产大县农业保险保费补贴力度，适当提高部分险种的保费补贴比例。开展农作物制种、渔业、农机、农房保险和重点国有林区森林保险保费补贴试点。推进建立财政支持的农业保险大灾风险分散机制。加强国家木材战略储备基地和林区基础设施建设，提高中央财政国家级公益林补偿标准，增加湿地保护投入，完善林木良种、造林、森林抚育等林业补贴政策。继续实施草原生态保护补助奖励政策。

2. 始终把确保国家粮食安全，保障重要农产品有效供给作为首要任务。中央明确要求必须毫不放松粮食生产，加快构建现代农业产业体系，着力强化农业物质技术支撑。一是稳定发展农业生产。继续开展粮食稳定增产行动，着力加强800个产粮大县基础设施建设，推进东北四省区节水增粮行动、粮食丰产科技工程；支持优势产区棉花、油料、糖料生产基地建设，扩大粮棉油糖高产创建规模；深入实施测土配方施肥，加强重大病虫害监测预警与联防联控能力建设；加大新一轮“菜篮子”工程实施力度，扩大园艺作物标准园和畜禽水产品标准化养殖示范场创建规模；支持发展远洋渔业。二是强化农业物质技术装备。落实和完善最严格的耕地保护制度，加大力度推进高标准农田建设。加快大中型灌区配套改造、灌排泵站更新改造、中小河流治理，扩大小型农田水利重点县覆盖范围，大力发展高效节水灌溉，加大雨水集蓄利用、堰塘整治等工程建设力度，提高防汛抗旱减灾能力。加强农业科技创新能力条件建设和知识产权保护，继续实施种业发展等重点科技专项，加快粮棉油糖等农机装备、高效安全肥料农药兽药研发。三是提高农产品流通效率。统筹规划农产品市场流通网络布局，重点支持重要农产品集散地、优势农产品产地市场建设，加强农产品期货市场、零售市场和粮油仓储物流设施。四是完善农产品市场调控。继续提高小麦、稻谷最低收购价，适时启动玉米、大豆、油菜籽、棉花、食糖等农产品临时收储。优化粮食等大宗农产品储备品种结构和区域布局，完善粮棉油糖进口转储制度。健全重要农产品市场监测预警机制，认真执行生猪市场价格调控预案，改善鲜活农产品调控办法。完善农产品进出口税收调控政策，加强和完善农产品信息统计发布制度，建立市场调控效果评估制度，扩大农资产品储备品种。五是提升食品安全水平。改革和健全食品安全监管体制，加强综合协调联动，落实从田头到餐桌的全程监管责任，加快形成符合国情、科学完善的食品安全体系。

3. 创新农业生产经营体制，充分激发农村生产要素潜能。中央1号文件着重强调，构建集约化、专业化、组织化、社会化相结合的新型农业经营体系。一要稳定农村土地承包关系。坚持依法自愿有偿原则，引导农村土地承包经营权有序流转，鼓励和支持承包土地向专业大户、家庭农场、农民合作社流转，发展多种形式的适度规模经营。探索建立严格的工商企业租赁农户承包耕地（林地、草原）准入和监管制度。二要着力培育新型经营主体。努力提高农户集约经营水平，引导农户采用先进适用技术和现代生产要素，加快转变农业生产经营方式；采取奖励补助等多种办法，扶持联户经营、专业大户、家庭农场；创新金融产品和服务，优先满足农户信贷需求，加大新型生产经营主体信贷支持力度。大力支持发展多种形式的新型农民合作组织，鼓励农民兴办专业合作和股份合作等多元化、多类型合作社。安排部分财政投资项目直接投向符合条件的合作社，引导国家补助项目形成的资产移交合作社管护，增加农民合作社发展资金，逐步扩大涉农项目由合作社承担的规模，把示范社作为政策扶持重点，完善合作社税收优惠政策，创新适合合作社生产经营特点的保险产品和服务，建立合作社带头人人才库和培训基地，落实设施农用地政策。培育壮大龙头企业，推动龙头企业与农户建立紧密型利益联结机制，让农户更多分享加工销售收益。鼓励和引导城市工商资本到农村发展适合企业化经营的种养业。三要大力培育发展多元服务主体。强化农业公益性服务体系，不断提升乡镇或区域性农业技术推广、动植物疫病防控、农产品质量监管等公共服务机构的服务能力。支持高等院校、职业院校、科研院所面向农村开展农业技术推广。培育农业经营性服务组织，支持农民合作社、专业服务公司、专业技术协会、农民用水合作组织、农民经纪人、涉农企业等为农业生产经营提供低成本、便利化、全方位的服务，发挥经营性服务组织的生力军作用。

4.继续深化农村改革与制度创新，激发农业农村发展活力。健全农村土地承包经营权登记制度，强化对农村耕地、林地等各类土地承包经营权的物权保护。加快包括农村宅基地在内的农村集体土地所有权和建设用地使用权地籍调查。农村土地确权登记颁证工作经费纳入地方财政预算，中央财政予以补助。深化集体林权制度改革，提高林权证发证率和到户率。推进国有林场改革试点，探索国有林区改革。加快推进牧区草原承包工作，启动牧区草原承包经营权确权登记颁证试点。加快推进征地制度改革。提高农民在土地增值收益中的分配比例，确保被征地农民生活水平有提高、长远生计有保障。加快修订土地管理法，完善征地补偿办法，合理确定补偿标准，严格征地程序，约束征地行为，补偿资金不落实的不得批准和实施征地。改革和完善农村宅基地制度，加强管理，依法保障农户宅基地使用权。依法推进农村土地综合整治，严格规范城乡建设用地增减挂钩试点和集体经营性建设用地流转。以清产核资、资产量化、股权管理为主要内容，加快推进农村集体“三资”管理的制度化、规范化、信息化。鼓励具备条件的地方推进农村集体产权股份合作制改革，探索集体经济组织成员资格界定的具体办法。加快推进金融改革，继续深化农村信用社改革，探索农业银行服务“三农”新模式，改善农村支付服务条件，畅通支付结算渠道，加强涉农信贷与保险协作配合，创新符合农村特点的抵（质）押担保方式和融资工具，建立多层次、多形式的农业信用担保体系。稳步推进农村综合改革示范试点。加强和创新农村社会管理，不断推进农村基层民主政治建设，提高农村社会管理科学化水平。

5. 改进农村公共服务机制，加快实现城乡基本公共服务均等化。大力推动社会事业发展和基础设施建设向农村倾斜，努力缩小城乡差距。一是加强农村基础设施建设。“十二五”期间基本解决农村饮水安全问题。中央投资继续支持农村水电供电区电网改造和农村水电增效扩容改造。推进西部地区、连片特困地区乡镇、建制村通沥青（水泥）路建设和东中部地区县乡公路改造、连通工程建设，加大农村公路桥梁、安保工程建设和渡口改造力度，继续推进农村乡镇客运站网建设，加快宽带网络等农村信息基础设施建设。促进农村沼气可持续发展。加大力度推进农村危房改造和国有林区（场）棚户区、国有垦区危房改造，加快实施游牧民定居工程和以船为家渔民上岸安居工程。健全村级公益事业一事一议财政奖补机制，积极推进公益性乡村债务清理化解试点。科学规划村庄建设，严格规划管理，合理控制建设强度，注重方便农民生产生活，保持乡村功能和特色。加大力度保护有历史文化价值和民族、地域元素的传统村落和民居。加强农村生态建设、环境保护和综合整治，努力建设美丽乡村。鼓励企业以多种投资方式建设农村生产生活基础设施。二是发展农村社会事业。完善农村中小学校舍建设改造长效机制。办好村小学和教学点，改善办学条件，配强师资力量，方便农村学生就近上学。设立专项资金，对在连片特困地区乡、村学校和教学点工作的教师给予生活补助。深入实施农村重点文化惠民工程，建立农村文化投入保障机制。健全农村三级医疗卫生服务网络，加强乡村医生队伍建设。继续提高新型农村合作医疗政府补助标准，积极推进异地结算。健全新型农村社会养老保险政策体系，建立科学合理的保障水平调整机制，研究探索与其他养老保险制度衔接整合的政策措施。加强农村最低生活保障的规范管理，完善农村优抚制度，加快农村社会养老服务体系建设，加大扶贫开发投入。鼓励企业和社会组织采取投资筹资、捐款捐助、人才和技术支持等方式在农村兴办医疗卫生、教育培训、社会福利、社会服务、文化旅游体育等各类事业，按规定享受税收优惠、管护费用补助等政策。落实公益性捐赠农村公益事业项目支出所得税前扣除政策。三是推进农业转移人口市民化。把推进人口城镇化特别是农民工在城镇落户作为城镇化的重要任务。加快改革户籍制度，落实放宽中小城市和小城镇落户条件的政策。加强农民工职业培训、社会保障、权益保护，推动农民工平等享有劳动报酬、子女教育、公共卫生、计划生育、住房租购、文化服务等基本权益，努力实现城镇基本公共服务常住人口全覆盖。

（二）不利条件 2013年，农业农村发展仍将面临许多困难与挑战，保持稳定发展的任务将更加艰巨。①粮食“九连增”后产量基数已经很高，在人多地少水缺矛盾和环境约束加剧，以及气候存在不确定性的情况下，继续稳定增产的难度进一步加大。②人口继续增长，人民生活水平进一步提高，消费结构升级，农产品需求刚性增长，主要农产品供求处于“总量基本平衡、结构性紧缺”的格局，同时，消费者对质量安全关注度越来越高，使得保障国家粮食安全，主要农产品有效供给和食品质量安全的任务十分艰巨。③农业劳动力数量不断减少、素质结构性下降，关键农时缺人手、现代农业缺人才问题日益突出，农户兼业化、村庄空心化、人口老龄化日趋明显，培养新型职业农民、保障农业农村发展人力资源面临新的挑战。④农业生产经营方式发生深刻变化，原有的土地经营方式、农业生产管理方式以及生产与金融服务，已不能完全适应生产力发展要求，如何在坚持家庭承包经营的基础上，加快构建新型农业经营体系，增强农业农村经济发展活力面临诸多挑战。⑤农业生产资料价格上涨，土地成本上升，劳动力价格走高的压力不断加大，农业生产进入高投入、高成本阶段，而农产品进一步提价的空间越来越小，使得提高农业比较效益、保护农民生产积极性的难度越来越大。⑥工农城乡发展不平衡的矛盾依然突出，制约城乡发展一体化的深层次障碍仍然存在，城乡要素交换不平等、城乡资源配置不均衡、农村资源流失严重的趋势尚未得到根本扭转。

农业发展趋势判断

（一）农业生产有望继续保持平稳发展 粮食生产在“九连增”的基础上有望保持基本稳定。据国家统计局对全国9万农户的种植意向调查显示，2013年全国稻谷意向种植面积增长1.0%，其中，早稻和双季晚稻基本持平，中稻和一季晚稻增长1.6%；玉米意向种植面积增长4.1%；大豆意向种植面积下降8.5%。

棉花产量下降，油料小幅增长。棉花产量受国内外市场价格影响大，波动性强。国内需求不旺，价格低位徘徊，棉农种植面积出现下降。受2012年油料市场价格上涨和油菜籽临时收储稳定种植收益等因素影响，油料将小幅增产，糖料生产稳定增长，蔬菜小幅增产。

畜牧业平稳发展，渔业稳步增长。猪肉价格虽然出现周期性波动，但生猪产能仍处于高水平，生产将基本稳定。禽肉禽蛋有望继续稳定增加；牛羊肉消费量继续增大，供需难以摆脱紧平衡状态；奶业转型升级加快，生产继续恢复；水产品消费逐步增长，生产稳定发展，市场供应充足。

（二）农产品价格基本稳定 一方面，国内农产品价格存在一定的上涨动力。从国内看，农产品总体需求仍刚性增长，而劳动力、土地成本上升，农资等资源性投入品价格仍趋于上涨，构成农产品价格上行的推力。此外，国家继续提高粮食最低收购价，对农产品价格具有底部支撑作用。从国际看，全球经济回暖预期增强，主要经济体实行量化宽松货币政策，导致大宗商品价格上行，国际农产品价格也将趋于上涨，并传导至国内农产品市场。另一方面，国内农产品价格也面临一定的下行压力。一是国内农产品价格经过前几年持续上涨后，许多农产品价格屡创历史新高，将面临阶段性调整压力。二是2012年粮食获得大丰收，其他农产品全面增产，使得年度内国内供给相对宽松，粮食等农产品价格涨幅将进一步放缓，部分品种价格将出现回落。三是国际粮食种植面积增加，预期单产提高，供求趋紧的形势很可能得到一定程度缓解，给农产品价格下行造成压力。四是我国经济转型加速，经济增速回调，部分农产品的工业用途将受一定影响，消费相对低迷，也将抑制农产品价格上涨。总体来看，2013年国内农产品价格将总体基本平稳，不同品种涨跌互现。分品种看，粮食价格总体稳中有升，但涨幅进一步缩小；棉花需求不旺，价格稳中偏弱；油料供给紧张局面缓解，价格面临回落压力；食糖供过于求，价格持续低迷；生猪和猪肉价格在经过持续下跌后将出现反弹；禽肉和禽蛋价格震荡上升；牛羊肉价格涨势放缓；奶类价格小幅上涨；蔬菜价格季节性波动上涨；水产品价格保持上涨。

（三）农业对外依存度将进一步加大 受全球经济复苏势头不稳、贸易保护主义加剧，以及人民币升值等因素影响，我国农产品出口环境依然严峻，出口开始进入调整期。预计2013年，我国水果、蔬菜、水产品等优势农产品出口增速将明显放缓。进口方面，受国内需求增长，国内外比价关系变化等因素影响，粮食等大宗农产品进口将继续增加，尤其是稻米、食糖、食用油籽、食用植物油、畜产品等农产品进口可能大幅增长。农产品贸易逆差将持续扩大，对外依存度将进一步提高。

（四）农民收入有望保持较快增长 十八大明确提出了城乡居民人均收入2020年比2010年翻一番的目标。2013年，中央继续把确保农民收入增长势头不减弱作为农业农村经济工作的中心任务，采取综合有效措施促进农民增收。一是国家继续上调粮食最低收购价，农产品价格总体保持稳中有升，有利于农户家庭经营收入增长。二是着力扩大非农就业增收空间，实施积极就业政策，维护农民工劳动报酬等合法权益，有序推进农业转移人口市民化，逐步将城镇基本公共服务覆盖到农民工。同时，劳动力价格上升有利于农民工工资水平提高，农民工资性收入总体仍将保持较快增长，工资性收入占农民收入的比重将进一步提高，增收贡献突出。三是国家进一步增加对农民的补贴，有利于增加农民转移性收入。四是深化农村产权制度改革，有效保障农民财产权利，增加农民财产性收入。但农民收入增加仍面临很多困难。一方面农产品产量和价格总体都处于较高水平，持续上升空间较小；另一方面国内经济增速趋缓，将影响农民非农就业和外出务工收入，工资性收入增速将继续放缓。总体看，在政策和市场等多种利好因素的共同作用下，2013年农民人均纯收入有望继续保持较快增长，但增速可能有所回落，城乡居民收入差距可能继续有所缩小，但依然很大。

附　表

附 表 说 明

1.本附表简要地列入了1995—2012年有关农业部门的主要统计指标数字，内容涉及农业在国民经济中的地位、农村劳动力、农业投入、土地资源、农业生产、农村居民收入及支出、农产品价格、农产品进出口等方面。

2.由于统计指标及统计口径的变更与调整，某些指标因缺乏资料而中断。根据这些情况，本附表也酌情进行了一定的调整。

3.表中数据凡未加注释的均来自国家统计局，对于来自其他部门的数据各表下方附有注释。

4.表中四大经济地区指：东部地区为北京、天津、河北、上海、江苏、浙江、福建、山东、广东和海南共10省、直辖市；中部地区为山西、安徽、江西、湖南、湖北、河南共6个省；西部地区为内蒙古、广西、重庆、四川、云南、贵州、西藏、陕西、甘肃、宁夏、青海、新疆共12个省、自治区、直辖市；东北地区为辽宁、吉林和黑龙江共3个省。

5.与往年一样，本报告（包括附表）所有统计资料和数据均未包括香港、澳门特别行政区和台湾省。

6.表中符号说明：

“……”表示数字不足本表最小单位数；

“/”表示无该项指标数据；

“空格”表示数据不详或截止本报告印刷之前尚未公布。

7.各表字段尾如带有附加括号的数字（1）、（2）、（3）等表示表下方有注释。

表1 农村经济在国民经济中的地位

年份	农业增加值占国内生产总值的比重(%)	第一产业就业人数占就业总人数的比重(%)	乡村就业人数占就业总人数的比重(%)	农村消费品零售额占全社会消费品零售额的比重(1)(%)	农业各税占税收总额的比重(2)(%)	用于农业支出占财政支出的比重(3)(%)	农业贷款占金融机构人民币各项贷款的比重(%)	农产品进口额占进口总额的比重(%)	农产品出口额占出口总额的比重(%)
1995	**19.9**	**52.2**	**72.0**	**43.2**	**4.6**	**8.4**	**3.1**	**9.3**	**9.4**
1996	19.7	50.5	71.1	43.2	5.3	8.8	3.1	7.1	8.4
1997	18.3	49.9	70.2	43.4	4.8	8.3	4.4	7.0	8.2
1998	17.6	49.8	69.4	38.9	4.3	10.7	5.1	7.0	7.5
1999	16.5	50.1	68.6	38.7	4.0	8.2	5.1	5.0	6.9
2000	**15.1**	**50.0**	**67.9**	**38.2**	**3.7**	**7.8**	**4.9**	**5.0**	**6.3**
2001	14.4	50.0	66.9	37.4	3.1	7.7	5.1	4.9	6.0
2002	13.7	50.0	65.7	36.7	4.1	7.2	5.2	4.2	5.6
2003	12.8	49.1	64.4	35.0	4.4	7.1	5.3	4.6	4.9
2004	13.4	46.9	63.2	34.1	3.7	10.0	5.5	5.0	3.9
2005	**12.1**	**44.7**	**62.0**	**32.8**	**3.3**	**7.2**	**5.9**	**4.3**	**3.6**
2006	11.1	42.6	60.5	32.5	3.1	7.9	5.9	4.0	3.2
2007	10.8	40.8	58.9	32.3	3.2	6.8	5.9	4.3	3.0
2008	10.7	39.6	57.5	32.0	3.1	7.2	5.8	5.1	2.8
2009	10.3	38.1	56.1	32.8	4.1	8.8	5.4	5.2	3.3
2010	**10.1**	**36.7**	**54.4**	**13.3**	**4.1**	**9.0**	**/**	**5.2**	**3.1**
2011	10.0	34.8	53.0	13.2	3.8	9.1	/	5.4	3.2
2012	10.1	33.6	51.6	13.3	/	9.5	/	6.1	3.1

注：(1) 2007年及以后用于农业支出是指农林水事务支出。

(2) 2009年农业税包括三部分：耕地占用税、契税和烟叶税。

(3) 根据新颁布的《统计上划分城乡的规定》，2010年及以后农村消费品零售额的统计范围由原来的“市、县、县以下”调整为“乡及乡以下”。

表2 农林牧渔业产值及构成（按当年价格计算）

单位：亿元

年份	农林牧渔业总产值	农林牧渔业增加值	农业增加值	林业增加值	牧业增加值	渔业增加值	服务业	农林牧渔业增加值构成（%） 农业增加值	林业增加值	牧业增加值	渔业增加值	服务业
1995	**20 340.9**	**11 993.4**	**7 630.9**	**518.9**	**2 820.7**	**1 023.0**		**63.6**	**4.3**	**23.5**	**8.5**	
1997	23 764.0	14 465.1	8 786.6	588.2	3 728.2	1 362.1		60.7	4.1	25.8	9.4	
1998	24 541.9	14 555.7	9 069.2	611.9	3 413.3	1 461.3		62.3	4.2	23.5	10.0	
1999	24 519.1	14 457.2	8 916.6	629.9	3 391.1	1 519.6		61.7	4.4	23.5	10.5	
2000	**24 915.8**	**14 628.2**	**8 703.6**	**662.3**	**3 638.5**	**1 623.8**		**59.5**	**4.5**	**24.9**	**11.1**	
2001	26 179.6	15 411.9	9 130.7	660.4	3 950.5	1 670.3		59.2	4.3	25.6	10.8	
2002	27 390.8	16 117.3	9 482.4	710.8	4 166.7	1 757.4		58.8	4.4	25.9	10.9	
2003	29 691.8	17 341.7	9 649.1	833.0	4 653.0	1 793.0	413.6	55.6	4.8	26.8	10.3	2.4
2004	36 239.0	21 224.9	11 827.7	905.6	5 953.7	2 081.1	456.9	55.7	4.3	28.1	9.8	2.2
2005	**39 450.9**	**23 070.5**	**12 758.5**	**975.5**	**6 506.9**	**2 327.2**	**502.5**	**55.3**	**4.2**	**28.2**	**10.1**	**2.2**
2006	40 810.8	24 040.1	13 937.0	1 099.2	5 811.8	2 415.5	776.5	58.0	4.6	24.2	10.0	3.2
2007	48 893.0	28 626.9	15 988.9	1 272.9	7 796.7	2 723.8	844.7	55.9	4.4	27.2	9.5	3.0
2008	58 002.0	33 702.2	18 151.0	1 459.0	9 985.0	3 172.0	935.2	53.9	4.3	29.6	9.4	2.8
2009	60 361.0	35 225.9	19 738.7	1 579.0	9 412.3	3 424.1	1 071.8	56.0	4.5	26.7	9.7	3.0
2010	**69 319.8**	**40 533.6**	**23 684.5**	**1 744.2**	**10 022.1**	**3 903.8**	**1 179.0**	**58.4**	**4.3**	**24.7**	**9.6**	**2.9**
2011	81 303.9	47 486.1	27 042.8	2 089.2	12 431.4	4 590.0	/	56.9	4.4	26.2	9.7	/
2012	89 453.0	52 373.6	30 216.1	2 281.3	13 128.4	5 266.9	/	57.7	4.4	25.1	10.1	/

注：1993年起分项统计改用新指标。农林牧渔业总产值1996年（含）以后为调整后的数据。2003年起执行新国民经济行业分类标准，农林牧渔业包括农林牧渔服务业。

表3　农业物质生产条件

年　份	农业机械			农村用电量	灌溉面积	化肥施用量		农用塑料	农用柴油	农药使用量
	总动力	大中型拖拉机	小型拖拉机			(纯 量)	复合肥	薄膜使用量	使用量	
	(万千瓦)	(万千瓦)	(万千瓦)	(亿千瓦时)	(千公顷)	(万吨)	(万吨)	(万吨)	(万吨)	(万吨)
1995	**36 118.1**	**2 404.1**	**7 848.1**	**1 655.5**	**49 281.2**	**3 593.7**	**670.8**	**91.5**	**1 088.2**	**108.7**
1996	38 546.9	2 415.1	8 385.2	1 812.7	50 381.4	3 827.9	734.7	105.6	1 076.1	114.1
1997	42 015.6	2 486.6	9 337.2	1 980.1	51 238.5	3 980.7	798.1	116.2	1 229.5	119.5
1998	45 207.7	2 587.9	10 031.5	2 042.1	52 295.6	4 083.7	822.2	120.7	1 314.7	123.2
1999	48 996.1	2 772.8	11 008.9	2 173.4	53 158.4	4 124.3	880.0	125.9	1 354.3	132.2
2000	**52 573.6**	**3 161.1**	**11 663.9**	**2 421.3**	**53 820.3**	**4 146.4**	**917.9**	**133.5**	**1 405.0**	**128.0**
2001	55 172.1	2 901.7	12 257.9	2 610.1	54 249.4	4 253.8	983.7	144.9	1 485.3	127.5
2002	57 929.9	3 073.4	12 695.0	2 993.4	54 354.9	4 339.4	1 040.4	153.9	1 507.5	131.2
2003	60 386.5	3 229.8	13 060.2	3 432.9	54 014.2	4 411.6	1 109.8	159.2	1 574.6	132.5
2004	64 027.9	3 713.1	13 855.4	3 933.0	54 478.4	4 636.6	1 204.0	168.0	1 819.5	138.6
2005	**68 397.8**	**4 293.5**	**14 660.9**	**4 375.7**	**55 029.3**	**4 766.2**	**1 303.2**	**176.2**	**1 902.7**	**146.0**
2006	72 522.1	5 245.3	15 229.1	4 895.8	55 750.5	4 927.7	1 385.9	184.5	1 922.8	153.7
2007	76 589.6	6 101.1	15 729.2	5 509.9	56 518.3	5 107.8	1 503.0	193.7	2 020.8	162.3
2008	82 190.4	8 186.5	16 647.7	5 713.2	58 471.7	5 239.0	1 608.6	200.7	1 887.9	167.2
2009	87 496.1	9 772.6	16 922.7	6 104.4	59 261.4	5 404.4	1 698.7	208.0	1 959.9	170.9
2010	**92 780.5**	**11 167.0**	**17 278.4**	**6 632.3**	**60 347.7**	**5 561.7**	**1 798.5**	**217.3**	**2 023.1**	**175.8**
2011	97 734.7	/	/	7 139.6	61 681.6	5 704.2	1 895.1	229.5	2 057.4	178.7
2012	102 559.0	/	/	7 508.5	63 036.4	5 838.8	1 990.0	238.3	2 107.6	180.6

表4 农业投资情况

单位：亿元

指　　标	2002年	2003年	2004年	2005年	2006年	2007年	2008年	2009年	2010年	2011年	2012年
1.全社会固定资产投资额											
总投资	**43 499.9**	**55 566.6**	**70 477.4**	**88 773.6**	**109 998.2**	**137 323.9**	**172 828.4**	**224 598.8**	**278 139.83**	**311 485.1**	**374 675.7**
其中：农村投资	8 011.1	9 754.9	11 449.2	13 678.5	16 629.5	19 859.5	24 090.1	30 678.4	36 724.9	/	/
农村投资占总投资（%）	18.42	17.56	16.25	15.41	15.12	14.46	13.94	13.66	13.20	/	/
2.城镇固定资产投资额											
总投资	**35 488.8**	**45 811.7**	**59 028.2**	**75 095.1**	**93 368.7**	**117 464.5**	**148 738.3**	**193 920.4**	**241 414.93**	**302 396.1**	**364 835.1**
其中：农林牧渔业投资	665.4	535.0	645.1	842.8	1 102	1 460	2 250.4	3 373.3	5 435.6	6 811.6	9 004.3
农林牧渔业投资占总投资（%）	1.87	1.17	1.09	1.12	1.18	1.24	1.51	1.74	1.60	2.25	2.47
3.各项贷款余额（人民币信贷）	**131 293.9**	**158 996.2**	**178 197.8**	**194 690.4**	**225 347.2**	**261 690.9**	**303 467.8**	**399 685**	**479 196**	**547 947**	**629 909.6**
其中：短期贷款	74 247.9	83 661.2	86 840.6	87 449.2	98 534.4	114 477.9	125 215.8	146 611	166 233	203 133	248 272.8
其中：农业贷款	6 884.6	8 411.4	9 843.1	11 529.9	13 208.2	15 429.0	17 629.0	21 623	/	/	/
乡镇企业贷款	6 812.3	7 661.6	8 069.2	7 901.8	6 222.0	7 112.6	7 454.0	9 029	/	/	/

注：2011年起，城镇固定资产投资数据发布口径改为固定资产投资（不含农户）。固定资产投资（不含农户）等于原口径的城镇固定资产投资加上农村企事业组织项目投资。

表5　农作物播种面积

单位：千公顷

年份/地区	农作物总播种面积	粮食作物播种面积	稻谷	小麦	玉米	大豆	油料	棉花	糖料	蔬菜	果园
1995	**149 879**	**110 060**	**30 744**	**28 860**	**22 776**	**8 127**	**13 102**	**5 422**	**1 820**	**9 515**	**8 098**
1996	152 381	112 548	31 406	29 611	24 498	7 471	12 555	4 722	1 846	10 491	8 553
1997	153 969	112 912	31 765	30 057	23 775	8 346	12 381	4 491	1 923	11 288	8 648
1998	155 706	113 787	31 214	29 774	25 239	8 500	12 919	4 459	1 984	12 293	8 535
1999	156 373	113 161	31 283	28 855	25 904	7 762	13 906	3 726	1 644	13 347	8 667
2000	**156 300**	**108 463**	**29 962**	**26 653**	**23 056**	**9 307**	**15 400**	**4 041**	**1 514**	**15 237**	**8 932**
2001	155 708	106 080	28 812	24 664	24 282	9 482	14 631	4 810	1 654	16 402	9 043
2002	154 636	103 891	28 202	23 908	24 634	8 720	14 766	4 184	1 872	17 353	9 098
2003	152 415	99 410	26 508	21 997	24 068	9 313	14 990	5 111	1 657	17 954	9 437
2004	153 553	101 606	28 379	21 626	25 446	9 589	14 431	5 693	1 568	17 560	9 768
2005	**155 488**	**104 278**	**28 847**	**22 793**	**26 358**	**9 591**	**14 318**	**5 062**	**1 564**	**17 721**	**10 035**
2006	152 149	104 958	28 938	23 613	28 463	9 280	11 738	5 816	1 567	16 639	10 123
2007	153 464	105 638	28 919	23 721	29 478	8 754	11 316	5 926	1 802	17 329	10 471
2008	156 266	106 793	29 241	23 617	29 864	9 127	12 825	5 754	1 990	17 876	10 734
2009	158 639	108 986	29 627	24 291	31 183	9 190	13 652	4 952	1 884	18 414	11 140
2010	**160 675**	**109 876**	**29 873**	**24 257**	**32 500**	**8 516**	**13 890**	**4 849**	**1 905**	**19 000**	**11 544**
2011	162 283	110 573	30 057	24 270	33 542	7 889	13 855	5 038	1 948	19 639	11 831
2012	163 416	111 205	30 137	24 268	35 030	7 172	13 930	4 688	2 030	20 353	12 140
东部地区	38 521	24 977	6 518	8 468	7 109	722	2 487	1 517	264	7 394	4 112
中部地区	49 156	32 663	12 306	9 557	6 555	1 822	6 131	1 329	54	5 714	2 265
西部地区	53 976	34 218	6 881	6 026	10 685	1 619	4 551	1 837	1 631	6 271	5 305
东北地区	21 763	19 347	4 433	217	10 682	3 010	761	4	81	974	458

表6 农业自然灾害及除涝治碱情况

单位：千公顷

年 份	受灾面积			成灾面积			成灾面积占受灾面积(%)	除涝面积	水土流失治理面积	治碱面积
		水灾面积	旱灾面积		水灾面积	旱灾面积				
1995	**45 874**	**13 064**	**23 455**	**22 267**	**7 630**	**10 401**	**48.5**	**20 065**	**66 855**	**5 434**
1996	46 989	18 146	20 151	21 233	10 855	6 247	45.2	20 279	69 321	5 513
1997	53 429	11 414	33 514	30 309	5 840	20 250	56.7	20 526	72 242	5 612
1998	50 145	22 292	14 236	25 181	13 785	5 060	50.2	20 681	75 022	5 653
1999	49 981	9 020	30 156	26 731	5 071	16 614	53.5	20 838	77 828	5 737
2000	**54 688**	**7 323**	**40 541**	**34 374**	**4 321**	**26 784**	**62.9**	**20 990**	**80 961**	**5 841**
2001	52 215	6 042	38 472	31 793	3 614	23 698	60.9	21 021	81 539	5 751
2002	47 120	12 380	22 210	27 320	7 470	13 250	58.0	21 097	85 410	5 283
2003	54 386	19 208	24 852	32 516	12 289	14 470	59.8	21 097	85 410	5 283
2004	37 106	7 314	17 253	16 297	3 747	8 482	43.9	21 198	92 000	5 962
2005	**38 818**	**10 932**	**16 028**	**19 966**	**6 047**	**8 479**	**51.4**	**21 340**	**94 654**	**6 032**
2006	41 091	8 003	20 738	24 632	4 569	13 411	59.9	21 376	97 491	/
2007	48 992	10 463	29 386	25 064	5 105	16 170	51.2	21 419	99 871	/
2008	39 990	6 477	12 137	22 284	3 656	6 798	55.7	21 425	101 587	/
2009	47 214	7 613	29 259	21 234	3 162	13 197	45.0	21 584	104 545	/
2010	**37 426**	**7 613**	**29 259**	**18 538**	**7 024**	**8 987**	**49.5**	**21 692**	**106 800**	**/**
2011	32 471	6 863	16 304	12 441	2 840	6 599	38.3	21 722	109 663	/
2012	24 962	7 730	9 340	11 475	4 145	3 509	46.0	21 857	111 862	/

注：自2006年起治碱面积改为若干年统计一次。

表7　农村居民家庭平均每户生产用固定资产原值

单位：元/户

年　份	生产性固定资产原值	一、农业	二、工业	三、建筑业	四、交通运输邮电业	五、批发零售贸易及餐饮业	六、社会服务业	七、文教卫生业	八、其他
1995	**2 774**	**2 088**	**183**		**445**				**59**
1996	3 605	2 638	248		608				110
1997	3 897	2 770	263		637				227
1998	3 971	2 869	276		569				257
1999	4 046	2 915	274		638				218
2000	**4 677**	**3 322**	**335**	**29**	**621**	**149**	**60**	**13**	**144**
2001	4 884	3 544	350	28	630	135	50	16	129
2002	5 221	3 741	418	34	662	154	57	20	135
2003	5 586	4 153	346	41	640	202	59	24	122
2004	5 956	4 457	386	53	684	195	60	22	99
2005	**7 156**	**5 179**	**538**	**62**	**863**	**311**	**107**	**43**	**52**
2006	7 647	5 452	578	72	929	378	138	41	58
2007	8 390	6 006	613	97	1 033	368	155	47	71
2008	9 055	6 538	635	93	1 092	398	179	51	70
2009	9 971	6 992	698	156	1 214	491	288	55	77
2010	**10 706**	**7 444**	**797**	**187**	**1 402**	**438**	**198**	**50**	**77**
2011	16 088	7 140	981	318	2 295	957	460	132	144
2012	16 974	7 680	1 082	361	2 283	1 059	482	121	152

表8 农村住户基本情况

年 份	调查户数 (户)	平均每户常住人口 (人)	平均每户整、半劳动力 (人)	平均每个劳动力负担人口 (人)	年末住房面积 (平方米/人)	年末生产用固定资产原值 (元/户)	平均每人经营耕地面积 (1) (1×10^{-2}公顷)	每百个劳动力中文盲、半文盲 (人)	每百个劳动力中小学程度 (人)	每百个劳动力中初中程度 (人)
1995	**67 340**	**4.5**	**2.9**	**1.6**	**21.0**	**2 774.3**	**14.5**	**13.5**	**36.6**	**40.1**
1996	67 610	4.4	2.8	1.6	21.7	3 605.1	15.4	11.2	35.5	42.8
1997	67 680	4.4	2.8	1.6	22.5	3 896.6	14.1	10.1	35.1	44.3
1998	68 300	4.3	2.8	1.5	23.3	3 970.8	12.7	9.6	34.5	45.0
1999	67 430	4.3	2.8	1.5	24.2	4 045.5	13.8	9.0	33.7	46.1
2000	**68 116**	**4.2**	**2.8**	**1.5**	**24.8**	**4 677.0**	**13.2**	**8.1**	**32.2**	**48.1**
2001	68 190	4.2	2.7	1.5	25.7	4 883.8	13.3	7.9	31.1	48.9
2002	68 190	4.1	2.8	1.5	26.5	5 221.3	12.9	7.6	30.6	49.3
2003	68 190	4.1	2.8	1.5	27.2	5 586.0	13.1	7.4	30.0	50.2
2004	68 190	4.1	2.8	1.4	27.9	5 956.0	13.3	7.5	29.2	50.4
2005	**68 190**	**4.1**	**2.8**	**1.4**	**29.7**	**7 155.6**	**13.9**	**6.9**	**27.2**	**52.2**
2006	68 190	4.1	2.8	1.4	30.7	7 647.1	14.1	6.6	26.4	52.8
2007	68 190	4.0	2.8	1.4	31.6	8 389.8	14.4	6.3	25.8	52.9
2008	68 190	4.0	2.8	1.4	32.4	9 054.9	14.5	6.1	25.3	52.8
2009	68 190	4.0	2.9	1.4	33.6	9 970.6	15.1	5.9	24.7	52.7
2010	**68 190**	**4.0**	**2.9**	**1.4**	**34.1**	**10 706.4**	**15.2**	**5.7**	**24.4**	**52.4**
2011	73 630	3.9	2.8	1.4	36.2	16 087.5	15.3	5.5	26.5	53.0
2012	73 750	3.9	2.8	1.4	37.1	16 974.1	15.6	5.3	26.1	53.0

注：(1) 指调查住户常住人口人均经营耕地面积。

表9 主要农产品产量

单位：万吨

年份/地区	粮食作物						油料	棉花	甘蔗	甜菜	水果
	总产量	谷物				大豆	总产量	总产量	总产量	总产量	总产量
			稻谷	小麦	玉米						
1995	**46 662**	**41 612**	**18 523**	**10 221**	**11 199**	**1 350**	**2 250**	**477**	**6 542**	**1 398**	**4 215**
1996	50 454	45 127	19 510	11 057	12 747	1 322	2 210	420	6 688	1 673	4 653
1997	49 417	44 349	20 073	12 329	10 431	1 473	2 157	460	7 890	1 497	5 089
1998	51 230	45 625	19 871	10 973	13 295	1 515	2 314	450	8 344	1 447	5 453
1999	50 839	45 304	19 849	11 388	12 809	1 425	2 601	383	7 470	864	6 238
2000	**46 218**	**40 522**	**18 791**	**9 964**	**10 600**	**1 541**	**2 955**	**442**	**6 828**	**807**	**6 225**
2001	45 264	39 648	17 758	9 387	11 409	1 541	2 865	532	7 566	1 089	6 658
2002	45 706	39 799	17 454	9 029	12 131	1 651	2 897	492	9 011	1 282	14 375
2003	43 070	37 429	16 066	8 649	11 583	1 539	2 811	486	9 024	618	14 517
2004	46 947	41 157	17 909	9 195	13 029	1 740	3 066	632	8 985	586	15 341
2005	**48 402**	**42 776**	**18 059**	**9 745**	**13 937**	**1 635**	**3 077**	**571**	**8 664**	**788**	**16 120**
2006	49 804	45 099	18 172	10 847	15 160	1 597	2 640	753	9 709	751	17 102
2007	50 160	45 632	18 603	10 930	15 230	1 273	2 569	762	11 295	893	18 136
2008	52 871	47 847	19 190	11 246	16 591	1 554	2 953	749	12 415	1 004	19 220
2009	53 082	48 156	19 510	11 512	16 397	1 498	3 154	638	11 559	718	20 396
2010	**54 648**	**49 637**	**19 576**	**11 518**	**17 725**	**1 508**	**3 230**	**596**	**11 079**	**930**	**21 401**
2011	57 121	51 939	20 100	11 740	19 278	1 449	3 307	659	11 443	1 073	22 768
2012	58 958	53 935	20 424	12 102	20 561	1 305	3 437	684	12 311	1 174	24 202
东部地区	14 553	13 610	4 548	4 700	4 191	179	818	157	2 022	59	8 834
中部地区	17 735	16 921	8 146	5 112	3 572	273	1 461	155	214	41	7 517
西部地区	15 495	13 048	4 519	2 217	5 909	318	934	371	10 075	770	6 455
东北地区	11 175	10 356	3 211	73	6 890	535	224	1	—	304	1 397

注：2002年（含）以后水果总产量含果用瓜。

表10 养殖业情况

年份/地区	大牲畜年末存栏(万头)	猪年末存栏(万头)	羊年末存栏(万头)	肉类产量(万吨)					禽蛋产量(万吨)	奶类产量(万吨)	水产品总产量(万吨)
					猪肉(万吨)	牛肉(万吨)	羊肉(万吨)	禽肉(万吨)			
1995	**15 862**	**44 169**	**27 865**	**5 260**	**3 648**	**415**	**202**	**935**	**1 677**	**673**	**2 517**
1996	13 360	36 284	23 728	4 584	3 158	356	181	833	1 965	736	3 288
1997	14 542	40 035	25 576	5 269	3 596	441	213	979	1 897	681	3 119
1998	14 803	42 256	26 904	5 724	3 884	480	235	1 056	2 021	745	3 383
1999	15 025	43 144	27 926	5 949	4 006	505	251	1 116	2 135	807	3 570
2000	**14 638**	**41 634**	**27 948**	**6 014**	**3 966**	**513**	**264**	**1 208**	**2 182**	**919**	**3 706**
2001	13 981	41 951	27 625	6 106	4 052	509	272	1 210	2 210	1 123	3 796
2002	13 672	41 776	28 241	6 234	4 123	522	284	1 250	2 266	1 400	3 955
2003	13 467	41 382	29 307	6 443	4 239	543	309	1 312	2 333	1 849	4 077
2004	13 191	42 123	30 426	6 609	4 341	560	333	1 351	2 371	2 368	4 247
2005	**12 895**	**43 319**	**29 793**	**6 939**	**4 555**	**568**	**350**	**1 464**	**2 438**	**2 865**	**4 420**
2006	12 287	41 850	28 370	7 089	4 651	577	364	1 507	2 424	3 303	4 584
2007	12 309	43 990	28 565	6 866	4 288	613	383	1 448	2 529	3 633	4 748
2008	12 251	46 291	28 085	7 279	4 621	613	380	1 534	2 702	3 781	4 896
2009	12 153	46 983	28 452	7 650	4 891	636	389	1 595	2 741	3 735	5 120
2010	**12 239**	**66 686**	**27 220**	**7 926**	**5 071**	**653**	**399**	**1 656**	**2 763**	**3 748**	**5 373**
2011	11 966	46 767	28 236	7 958	5 053	647	393	1 709	2 811	3 811	5 603
2012	11 892	47 592	28 504	8 387	5 343	662	401	1 823	2 861	3 875	5 908
东部地区	1 514	12 459	4 427	2 623	1 556	144	78	793	1 090	1 047	3 655
中部地区	2 282	15 051	4 244	2 391	1 721	151	65	429	882	472	1 131
西部地区	6 509	16 107	17 819	2 479	1 575	239	234	364	401	1 612	559
东北地区	1 586	3 975	2 014	895	491	128	24	236	488	745	542

注：水产品总产量含远洋捕捞产量，导致地区产量之和不完全等于全国总产量。

表11 乡镇企业主要财务及经济指标

项目	总计		东部地区		中部地区		西部地区		东北地区	
	2011年	2012年	2011年	2012年	2011年	2012年	2011年	2012年	2011年	2012年
企业个数(万个)	644.7	671.8	317.5	330.8	195.9	202.8	102.6	107.6	28.6	30.5
从业人员年末数(万人)	10 013.4	10 150.0	5 703.6	5 752.0	2 355.2	2 408.7	1 486.0	1 511.5	468.6	477.8
总产值（亿元）	432 162.5	476 187.5	250 393.4	297 765.7	88 031.6	83 746.5	52 207.5	52 698.1	41 530.0	41 977.3
营业收入（亿元）	428 569.1	472 773.9	248 313.5	299 355.3	87 298.3	82 917.0	51 772.1	50 595.8	41 185.2	39 905.9
利润总额（亿元）	23 261.7	25 601.9	15 892.4	14 808.2	3 814.9	5 343.1	2 037.7	2 995.4	1 516.7	2 455.2
税金总额（亿元）	11 047.3	12 457.6	7 909.9	8 202.1	1 513.5	2 063.0	1 038.4	1 134.9	585.5	1 057.7
劳动者报酬（亿元）	17 792.3	19 868.0	11 920.8	12 485.0	3 024.7	3 810.7	2 135.1	2 249.1	711.7	1 323.2
出口交货值（亿元）	43 734.0	45 736.1	38 884.4	40 162.8	2 015.9	2 121.5	1 384.9	1 863.5	1 448.8	1 588.2
吸纳城镇下岗失业人数(万人)	742.6	742.9	275.8	284.5	226.1	205.9	120.5	133.7	120.2	118.8
外出打工回乡创业人数(万人)	123.0	116.1	46.1	45.0	45.9	43.3	25.2	22.5	5.8	5.4
外出打工回乡创业企业数(万个)	14.0	21.2	5.6	7.3	3.4	8.5	4.0	4.5	1.0	0.8

资料来源：农业部，各项指标不含个体工商户。

表12 农产品供需及价格情况：水稻

年 份	面 积 (千公顷)	单 产 (千克/公顷)	生产量 (万吨)	大米进口量 (万吨)	大米出口量 (万吨)	早籼米批发价 标一(1) (元/吨)	晚籼米批发价 标一(1) (元/吨)	粳米批发价 标一(1) (元/吨)	国际市场价 (2) (美元/吨)
1995	**30 744**	**6 025**	**18 523**	**164.5**	**5.7**				**336.0**
1996	31 406	6 212	19 510	77.4	27.7	2 288.8	2 385.8		352.1
1997	31 765	6 319	20 073	35.9	95.2	1 803.1	1 929.0		316.9
1998	31 214	6 366	19 871	26.0	375.6	1 825.4	1 984.2		316.0
1999	31 283	6 345	19 849	19.1	271.7	1 771.3	1 883.8		251.7
2000	**29 962**	**6 272**	**18 791**	**24.9**	**296.2**	**1 348.7**	**1 476.9**		**206.7**
2001	28 812	6 163	17 758	29.3	187.0	1 423.8	1 542.2	2 124.2	177.4
2002	28 202	6 189	17 454	23.8	199.0	1 433.5	1 483.1	2 013.0	196.9
2003	26 508	6 061	16 066	25.9	261.7	1 564.9	1 580.3	1 907.6	200.9
2004	28 379	6 311	17 909	76.6	90.9	2 315.6	2 424.1	2 648.0	244.5
2005	**28 847**	**6 260**	**18 059**	**52.2**	**68.6**	**2 161.4**	**2 288.9**	**2 785.9**	**290.5**
2006	28 938	6 280	18 172	73.0	125.3	2 181.0	2 302.4	2 913.6	311.2
2007	28 919	6 433	18 603	48.7	134.3	2 402.0	2 559.0	2 857.1	334.5
2008	29 241	6 563	19 190	33.0	97.2	2 638.5	2 823.5	2 963.7	697.5
2009	29 627	6 585	19 510	35.7	78.6	2 751.3	2 916.3	3 273.6	583.5
2010	**29 873**	**6 553**	**19 576**	**38.8**	**62.2**	**2 985.9**	**3 166.7**	**3 879.8**	**520.0**
2011	30 057	6 687	20 100	59.8	51.6	3 590.9	3 877.8	4 346.4	566.2
2012	30 137	6 777	20 424	236.9	27.9	3 831.5	4 145.7	4 353.7	590.4

注：(1) 为全国主要粮食批发市场交易平均价。
(2) 为泰国曼谷FOB价格（100% B级）。

表13 农产品供需及价格情况：小麦

年份	面积 (千公顷)	单产 (千克/公顷)	生产量 (万吨)	进口量 (万吨)	出口量 (万吨)	白小麦市场价 (三等) (1) (元/吨)	面粉市场价 (特一粉) (2) (元/吨)	面粉零售价 (标准粉) (2) (元/吨)	国际市场价 (3) (美元/吨)
1995	**28 860**	**3 542**	**10 221**	**1 162.7**	**22.5**		**5 118.5**		
1996	29 611	3 734	11 057	829.9	56.5	1 820.9	5 645.2		
1997	30 057	4 102	12 329	192.2	45.8	1 562.5	2 845.9	2 361.9	
1998	29 774	3 685	10 973	154.8	27.5	1 410.8	2 679.8	2 240.2	128.5
1999	28 855	3 947	11 388	50.5	16.4	1 329.1	2 637.5	2 187.9	114.4
2000	**26 653**	**3 738**	**9 964**	**91.9**	**18.8**	**1 127.9**	**2 432.5**	**2 021.2**	**118.6**
2001	24 664	3 806	9 387	73.9	71.3	1 109.0	2 333.7	1 940.6	129.7
2002	23 908	3 777	9 029	63.2	97.7	1 064.0	2 295.7	1 924.3	150.8
2003	21 997	3 932	8 649	44.7	251.4	1 144.2	2 378.9	2 009.7	149.6
2004	21 626	4 252	9 195	725.8	108.9	1 558.2	2 543.4	2 246.2	161.3
2005	**22 793**	**4 275**	**9 745**	**353.8**	**60.5**	**1 505.2**	**2 708.6**	**2 406.9**	**157.8**
2006	23 613	4 593	10 847	61.3	151.0	1 446.3	2 755.6	2 422.2	199.7
2007	23 721	4 608	10 930	10.1	307.3	1 547.4	2 980.5	2 609.5	263.8
2008	23 617	4 762	11 246	4.3	31.0	1 640.8	3 157.2	2 785.4	344.6
2009	24 291	4 739	11 512	90.4	24.5	1 854.2	3 299.7	2 941.1	235.7
2010	**24 257**	**4 748**	**11 518**	**123.1**	**27.7**	**1 988.9**	**3 558.3**	**3 154.5**	**240.8**
2011	24 270	4 837	11 740	125.8	32.8	2 079.0	3 913.5	3 430.8	330.1
2012	24 268	4 987	12 102	370.1	28.6	2 140.9	4 086.4	3 605.1	327.2

注：（1）为全国主要粮食批发市场交易平均价。
（2）数据来源于国家发改委价格监测中心。
（3）为美国海湾离岸价（2号硬红冬麦）。

表14 农产品供需及价格情况：玉米

年 份	面 积 (千公顷)	单 产 (千克/公顷)	生产量 (万吨)	进口量 (万吨)	出口量 (万吨)	玉米批发价 (二等) (1) (元/吨)	国际市场价 (2号黄玉米) (2) (美元/吨)
1995	**22 776**	**4 917**	**11 199**	**526.4**	**11.5**		**124.0**
1996	24 498	5 203	12 747	44.7	23.8	1 471.7	165.1
1997	23 775	4 387	10 430	0.3	667.1	1 187.1	117.2
1998	25 239	5 268	13 295	25.2	469.2	1 321.1	102.0
1999	25 904	4 945	12 808	7.9	433.3	1 113.7	91.7
2000	**23 056**	**4 598**	**10 600**	**0.3**	**1 047.9**	**950.2**	**88.4**
2001	24 282	4 699	11 409	3.9	600.0	1 124.3	89.6
2002	24 634	4 925	12 131	0.8	1 167.5	1 023.8	99.2
2003	24 068	4 813	11 583	0.1	1 639.1	1 114.2	105.2
2004	25 446	5 120	13 029	0.2	232.4	1 296.9	111.7
2005	**26 358**	**5 287**	**13 937**	**0.4**	**864.2**	**1 218.7**	**98.5**
2006	28 463	5 326	15 160	6.5	309.9	1 300.7	122.1
2007	29 478	5 167	15 230	3.5	491.8	1 538.1	162.7
2008	29 864	5 556	16 591	5.0	27.3	1 626.2	223.1
2009	31 183	5 258	16 397	8.4	13.0	1 629.3	165.6
2010	**32 500**	**5 454**	**17 725**	**157.3**	**12.7**	**1 918.3**	**184.6**
2011	33 542	5 748	19 278	175.4	13.6	2 188.9	292.3
2012	35 030	5 870	20 561	520.8	25.7	2 299.6	298.3

注：(1) 为全国主要粮食批发市场交易平均价。
(2) 为美国海湾离岸价。

表15　农产品供需及价格情况：大豆

年　份	面　积 (千公顷)	单　产 (千克/公顷)	生产量 (万吨)	进口量 (万吨)	出口量 (万吨)	大豆批发价 (三等) (1) (元/吨)	国际市场价 (1号黄大豆) (2) (美元/吨)
1995	**8 127**	**1 661**	**1 350**	**29.8**	**37.6**		**239.3**
1996	7 471	1 770	1 322	111.4	19.3	3 069.5	288.5
1997	8 346	1 765	1 473	288.6	18.8	3 104.4	291.7
1998	8 500	1 783	1 515	320.1	17.2	2 461.2	235.0
1999	7 962	1 789	1 425	432.0	20.7	2 131.0	184.9
2000	**9 307**	**1 656**	**1 541**	**1 041.9**	**21.5**	**2 257.1**	**193.0**
2001	9 482	1 625	1 541	1 394.0	26.2	2 073.6	180.7
2002	8 720	1 893	1 651	1 131.5	30.5	2 114.7	201.3
2003	9 313	1 653	1 539	2 074.1	29.5	2 638.7	241.3
2004	9 589	1 815	1 740	2 023.0	34.9	3 280.1	288.5
2005	**9 591**	**1 705**	**1 635**	**2 659.1**	**41.3**	**2 844.7**	**238.6**
2006	9 280	1 721	1 597	2 827.0	39.5	2 648.8	234.8
2007	8 754	1 454	1 273	3 082.1	47.5	3 279.8	326.9
2008	9 127	1 703	1 554	3 743.6	48.4	4 626.2	474.7
2009	9 190	1 630	1 498	4 255.2	35.6	3 763.8	403.5
2010	**8 516**	**1 771**	**1 508**	**5 479.7**	**17.3**	**3 887.0**	**408.8**
2011	7 889	1 836	1 449	5 264.0	21.4	4 128.3	507.3
2012	7 172	1 820	1 305	5 838.5	32.1	4 278.8	567.0

注：（1）为全国主要粮食批发市场交易平均价。
（2）为美国海湾离岸价。

表16　农产品生产及进出口情况：粮食、食用植物油

年份	粮食(1)				食用植物油			
	生产量(万吨)	进口量(万吨)	出口量(万吨)	全国人均占有量(千克/人)	生产量(万吨)	进口量(万吨)	出口量(万吨)	全国人均占有量(千克/人)
1995	**46 662**	**2 070**	**103**	**387**	**1 144**	**362.7**	**51.7**	**9.5**
1996	50 454	1 196	144	414	947	267.4	48.2	7.8
1997	49 417	706	854	402	894	279.9	82.4	7.3
1998	51 230	709	907	412	603	206.7	30.9	4.9
1999	50 839	772	759	406	734	214.0	10.0	5.9
2000	**46 218**	**1 357**	**1 401**	**366**	**835**	**187.1**	**11.2**	**6.6**
2001	45 264	1 738	903	356	1 383	167.5	13.4	10.9
2002	45 706	1 417	1 514	357	1 531	321.2	9.8	12.0
2003	43 070	2 283	2 230	334	1 584	541.8	6.0	12.3
2004	46 947	2 998	514	362	1 683	676.4	6.6	13.0
2005	**48 402**	**3 286**	**1 059**	**371**	**2 071**	**621.3**	**22.8**	**15.9**
2006	49 804	3 189	650	380	2 335	671.5	40.0	17.8
2007	50 160	3 238	1 039	381	2 638	839.7	16.8	20.0
2008	52 871	3 898	235	399	2 419	817.1	24.9	18.3
2009	53 082	4 570	173	399	3 280	950.2	11.6	24.6
2010	**54 648**	**6 051**	**142**	**409**	**3 916**	**826.2**	**9.6**	**29.3**
2011	57 121	5 809	143	425	4 332	779.8	12.4	32.2
2012	58 958	7 237	134	437	5 176	959.9	10.1	38.3

注：（1）粮食数据包含大豆。

表17　农产品生产及进出口情况：棉花、食糖

年　份	棉　花				食　糖			
	生产量(万吨)	进口量(万吨)	出口量(万吨)	全国人均占有量(千克/人)	生产量(万吨)	进口量(万吨)	出口量(万吨)	全国人均占有量(千克/人)
1995	**477**	**100.3**	**3.0**	**4.0**	**558.6**	**295.4**	**48.0**	**4.6**
1996	420	75.1	1.2	3.4	640.2	125.5	66.5	5.3
1997	460	84.9	0.7	3.7	702.6	78.3	37.9	5.7
1998	450	31.0	5.2	3.6	826.0	50.8	43.6	6.6
1999	383	16.4	24.4	3.1	861.0	41.7	36.7	6.9
2000	**442**	**25.1**	**29.9**	**3.5**	**700.0**	**67.5**	**41.5**	**5.5**
2001	532	19.7	6.0	4.2	653.1	119.9	19.6	5.1
2002	492	24.5	15.9	3.8	926.0	118.4	32.6	7.2
2003	486	107.5	11.7	3.8	1 083.9	77.6	10.3	8.4
2004	632	211.4	1.2	4.9	1 033.7	121.5	8.5	8.0
2005	**571**	**274.5**	**0.8**	**4.4**	**912.4**	**139.1**	**35.8**	**7.0**
2006	753	398.0	1.6	5.7	949.1	137.4	15.4	7.2
2007	762	274.1	2.5	5.8	1 271.4	119.4	11.0	9.6
2008	749	226.4	2.4	5.7	1 432.6	78.0	6.2	10.9
2009	638	175.9	1.0	4.8	1 338.4	106.0	6.4	9.9
2010	**596**	**312.8**	**0.7**	**4.5**	**1 117.6**	**176.6**	**9.4**	**8.3**
2011	659	356.6	2.8	4.9	1 187.4	291.9	5.9	8.8
2012	684	541.3	2.3	5.1	1 406.8	374.7	4.7	10.4

表18 农产品生产、消费及进出口情况：猪肉

年 份	肉猪年末存栏头数 (万头)	肉猪出栏头数 (万头)	猪肉生产量 (万吨)	出口活猪 (2) (万吨)	进口猪肉 (1) (万吨)	出口猪肉 (1) (万吨)	全国人均占有量 (千克/人)
1995	**44 169**	**48 051**	**3 648**	**253.3**	**0.44**	**23.33**	**30.3**
1996	36 284	41 225	3 158	240.2	0.36	18.55	25.9
1997	40 035	46 484	3 596	227.0	0.51	15.68	29.2
1998	42 256	50 215	3 884	219.5	2.55	15.82	31.3
1999	43 144	51 977	4 006	195.8	13.25	11.11	32.0
2000	**41 634**	**51 862**	**3 966**	**203.1**	**23.79**	**11.20**	**31.4**
2001	41 951	53 281	4 052	196.5	20.40	17.20	31.9
2002	41 776	54 144	4 123	188.0	21.95	23.63	32.2
2003	41 382	55 702	4 239	187.8	31.20	30.50	32.9
2004	42 123	57 279	4 314	196.6	29.11	41.48	33.3
2005	**43 319**	**60 367**	**4 555**	**176.2**	**19.98**	**38.65**	**34.9**
2006	41 850	61 207	4 651	172.0	21.88	41.93	35.5
2007	43 990	56 508	4 288	160.9	47.31	26.91	32.5
2008	46 291	61 017	4 621	164.5	91.40	17.23	34.9
2009	46 996	64 539	4 891	16.2	52.80	17.91	36.7
2010	**46 460**	**66 686**	**5 071**	**16.9**	**90.21**	**21.38**	**37.9**
2011	46 767	66 170	5 053	15.6	135.04	18.78	37.6
2012	47 592	69 789	5 343	16.8	137.01	18.10	39.6

注：(1) 猪肉进出口数据统计范围包括肉、杂碎和加工猪肉等项。

(2) 出口活猪2008年及以前年份统计单位为万头。

表19 化肥及农药生产、进口及价格情况

单位：万吨

年 份	化 肥					农 药				
	生产量(纯量)	施用量(纯量)	进口量(自然吨)	出口量(自然吨)	化肥价格指数(上年为100)	生产量	施用量	进口量	出口量	农药价格指数(上年为100)
1995	**2 548**	**3 593.7**	**1 990.9**	**97.5**	**135.4**	**41.7**	**108.7**	**3.4**	**7.1**	**118.6**
1996	2 809	3 827.9	1 856.8	149.9	110.8	44.8	114.1	3.2	7.4	109.9
1997	2 821	3 980.7	1 648.9	156.7	92.2	52.7	119.5	4.8	8.8	98.3
1998	3 010	4 083.7	1 387.1	120.0	91.4	55.9	123.2	4.4	10.7	96.4
1999	3 251	4 124.3	1 335.2	171.4	94.9	62.5	131.2	4.7	14.7	95.1
2000	**3 186**	**4 146.4**	**1 189.3**	**252.3**	**92.9**	**60.7**	**128.0**	**4.1**	**16.2**	**95.1**
2001	3 383	4 253.8	1 091.5	288.8	97.9	78.7	127.5	3.4	19.7	97.1
2002	3 791	4 339.4	1 681.8	251.7	102.4	92.9	131.2	2.7	22.2	98.0
2003	3 881	4 411.6	1 212.9	541.9	101.6	76.7	132.5	2.8	27.2	99.9
2004	4 805	4 636.6	1 239.7	726.2	112.8	82.1	138.6	2.8	39.1	103.0
2005	**5 178**	**4 766.2**	**1 396.5**	**455.9**	**112.8**	**114.7**	**146.0**	**3.7**	**42.8**	**104.1**
2006	5 345	4 927.7	1 128.5	539.2	100.1	138.5	153.7	4.3	39.8	101.6
2007	5 825	5 107.8	1 176.2	1 395.4	103.4	176.5	162.3	4.1	47.7	101.4
2008	6 028	5 239.0	625.5	1 021.5	103.7	190.2	167.2	4.4	48.5	108.0
2009	6 385	5 404.4	411.1	939.6	93.7	226.2	170.9	4.4	50.7	100.0
2010	**6 340**	**5 561.7**	**717.9**	**1 692.2**	**98.6**	**234.2**	**175.8**	**5.1**	**61.3**	**100.4**
2011	6 626	5 704.2	794.7	1 921.0	113.3	264.8	178.7	5.3	79.6	102.6
2012	7 296	5 838.8	843.1	1 852.2	106.6	354.9	180.6	6.9	89.7	102.2

表20　城乡居民家庭人均收入对比

单位：元/人

年份/地区	农村居民家庭人均总收入	人均纯收入	家庭经营纯收入	第一产业	农业收入	牧业收入	第二产业	第三产业	城镇居民人均可支配收入	城镇居民人均可支配收入比农村人均纯收入
1995	**2 338**	**1 578**	**1 125.8**	**956.5**	**799.4**	**127.8**	**48.2**	**121.2**	**4 283.0**	**2.7**
1997	2 977	2 090	1 472.7	1 220.0	976.2	203.5	78.0	174.8	5 160.3	2.5
1998	2 996	2 162	1 466.0	1 192.1	962.8	188.5	80.1	193.5	5 425.1	2.5
1999	2 987	2 210	1 448.4	1 139.0	918.3	174.3	91.1	218.3	5 854.0	2.7
2000	**3 146**	**2 253**	**1 427.3**	**1 090.7**	**833.9**	**207.4**	**99.4**	**237.2**	**6 280.0**	**2.8**
2001	3 307	2 366	1 459.6	1 126.6	863.6	212.0	100.0	233.1	6 859.6	2.9
2002	3 432	2 476	1 486.5	1 135.0	866.7	210.6	108.6	243.0	7 702.8	3.1
2003	3 582	2 622	1 541.3	1 195.6	885.7	245.7	108.6	237.1	8 472.0	3.2
2004	4 040	2 936	1 745.8	1 398.0	1 056.5	271.0	108.2	239.5	9 421.6	3.2
2005	**4 631**	**3 255**	**1 844.5**	**1 469.6**	**1 097.7**	**283.6**	**108.3**	**266.7**	**10 493.0**	**3.2**
2006	5 025	3 587	1 931.0	1 521.3	1 159.6	265.6	121.7	288.0	11 759.5	3.3
2007	5 791	4 140	2 193.7	1 745.1	1 303.8	335.1	137.6	311.0	13 785.8	3.3
2008	6 701	4 761	2 435.6	1 945.9	1 427.0	397.5	149.0	340.7	15 780.8	3.3
2009	7 116	5 153	2 526.8	1 988.2	1 497.9	360.4	164.5	374.1	17 174.7	3.3
2010	**8 120**	**5 919**	**2 832.8**	**2 231.0**	**1 723.5**	**355.6**	**182.1**	**419.7**	**19 109.0**	**3.2**
2011	9 833	6 977	3 222.0	2 519.9	1 896.7	462.5	192.6	509.4	21 809.8	3.1
2012	10 991	7 917	3 533.4	2 722.2	2 106.8	441.0	213.7	597.4	24 564.7	3.1
东部地区	13 919	10 817	3 710.8	2 334.9	1 754.5	316.4	423.3	952.6	29 621.6	2.7
中部地区	9 829	7 435	3 483.1	2 720.7	2 255.1	316.1	216.6	545.8	20 697.2	2.8
西部地区	8 857	6 027	3 083.9	2 621.6	1 852.3	621.9	65.3	397.0	20 600.2	3.4
东北地区	15 711	8 826	5 283.2	4 838.9	4 274.4	525.3	91.6	352.7	20 759.3	2.4

注：城镇居民人均可支配收入四个经济地带数据为简单算术平均数。

表21 城乡居民人均支出对比

单位：元/人

年份/地区	农村居民人均总支出	家庭经营费用支出	生活消费支出	食品	转移性和财产性支出	现金支出	家庭经营费用支出	税费支出	生活消费支出	城镇居民人均生活消费支出	城乡居民人均生活消费支出比
1995	**2 138**	**622**	**1 310**	**768**	**55**	**1 546**	**455**	**77**	**859**	**3 538**	**2.7**
1996	2 528	709	1 572	886	75	1 888	524	95	1 076	3 920	2.5
1997	2 537	706	1 617	890	45	1 960	540	98	1 126	4 186	2.6
1998	2 457	653	1 590	850	53	1 931	512	98	1 128	4 332	2.7
1999	2 390	600	1 577	829	56	1 917	471	93	1 145	4 616	2.9
2000	**2 652**	**654**	**1 670**	**821**	**169**	**2 140**	**545**	**90**	**1 285**	**4 998**	**3.0**
2001	2 780	696	1 741	831	174	2 285	585	86	1 364	5 309	3.0
2002	2 924	731	1 834	848	194	2 438	617	76	1 468	6 030	3.3
2003	3 025	755	1 943	886	157	2 537	638	66	1 577	6 511	3.4
2004	3 430	924	2 185	1 032	176	2 863	789	37	1 755	7 182	3.3
2005	**4 127**	**1 190**	**2 555**	**1 162**	**238**	**3 567**	**1 053**	**13**	**2 135**	**7 943**	**3.1**
2006	4 485	1 242	2 829	1 217	264	3 932	1 104	11	2 415	8 697	3.1
2007	5 138	1 433	3 224	1 389	322	4 533	1 287	12	2 767	9 998	3.1
2008	5 916	1 705	3 661	1 599	377	5 258	1 551	12	3 159	11 243	3.1
2009	6 334	1 700	3 993	1 636	429	5 695	1 555	10	3 505	12 265	3.1
2010	**6 992**	**1 916**	**4 382**	**1 801**	**493**	**6 307**	**1 758**	**9**	**3 859**	**13 471**	**3.1**
2011	8 642	2 431	5 221	2 107	712	7 985	2 269	12	4 733	15 161	2.9
2012	9 606	2 626	5 908	2 324	789	8 962	2 483	10	5 414	16 674	2.8
东部地区	11 397	2 630	7 683	2 948	895	11 038	2 591	17	7 379	19 510	2.5
中部地区	8 462	2 022	5 469	2 119	759	7 865	1 948	6	4 951	13 969	2.6
西部地区	8 164	2 397	4 798	1 992	655	7 242	2 134	8	4 141	14 845	3.1
东北地区	14 018	6 144	5 941	2 237	1 149	13 433	5 909	6	5 594	14 969	2.5

表22 城乡居民家庭人均食品消费量比较

单位：千克/人

年份	粮食		蔬菜		食油		猪牛羊肉		家禽		水产品	
	农村	城市	农村	城市	农村	城市（植物油）	农村	城市	农村	城市	农村	城市
1995	**260.1**	**97.0**	**104.6**	**118.6**	**5.8**	**7.6**	**11.3**	**19.7**	**1.8**	**4.0**	**3.4**	**9.2**
1996	256.2	94.7	106.3	118.5	6.1	7.7	11.9	20.4	1.9	5.4	3.7	9.3
1997	250.7	88.6	107.2	115.2	6.2	7.7	12.7	19.0	2.4	6.5	3.4	9.3
1998	250.2	86.7	109.0	113.8	6.2	7.6	13.2	19.2	2.2	6.3	3.6	9.8
1999	247.5	84.9	108.9	114.9	6.2	7.8	13.9	20.0	2.5	4.9	3.8	10.3
2000	**249.5**	**82.3**	**112.0**	**114.7**	**7.1**	**8.2**	**14.6**	**20.1**	**2.9**	**7.4**	**3.9**	**11.7**
2001	238.6	79.7	109.3	115.9	7.0	8.1	14.5	19.2	2.9	7.3	4.1	12.3
2002	236.5	78.5	110.2	116.5	7.5	8.5	14.9	23.3	2.9	9.2	4.4	13.2
2003	222.4	79.5	107.4	118.3	6.3	9.2	15.0	23.7	3.2	9.2	4.7	13.4
2004	219.3	78.2	106.6	122.3	5.3	9.3	14.8	22.9	3.1	8.4	4.5	12.5
2005	**208.8**	**77.0**	**102.3**	**118.6**	**6.0**	**9.3**	**17.1**	**23.9**	**3.7**	**9.0**	**4.9**	**12.6**
2006	205.6	75.9	100.5	117.6	5.8	9.4	17.0	23.8	3.5	8.3	5.0	13.0
2007	199.5	77.6	99.0	117.8	6.0	9.6	14.9	22.1	3.9	9.7	5.4	14.2
2008	199.1	80.8	99.7	123.2	6.2	10.3	13.9	22.7	4.4	8.0	5.2	14.9
2009	189.3	81.3	98.4	120.5	6.3	9.7	15.3	24.2	4.3	10.5	5.3	15.5
2010	**181.4**	**81.5**	**93.3**	**116.1**	**6.3**	**8.8**	**15.8**	**24.5**	**4.2**	**10.2**	**5.2**	**15.2**
2011	170.7	80.7	89.4	114.6	7.5	9.3	16.3	24.6	4.5	10.6	5.4	14.6
2012	164.3	78.8	84.7	112.3	7.8	9.1	16.4	25.0	4.5	10.8	5.4	15.2

注：城镇居民家庭人均食品消费量指全年购买的主要商品数量。

表23 各种物价指数

上年为100

年 份	商品零售价格指数	居民消费价格指数	城市居民消费价格指数	农村居民消费价格指数	农产品生产价格指数	农业生产资料价格指数
1995	**114.8**	**117.1**	**116.8**	**117.5**	**119.9**	**127.4**
1996	106.4	107.9	108.8	107.9	104.2	108.4
1997	100.8	102.8	103.1	102.5	95.5	99.5
1998	97.4	99.2	99.4	99.0	92.0	94.5
1999	97.0	98.6	98.7	98.5	87.8	95.8
2000	**98.5**	**100.4**	**100.8**	**99.9**	**96.4**	**99.1**
2001	99.2	100.7	100.7	100.8	103.1	99.1
2002	98.7	99.2	99.0	99.6	99.7	100.5
2003	99.9	101.2	100.9	101.6	104.4	101.4
2004	102.8	103.9	103.3	104.8	113.1	110.6
2005	**100.8**	**101.8**	**101.6**	**102.2**	**101.4**	**108.3**
2006	101.0	101.5	101.5	101.5	101.2	101.5
2007	103.8	104.8	104.5	105.4	118.5	107.7
2008	105.9	105.9	105.6	106.5	114.1	120.3
2009	98.8	99.3	99.1	99.7	97.6	97.5
2010	**103.1**	**103.3**	**103.2**	**103.6**	**110.9**	**102.9**
2011	104.9	105.4	105.3	105.8	116.5	111.3
2012	102.2	102.6	102.7	102.5	102.7	105.6

注：2000年（含）以前的农产品生产价格指数为农副产品收购价格指数。

表24 农产品生产价格指数

年份	农产品生产价格指数	谷物				大豆	油料	棉花	蔬菜	水果	糖料	畜牧产品		
			小麦	稻谷	玉米								生猪	蛋类
1995	**119.9**		**133.1**	**120.8**	**140.9**	**113.1**	**103.1**	**131.5**	**122.7**	**113.2**	**142.6**	**115.8**	**116.0**	**113.5**
1996	104.2		109.2	104.2	95.4	128.2	96.6	103.2	102.0	99.5	118.6	103.3	102.2	113.2
1997	95.5		89.0	88.2	94.2	100.1	104.8	99.8	91.6	88.6	97.6	101.8	110.1	86.3
1998	92.0		95.8		101.9	85.2	97.7	88.8	91.7	94.5	89.5	86.9	82.9	94.2
1999	87.8		88.9	87.7	86.3	81.8	84.8	69.8	94.9	88.1	80.4	88.5	85.2	91.7
2000	**96.4**		**81.8**	**90.2**	**89.9**	**105.8**	**93.6**	**121.2**	**99.9**	**98.6**	**88.8**	**99.0**	**100.2**	**90.6**
2001	103.1													
2002	99.7	95.8	98.1	97.2	91.5	98.9	104.8	103.4	95.1	109.9	86.0	100.2	98.0	102.8
2003	104.4	102.3	103.0	99.9	104.6	120.6	119.4	135.3	110.4	102.0	90.5	101.8	102.9	101.1
2004	113.1	128.1	131.2	136.3	116.9	120.2	116.6	79.5	105.2	98.6	104.9	111.1	112.8	112.6
2005	**101.4**	**99.2**	**96.4**	**101.6**	**98.0**	**94.2**	**91.3**	**111.8**	**107.2**	**107.4**	**111.6**	**100.5**	**97.7**	**106.4**
2006	101.2	102.1	100.1	102.0	103.0	99.2	104.8	97.1	109.3	111.4	121.1	94.3	90.6	96.0
2007	118.5	109.0	105.5	105.4	115.0	124.2	133.4	109.6	106.9	101.3	100.0	131.4	145.9	115.9
2008	114.1	107.1	108.7	106.6	107.3	119.7	128.0	90.6	104.7	101.4	98.4	123.9	130.8	112.2
2009	97.6	104.9	107.9	105.2	98.5	92.3	94.2	111.8	111.8	107.0	101.5	90.1	81.6	102.8
2010	**110.9**	**112.8**	**107.9**	**112.8**	**116.1**	**107.9**	**112.1**	**157.7**	**116.8**	**118.9**	**106.0**	**103.0**	**98.3**	**107.5**
2011	116.5	109.7	105.2	113.3	109.9	106.3	112.1	79.5	103.4	106.2	125.5	137.0	137.0	112.6
2012	102.7	104.8	102.9	104.1	106.6	103.0	105.2	98.1	109.9	103.9	105.0	99.7	95.9	100.5

注：2000年（含）以前为农副产品收购价格指数，2001年(含)之后为农副产品生产价格指数。

表25 城乡零售价格分类指数

上年为100

年份	食品类		粮食		油脂类(1)		鲜菜		肉禽蛋(2)		水产品	
	城市	农村	城市	农村	城市	农村	城市	农村	城市	农村	城市	农村
1995	**123.6**	**126.4**	**132.5**	**136.3**	**114.2**	**119.2**	**126.6**	**133.4**	**124.1**	**124.5**	**113.8**	**114.7**
1996	107.9	107.5	109.4	105.8	91.9	92.4	117.3	120.0	106.2	106.6	106.3	104.7
1997	100.1	99.2	93.9	90.4	101.4	101.9	99.6	99.3	101.3	101.5	101.2	101.1
1998	96.9	96.6	96.9	96.9	102.1	98.4	99.3	102.0	93.0	91.9	94.5	93.4
1999	95.8	96.0	96.2	96.6	94.7	94.0	99.8	101.5	90.6	91.8	94.2	92.2
2000	**97.6**	**97.4**	**91.2**	**88.9**	**84.7**	**88.4**	**104.8**	**106.3**	**95.5**	**97.1**	**103.4**	**101.0**
2001	98.9	99.6	101.4	101.7	89.9	90.0	103.4	103.2	103.3	102.3	95.9	97.2
2002	99.7	100.3	98.5	98.9	100.4	99.6	99.5	103.0	100.3	100.7	96.3	95.9
2003	103.2	103.7	102.0	102.6	111.6	113.5	116.4	116.1	102.8	104.2	100.8	99.2
2004	108.8	111.9	125.2	128.3	115.0	119.1	94.4	96.8	116.8	117.6	111.1	115.7
2005	**103.3**	**102.8**	**101.6**	**101.2**	**94.6**	**94.8**	**108.6**	**107.2**	**102.8**	**103.3**	**106.3**	**104.6**
2006	102.6	102.4	102.7	102.4	99.0	98.4	107.9	108.8	97.3	97.2	101.9	100.7
2007	111.7	113.6	106.1	107.0	125.2	128.1	107.5	109.1	130.8	131.5	104.7	106.9
2008	114.5	114.0	107.2	107.1	124.9	125.5	109.0	111.1	122.6	119.9	113.8	115.9
2009	101.1	100.2	105.9	105.4	82.0	81.4	114.6	113.8	91.9	91.2	102.8	101.0
2010	**107.5**	**107.9**	**111.7**	**111.7**	**103.4**	**104.0**	**118.4**	**120.4**	**102.7**	**103.5**	**108.9**	**106.7**
2011	111.8	112.2	112.2	112.4	113.4	113.3	100.5	102.4	122.4	122.6	112.4	110.9
2012	105.1	104.0	104.1	103.6	105.6	104.1	113.7	113.9	102.8	100.2	107.7	109.0

注：(1) 油脂类在1993年以前以食用植物油为指标进行统计。

(2) 2003年肉禽蛋零售价格指数指肉禽蛋价格指数。2006年以后为肉禽及其制品价格指数。

表26 “菜篮子”产品批发价格

单位：元/千克

类别	品名	2009年	2010年	2011年	2012年	2012年比上年增幅（%）
蔬菜	白萝卜	1.05	1.14	1.05	1.44	37.2
蔬菜	大蒜	3.25	8.97	6.01	5.21	－13.4
蔬菜	豆角	4.08	4.36	5.32	5.56	4.5
蔬菜	胡萝卜	1.60	1.63	1.79	1.93	7.6
蔬菜	黄瓜	2.50	2.62	2.90	3.35	15.6
蔬菜	茄子	2.52	3.09	2.90	3.64	25.6
蔬菜	青椒	3.36	3.09	3.81	4.35	14.1
蔬菜	土豆	1.37	2.31	2.00	1.73	－13.7
蔬菜	西红柿	2.51	2.74	2.87	3.43	19.5
蔬菜	大白菜	0.91	1.26	0.98	1.16	18.5
蔬菜	大葱	2.15	1.94	1.90	3.05	60.5
蔬菜	芹菜	1.97	2.06	2.02	2.67	32.5
蔬菜	洋白菜	1.16	1.31	1.09	1.56	42.5
蔬菜	油菜	1.95	2.17	2.16	2.70	24.9
水果	蜜橘	2.77	3.36	4.12	4.02	－2.4
水果	甜橙	3.79	4.71	5.97	4.71	－21.0
水果	西瓜	2.60	2.93	3.43	3.24	－5.7
水果	鸭梨	2.51	2.79	3.75	3.53	－6.1
水果	富士苹果	4.93	5.44	6.29	6.47	2.8
水果	香蕉	3.66	3.93	4.60	4.24	－7.9
水果	菠萝	3.12	3.67	4.42	4.42	0.0
畜产品	鸡蛋	6.61	7.40	8.69	8.11	－6.6
畜产品	活鸡	12.46	11.68	13.76	14.02	1.9
畜产品	白条鸡	11.53	12.41	14.27	14.14	－0.9
畜产品	猪肉	15.87	16.26	22.87	21.14	－7.6
畜产品	牛肉	29.09	29.76	33.42	39.31	17.6
畜产品	羊肉	29.95	32.27	39.12	46.06	17.7
水产品	草鱼	12.16	12.04	12.67	13.42	5.9
水产品	带鱼	12.25	14.64	17.52	19.35	10.5
水产品	鲫鱼	11.06	11.32	13.01	14.44	11.0
水产品	鲤鱼	9.35	9.99	12.12	12.39	2.2
水产品	鲢鱼	6.34	6.39	7.55	8.15	8.0

资料来源：农业部。

表27 国家财政收入及支出情况

单位：亿元

指　标	2000年	2009年	2010年	2011年	2012年
财政收入	**13 395.2**	**68 518.3**	**83 101.5**	**103 874.4**	**117 209.8**
中央	6 989.2	35 915.7	42 488.5	51 327.3	56 132.4
地方	6 406.1	32 602.6	40 613.0	52 547.1	61 077.3
财政收入指数(上年=100)	117.0	111.7	121.3	125.0	112.8
财政收入按项目分					
#各项税收	12 581.5	59 521.6	73 210.8	89 738.4	100 600.9
#增值税	4 553.2	18 481.2	21 093.5	24 266.6	26 415.7
营业税	1 868.8	9 014.0	11 157.9	13 679.0	15 747.5
消费税	858.3	4 761.2	6 071.6	6 936.2	7 872.1
个人所得税	659.6	3 949.4	4 837.3	6 054.1	5 820.2
关税	750.5	1 483.8	2 027.8	2 559.1	2 782.7
企业所得税	999.6	11 536.8	12 843.5	16 769.6	19 653.6
财政支出	**15 886.5**	**76 299.9**	**89 874.2**	**109 247.8**	**125 712.3**
中央	5 519.9	15 255.8	15 989.7	16 514.1	18 764.8
地方	10 366.7	61 044.1	73 884.4	92 733.7	106 947.5
财政支出指数(上年=100)	120.5	121.9	117.8	121.6	115.1
财政支出按项目分					
#农林水事务		6 720.4	8 129.6	9 937.6	11 903.1
一般公共服务		9 164.2	9 337.2	10 987.8	12 890.8
教育		10 437.5	12 550.0	16 497.3	21 164.6
科学技术		2 744.5	3 250.2	3 828.0	4 429.5
社会保障和就业		7 606.7	9 130.6	11 109.4	12 541.8
医疗卫生		3 994.2	4 804.2	6 429.5	7 198.8
节能环保		1 934.0	2 442.0	2 641.0	2 932.0
城乡事务		5 107.7	5 987.4	7 620.6	9 019.6
交通运输		4 647.6	5 488.5	7 497.8	8 172.9

注：(1) 2007年起实施《政府收支分类科目》，财政支出项目按照支出功能分类科目重新设置。
(2) 从2010年及以后，环境保护支出为节能环保支出。

表28 农村土地承包经营及管理情况

单位：万亩、万户、万份、个、人、件

项　目	2010年	2011年	2012年
一、耕地承包情况			
（一）家庭承包经营的耕地面积	127 411	127 735	131 045
（二）家庭承包经营的农户数	22 851	22 884	22 976
（三）家庭承包合同份数	22 104	22 167	22 192
（四）颁发土地承包经营权证份数	20 739	20 818	20 855
其中：以其他方式承包颁发的	71	71	78
（五）机动地面积	2 470	2 394	2 469
二、家庭承包耕地流转情况			
（一）家庭承包耕地流转总面积	18 668	22 793	27 833.41
（二）家庭承包耕地流转去向			
1.流转入农户的面积	12 913	15 416	18 006
2.流转入专业合作社的面积	2 216	3 055	4 410
3.流转入企业的面积	1 508	1 908	2 556
4.流转入其他主体的面积	2 031	2 415	2 860
（三）流转用于种植粮食作物的面积	10 281	12 477	15 585
（四）流转出承包耕地的农户数	3 321	3 877	4 439
（五）签订耕地流转合同份数	2 019	2 521	3 107
（六）签订流转合同的耕地流转面积	10 593	13 934	18 140
三、仲裁机构队伍情况			
（一）仲裁委员会数	1 405	1 848	2 259
其中：县级仲裁委员会数	1 369	1 608	2 055
（二）仲裁委员会人员数	16 534	19 774	30 727
其中：农民委员人数	3 483	3 844	6 722
（三）聘任仲裁员数	11 318	11 853	20 776
（四）仲裁委员会日常工作机构人数	6 696	7 770	10 935
其中：专职人员数	3 053	3 365	4 616
四、土地承包经营纠纷调处情况			
（一）受理土地承包及流转纠纷总量	222 527	219 002	223 744
（二）调处纠纷总数	193 687	192 035	191 938

资料来源：农业部。

表29　2012年农户家庭人口及劳动力情况（每个农村居民户）

指标名称	单位	全国	东部	中部	西部	东北
一、被调查户数	户	19 999	5 906	5 730	5 171	3 192
二、家庭常住人口	人	3.85	3.84	3.88	4.17	3.31
三、农村人口	人	3.66	3.57	3.72	4.01	3.14
四、家庭劳动力	人	2.24	2.18	2.22	2.46	2.04
其中：农村劳动力	人	2.13	2.02	2.12	2.38	1.93
五、在农村劳动力中：						
1.文盲、半文盲	人	0.11	0.08	0.11	0.17	0.07
2.小学文化程度	人	0.49	0.38	0.45	0.61	0.56
3.初中文化程度	人	1.21	1.16	1.24	1.25	1.16
4.高中文化程度	人	0.25	0.30	0.25	0.27	0.11
5.大专及以上文化程度	人	0.08	0.10	0.07	0.08	0.04
六、在农村劳动力中：						
1.有专业技术职称人数	人	0.12	0.11	0.10	0.15	0.11
2.受过职业教育和培训人数	人	0.31	0.24	0.23	0.53	0.25
七、在家庭劳动力中(按身份划分)：						
1.从事农业家庭经营劳动力	人	1.03	0.74	0.82	1.34	1.38
2.从事非农业家庭经营劳动力	人	0.22	0.25	0.25	0.23	0.10
3.受雇劳动者	人	0.74	0.88	0.88	0.66	0.39
4.个体、合伙工商劳动者	人	0.04	0.07	0.05	0.03	0.01
5.私营企业经营者	人	0.03	0.03	0.03	0.03	0.01
6.乡村及国家干部	人	0.03	0.04	0.03	0.03	0.02
7.教科文卫工作者	人	0.02	0.03	0.03	0.02	0.02
8.其他	人	0.13	0.14	0.13	0.13	0.12
八、在家庭劳动力中(按行业划分)：						
1.从事农林牧渔业人数	人	1.01	0.74	0.80	1.27	1.41
2.从事采矿业人数	人	0.04	0.05	0.05	0.05	0.01
3.从事制造业人数	人	0.31	0.45	0.37	0.20	0.11
4.从事电力、燃气及水的生产和供应业人数	人	0.02	0.02	0.02	0.02	0.01
5.从事建筑业人数	人	0.18	0.13	0.22	0.24	0.13
6.从事交通运输、仓储和邮政业人数	人	0.10	0.13	0.09	0.11	0.06
7.从事批发和零售业人数	人	0.07	0.09	0.08	0.06	0.03
8.从事住宿和餐饮业人数	人	0.09	0.08	0.11	0.09	0.06
9.从事租赁和商务服务业人数	人	0.04	0.04	0.04	0.04	0.01
10.从事居民服务和其他服务业人数	人	0.10	0.13	0.12	0.09	0.05
11.从事其他行业人数	人	0.29	0.32	0.31	0.29	0.18
九、全家劳动力外出从业时间	天	208	190	275	219	102
十、全家外出从业劳动力数	人	0.78	0.67	1.00	0.84	0.43
十一、全家外出收入	元	16 324	16 796	20 105	16 388	8 560

资料来源：农业部农村经济研究中心。

表30 2012年行政村一级企业、劳动力就业、耕地情况(每个行政村)

指标名称	单位	全国	东部	中部	西部	东北
一、被调查村	个	328	100	81	101	46
二、村年末企业个数	个	7.8	15.6	3.6	5.8	2.6
1.集体企业	个	0.4	0.6	0.3	0.2	0.4
其中：个人承包和合伙承包的企业	个	0.1	0.2	0.2	0.1	0.0
2.股份制和股份合作制企业个数	个	0.3	0.5	0.1	0.3	0.1
3.合伙企业个数	个	0.8	1.4	0.5	0.7	0.1
4.私营企业个数	个	5.4	10.3	2.5	4.4	1.8
5.“三资”企业个数	个	0.1	0.3	0.0	0.0	0.2
6.其他企业个数	个	0.8	2.4	0.2	0.1	0.0
三、劳动力情况						
(一)年末劳动力	个	1 155.9	1 238.3	1 197.3	1 117.2	989.1
1.以种植业为主的劳动力	个	444.7	383.3	392.8	498.1	552.6
其中：以粮食生产为主的劳动力	个	268.4	170.6	277.7	271.2	458.6
2.以林业为主的劳动力	个	14.5	24.3	9.6	10.7	10.3
3.以畜牧业为主的劳动力	个	54.0	36.4	43.1	73.2	69.1
4.以渔业为主的劳动力	个	26.6	65.6	13.3	7.0	8.3
5.以工业为主的劳动力	个	186.6	318.4	187.9	108.5	69.0
6.以建筑业为主的劳动力	个	142.7	101.9	210.6	155.3	84.3
7.以运输业为主的劳动力	个	58.6	49.8	83.0	62.0	27.2
8.以商业、饮食业、服务业为主的劳动力	个	125.0	154.6	146.6	99.0	79.9
9.其他	个	103.3	104.1	110.5	103.5	88.3
(二)外出劳动力数	个	352.7	328.6	395.7	386.1	256.3
1.出乡(县内)就业数	个	125.7	154.5	105.7	131.4	85.9
2.出县(省内)就业数	个	100.1	103.1	98.1	103.1	90.9
3.出省(国内)就业数	个	122.0	62.6	191.0	151.0	65.5
4.境外就业数	个	4.9	8.4	0.9	0.6	14.0
(三)闲置劳动力（按300日1人）	个	40.7	41.6	50.3	32.8	39.4
四、耕地情况						
(一)耕地	公顷	206.5	126.9	136.7	169.8	583.0
1.农户家庭经营	公顷	196.1	114.6	127.9	162.4	567.6
2.村集体经营	公顷	2.5	3.5	0.3	1.2	7.2
3.企业经营	公顷	1.6	1.9	3.3	0.5	0.2
4.农民专业合作经济组织经营	公顷	1.9	1.0	1.2	1.0	7.0
5.其他经营	公顷	4.4	6.0	3.9	4.6	1.1
(二)年内增加耕地	公顷	0.7	0.2	0.2	1.4	1.1
其中：新开荒耕地	公顷	0.3	0.0	0.0	0.6	0.7
(三)年内减少耕地	公顷	2.1	0.8	2.6	3.3	1.2
1.国家建设占用	公顷	1.1	0.4	0.9	2.3	0.4
2.村集体建设占用	公顷	0.2	0.0	0.2	0.4	0.0
3.农民新建房屋占用	公顷	0.1	0.0	0.1	0.3	0.0
4.改林果、牧、渔业占用	公顷	0.5	0.1	1.2	0.2	0.8
其中：退耕还林草的耕地	公顷	0.2	0.0	0.3	0.1	0.8

资料来源：农业部农村经济研究中心。

后　记

《2013中国农业发展报告》是由农业部组织有关司局、科研单位、农业部软科学委员会专家工作组部分成员以及国家统计局农村经济社会统计司的专家、学者和实际工作者共同编写的。

参加本报告撰写的主要人员有：宋洪远、沈贵银、曹力群、习银生、张照新、陈洁、闫辉、董彦彬、焦红坡、罗备军、张红奎、张恒春、苏祯、杭静、刘俊杰、李好、杜建斌、常雪艳、吴凯峰、闫敏、蔺东、张成、徐晶莹、丁斌、龙熹、仲鹭勍、王金、张亚伟、张晓宇、左玲玲、束安新、郭睿、姜波、李春艳、刘晓军、戴露颖、谷红、邵华莎、侯玉慧、张立志、关婕葳、范钦磊、胡玉玲、彭艳、周业铮、李伟、李斯华、孙腾蛟、马光霞、罗东、宋杨、何声卫、潘扬彬、寇广增、吴晓佳、胡顺平、高小军、郭娜英、李桂群、马帅、李辉尚、王松、龚一飞、牟少飞、王春林、杨海生、马志强、吕波、张冬晓、付长亮、曹子祎、方放、廖子荣、冯剑、李雪、薛颖昊、吴昌学、刘志国、陈朱勇、陈有方、陈阳、刘桂才、曹庆波、王昕。

图书在版编目（CIP）数据

2013中国农业发展报告／中华人民共和国农业部编
．—北京：中国农业出版社，2013.10
ISBN 978-7-109-18456-5

Ⅰ．①2… Ⅱ．①中… Ⅲ．①农业经济发展－研究报告－中国－2013 Ⅳ．①F323

中国版本图书馆CIP数据核字（2013）第243530号

中国农业出版社出版
（北京市朝阳区农展馆北路2号）
（邮政编码 100125）
责任编辑 姚 红

中国农业出版社印刷厂印刷 新华书店北京发行所发行
2013年11月第1版 2013年11月北京第1次印刷

开本：889mm×1194mm 1/16 印张：13.75
字数：210千字 印数：1～1 500册
定价：150.00元